国浩法律文库

长者无忧

老年权益保护法律指南

王小成 主编
国浩财富管理与家事法律研究中心 审定

法律出版社 LAW PRESS · CHINA
北京

图书在版编目（CIP）数据

长者无忧：老年权益保护法律指南／王小成主编. 北京：法律出版社，2024. -- ISBN 978-7-5197-9227-5

Ⅰ. D923.84

中国国家版本馆 CIP 数据核字第 2024KU5744 号

长者无忧
——老年权益保护法律指南
ZHANGZHE WUYOU
— LAONIAN QUANYI BAOHU FALU ZHINAN

王小成 主编

责任编辑 慕雪丹 章 雯
装帧设计 汪奇峰

出版发行 法律出版社
编辑统筹 法商出版分社
责任校对 赵明霞
责任印制 胡晓雅
经　　销 新华书店

开本 710 毫米×1000 毫米 1/16
印张 22.75 **字数** 462 千
版本 2024 年 12 月第 1 版
印次 2024 年 12 月第 1 次印刷
印刷 三河市兴达印务有限公司

地址：北京市丰台区莲花池西里 7 号（100073）
网址：www.lawpress.com.cn
投稿邮箱：info@lawpress.com.cn
举报盗版邮箱：jbwq@lawpress.com.cn

销售电话：010-83938349
客服电话：010-83938350
咨询电话：010-63939796

书号：ISBN 978-7-5197-9227-5
定价：69.00 元

凡购买本社图书，如有印装错误，我社负责退换。电话：010-83938349

编者简介

主　编

王小成

国浩财富管理与家事法律研究中心主任，国浩律师（上海）事务所合伙人。擅长代理婚姻、继承等民商事案件，在财富管理与传承等领域经验丰富。王小成律师系钱伯斯大中华区2023年、2024年私人财富管理推荐律师；2015年以来连续10年被LEGALBAND评为私人财富管理领域推荐顶级律师；2022年度LEGALBAND家族财富管理中国律师特别推荐15强。

副主编

胡冬云

国浩财富管理与家事法律研究中心研究员，国浩律师（上海）事务所合伙人。主要执业领域为家族财富管理与传承与传统家事纠纷（婚姻、继承类案件）等民商事诉讼代理与非诉项目。其服务的客户群体主要聚集于（超）高净值人士，涵盖了诸多知名上市公司实际控制人、一、二代大股东及社会各界知名人士等。

乔一清

国浩财富管理与家事法律研究中心副主任，国浩律师（重庆）事务所合伙人。重庆市律师协会家族财富管理专业委员会主任，国际金融理财师认证CPB私人银行家、AFP金融理财师、婚姻家庭心理咨询师。擅长代理婚姻家事案件和处理财富管理与传承、并购重组、税务筹划等法律事务。

隋永华

国浩财富管理与家事法律研究中心研究员，国浩律师（大连）事务所合伙人。辽宁省律师协会婚姻家事法律专业委员会、大连市律师协会婚姻家庭法律专业委员会副主任。具有十多年私人财富管理与传承、婚姻、继承诉讼与非诉、公司运营、股权架构设计等业务经验，参与处理多起标的额上亿的家事、经济纠纷。

杨秋琴

国浩财富管理与家事法律研究中心研究员，国浩律师（青岛）事务所合伙人。青岛市律师协会婚姻家庭与财富传承委员会副主任，多次获评青岛市司法行政系统先进个人、青岛市优秀女律师。专注于婚姻家事及财富传承领域理论研究与实务操作，为上千名客户解决过婚姻家事及财富传承法律问题。

周　涛

国浩财富管理与家事法律研究中心研究员，国浩律师（大连）事务所合伙人。辽宁省律师协会公益与公共法律服务专门委员会副主任，大连国际仲裁院仲裁员。长期从事私人财富管理法律各类业务，主持东北财经大学课题报告《信托制度生态体系构建与创新路径分析》，经办完成全国首例心智障碍者慈善信托项目。

本书编委会

（按姓氏拼音首字母排序，不分先后）

主　　编： 王小成

副 主 编： 胡冬云　乔一清　隋永华　杨秋琴　周　涛

编　　委： 陈河吉　胡　芳　姜凯阳　刘　威　李清晨　孟玉涵　徐文斌　赵祥霞

审　　定： 国浩财富管理与家事法律研究中心

“国浩法律文库”总序

作为我国法治工作队伍的重要组成部分，中国律师已经成为协调推进全面建设社会主义现代化国家、全面深化改革、全面依法治国、全面从严治党的战略布局中一支不可替代、举足轻重的重要力量，并且越来越为党和政府以及社会各界所关注和重视。党的十八届三中全会审议通过的《中共中央关于全面深化改革若干重大问题的决定》特别指出，要“完善律师执业权利保障机制和违法违规执业惩戒制度，加强执业道德建设，发挥律师在依法维护公民和法人合法权益方面的重要作用”；党的十八届四中全会审议通过的《中共中央关于全面推进依法治国若干重大问题的决定》更加明确地指出，要“加强律师队伍思想政治建设，把拥护中国共产党领导、拥护社会主义法治作为律师从业的基本要求，增强广大律师走中国特色社会主义法治道路的自觉性和坚定性”。可以说，对律师行业的发展而言，“这是一个最好的时代”！

在律师业的发展过程中，对律师“专业人士”的角色定位已没有异议，而对于专业人士是应以“学者型”为方向还是以“工匠型”为目标之争却始终存在。其实这应是殊途同归的命题。“学者型”要求才高八斗、出口成章、理论扎实、结合实践，因此注重研讨、注重文章；而“工匠型”也要求一丝不苟、中规中矩、一针见血、心得颇多，所以注重琢磨、注重经验。因此，律师队伍中的“学者们”“工匠们”在日理万机的执业实践中，始终没有放弃研究、忘记总结，不时地成文、著作，并使之成为开拓业务、提高水平的重要手段，而鼓励、引导律师著书立说，一直是律师界的良好传统。

国浩律师事务所作为中国最大的法律服务机构之一，一直专注于服务我国投融资及其相关领域的发展与革新，并坚持在应用法律知识服务于经济社会的同时，不断总结经验，撰写理论与实践相结合的专业文章，并编辑成书。“国浩法律文库”系列丛书就是其成果之一。该丛书因其专业、实用、与时俱进等特点，赢得了各界朋友的较高评价、鼓励和支持。

搭建律师思想碰撞之平台、畅通律师信息传播之渠道、建设律师学问总结之道路、营造律师形象展示之舞台、创建律师文化交流之大厦，这正是我们编辑与出版这一文库的出发点与归宿。

我们真诚地希望“国浩法律文库”能让所有的读者朋友愿意读、读得懂、读后有收获。

中华全国律师协会第六、第七届会长
国浩律师事务所原主席
于　宁

中华全国律师协会监事长
国浩律师事务所首席合伙人
吕红兵

目录 CONTENTS

专题一 养老赡养

专题三　老年人婚姻与财产保护

专题四　父母子女间的财产关系

专题五 遗嘱与继承

长者无忧
老年权益保护法律指南

专题一　养老赡养

胡冬云　国浩律师（上海）事务所合伙人
刘　威　国浩律师（上海）事务所律师
徐文斌　国浩律师（青岛）事务所律师

一、常回家看看有法律依据吗？

这是一个发生在黑龙江省佳木斯市的真实案例①。

陈大爷一生劳苦，拉扯大了陈强、陈壮两个儿子。老伴去世后，陈大爷独自生活，本人身体硬朗，两个儿子也定期给些生活费，陈大爷的晚年物质生活可以说是衣食无忧，也是当地很多同龄老人羡慕的对象。

陈大爷刚开始也颇为自得其乐，但随着年纪越来越大，陈大爷开始觉得心里空落落的。尤其是每次从外面回到自己居住的小院，冷冷清清，感受不到烟火味儿。一个人东看看，西转转，茕茕孑立、形影相吊，好不心酸。

陈大爷心里琢磨："古语道'每逢佳节倍思亲'，这平常的日子，难道就不想念亲人了？两个儿子平时就说工作忙，难得回来看看我这个老爹，这几年更是越来越过分了，已经两年没露面了。每次打电话，让他们回来看看，他们总是推三阻四的，说什么生活费都定期给了，不缺吃不缺穿的，有什么可看的？自己遇到头疼脑热，还是邻居帮忙寻医问药。难道含辛茹苦拉扯大的两个孩子，反倒还不如个陌生人？"

陈大爷越想越气，一纸诉状把两个儿子告到法院，要求判决他们履行赡养义务，定期回家探视。

① 参见人民法院老年人权益保护十大典型案例之四——陈某某赡养费纠纷案。

法律问题

1. 赡养的内容包括哪些？除了经济上的赡养之外，子女还有其他赡养义务吗？

2. 非物质赡养义务该如何执行？

律师说法

陈大爷面临的问题带有一定的普遍性，现实中也最容易被忽视。传统观点通常认为，子女赡养父母主要是在经济上提供支持，而父母在精神上的需求，往往被忽略，甚至被认为是“无理取闹”。为人子女，除我们自己心目中界定的对于赡养的范围外，还要清楚法律的规定和边界在哪里，这也便于我们更好地履行赡养义务、善待和关爱父母。

首先，赡养的内容有哪些？

我国《民法典》明确规定了子女赡养父母的法定义务。其中第 26 条规定：“父母对未成年子女负有抚养、教育和保护的义务。成年子女对父母负有赡养、扶助和保护的义务。”

但是，《民法典》并没有对什么是赡养、赡养包括哪些内容作出规定，而只是提到了“赡养费”。那么，赡养是否仅仅意味着子女支付父母赡养费？本案中，陈大爷要求子女探望的请求是否有法律依据呢？

别着急，在另一部法律，即《老年人权益保障法》中，第 14 条明确规定了赡养还包括“精神上慰藉”，要“照顾老年人的特殊需要”。

综合法律的规定，赡养应当包括三个基本内容，即经济上供养、生活上照料和精神上慰藉。不是仅仅给付金钱之后就可以撒手不管了。

换句话说，子女对父母有赡养的义务，给父母养老不仅是为父母提供物质生活上的保障，还包括精神上的抚慰、关怀。随着社会经济水平的发展，老年人的物质生活条件越来越好，但同时子女因为工作等原因与父母见面的时间越来越少，很多时候子女和父母也不住在一起，许多老人因此成为“空巢老人”。老人退休后赋闲在家，与社会的接触减少，同时身体慢慢地也不那么硬朗了，更需要家人的陪伴和照顾。因此，父母要求子女“常回家看看”是有法律依据的，陈大爷要求子女探望的诉讼请求应当得到支持。

其次，非物质赡养如何执行？

子女应主动关心老人、陪伴老人，关注老人的心理需求和身体状况。因工作等原因确实不能经常回家看望父母的，平时也应通过电话、视频等方式与父母常联系，关心父母的近况。可以说，科学技术手段的蓬勃发展，也为“常回家看看”提供了现实可能和新的实现方式。

在本案中，黑龙江省佳木斯市前进区人民法院认为，子女不能因为父母有退休收入或者有一定的经济来源就完全将父母置之不顾，这不仅违反法律规定，也不符合中华民族“百善孝为先”的传统美德。本案中的陈大爷年事已高，子女作为赡养人，应当履行对其经济上供养、生活上照料和精神上慰藉的义务。最终判决子女每月探望陈大爷不少于一次。

常回家看看不仅符合中国传统的道德要求，也是一种法律上的义务。同时也要注意，“常回家看看”对老人精神上的关怀，根本上是以父母子女之间的情感为基础的，需要父母子女共同努力，法律主要是起到导向和推动作用。父母和子女应多沟通、相互理解，共同创造和谐的家庭关系，建立起情感纽带。否则，虽然子女确实有法律义务常回家看看，但法律也不能直接强迫子女去看望父母。“常回家看看”最重要的内容，是其背后体现出来的情感羁绊和情感慰藉，而这些是无法靠强迫来实现的。

在江西省高级人民法院发布的典型案例中[①]，江西省奉新县人民法院经审理认为，《老年人权益保障法》第14条第1款规定：赡养人应当履行对老年人经济上供养、生活上照料和精神上慰藉的义务，照顾老年人的特殊需要。宋某作为独居老人且身患多种疾病，诉请子女履行赡养义务，并在精神上给予更多的关怀和抚慰，符合法律规定。遂判决四名子女每月应至少前往看望或电话问候宋某一次，并对宋某患病或住院期间产生的医疗费及护理费按照比例承担。宣判后，各方均未上诉。本案判决后法官多次回访，劝导督促宋某的子女履行赡养义务，给予母亲更多的关心和陪伴。宋某的四名子女均转变态度，对母亲宋某给予关心照顾。

① 参见江西省高级人民法院发布维护妇女合法权益家事审判十例典型案例之四——宋某诉熊某玲、熊某斌等赡养纠纷案。

法条链接

《中华人民共和国民法典》

第26条 父母对未成年子女负有抚养、教育和保护的义务。

成年子女对父母负有赡养、扶助和保护的义务。

《中华人民共和国老年人权益保障法》

第14条第1款 赡养人应当履行对老年人经济上供养、生活上照料和精神上慰藉的义务，照顾老年人的特殊需要。

第18条第1、2款 家庭成员应当关心老年人的精神需求，不得忽视、冷落老年人。

与老年人分开居住的家庭成员，应当经常看望或者问候老年人。

二、赡养费的支付标准是多少？

老刘年事已高，且身患多种疾病，经济困难，两名子女刘甲和刘乙均不愿意履行赡养义务。一次在公园晨练的时候，老刘碰到了之前的同事老王，谈话中老刘向老王诉说了自己当前的处境。老王告诉他，听说子女必须每个人每月向父母支付1500元的赡养费。于是，老刘就起诉到法院，要求子女每人每月支付赡养费1500元。

法庭审理时，女儿刘甲和儿子刘乙均认可老刘的医疗费支出的事实，但认为老刘有医疗保险，并且退休金足够支付医疗及生活费用。

老刘自认虽然每月领取退休金4000余元，但经常需要看病吃药，每月领的退休金不足以完全承担自己的日常支出和医疗开销。刘甲自认每月税后工资收入为6500元，刘乙主张自己无收入，没有能力支付老刘主张的赡养费。

法院经查明，老刘确实每个月需要较高的医疗费支出，其本人现有的收入既要承担医疗费，又要用于日常生活，实在是捉襟见肘。但是子女赡养费的数额并没有统一确定的标准，女儿刘甲的收入需要归还房贷、供养两名未成年子女和家庭日常生活，也所剩不多；儿子刘乙失业好几年，目前仍然没有工作。考虑到上述事实，兼顾老刘和子女的现状，最后法院判决两名子女每人每月分别支付老刘赡养费800元、500元。

法律问题

1. 赡养纠纷中如何确定子女应当支付赡养费的标准?

2. 父母有退休金,子女是否就可以不支付赡养费?

律师说法

本案中,被告刘甲和刘乙认为父亲老刘有医疗保险,且退休金足够支付医疗及生活费用,以此来说明自己不予支付赡养费的正当性。那么,究竟这些抗辩理由能否成立?法院在审理的时候是否需要作为判决的参考和依据呢?

赡养费的给付应该综合双方的实际情况和客观需要。一方面,子女不能单纯地以父母经济条件良好,就拒绝履行赡养义务。法律规定了给付赡养费的前提条件为缺乏劳动能力或者生活困难,只要具备其一即可。另一方面,对于父母的赡养费要求,也应从合情合理的角度,进行适当性判断。

本案是一起真实案例,受理案件的北京市西城区人民法院经审理认为,原告老刘起诉要求两个子女负担赡养费的诉讼请求并无不当,同时老刘的赡养费用应与其日常生活水平相适应并应考虑子女的收入情况。

根据事实,刘甲有收入来源,刘乙虽主张自己没有工作,但结合其年龄适合工作的事实,其没有工作并不能成为拒绝履行赡养义务的抗辩理由。从这个案例中,我们可以看出,法院不会以父母经济条件良好为由,支持子女不履行赡养义务;同时,也会根据被赡养人的身体情况、日常生活水平、当地消费水平、赡养人是否可以正常工作等情况,来判断父母赡养费的合理性,并最终确定一个合适的金额。在存在多名赡养人的情况下,因为各赡养人的经济条件不同,将可能承担不同金额的赡养费。

虽然法律对赡养费的标准没有很明确、具体的规定,但子女给付的赡养费,应当能够让父母达到正常的生活水平,具体可以参照当地生活消费支出的平均水平。至于医疗费,实际已发生的应当由子女承担;日常的、明确的可以判决子女承担,如父母每个月都需要去医院复诊、定期做康复医疗等;将来可能产生但不确定的,则暂时无法直接予以判决,可以由父母与子女之间先行协商,待实际发生后再行确定。

综合分析实务中的诸多案例，可以看到：法院在审理赡养纠纷时，一般会酌情考量被赡养人的身体情况、日常生活水平，当地消费水平，赡养人是否可以正常工作、实际负担能力等综合情况对赡养费数额予以酌情确定。

法条链接

《中华人民共和国民法典》

第1067条　父母不履行抚养义务的，未成年子女或者不能独立生活的成年子女，有要求父母给付抚养费的权利。

成年子女不履行赡养义务的，缺乏劳动能力或者生活困难的父母，有要求成年子女给付赡养费的权利。

《中华人民共和国老年人权益保障法》

第15条　赡养人应当使患病的老年人及时得到治疗和护理；对经济困难的老年人，应当提供医疗费用。

对生活不能自理的老年人，赡养人应当承担照料责任；不能亲自照料的，可以按照老年人的意愿委托他人或者养老机构等照料。

三、赡养费经法院确定后，可以要求子女增加吗？

龙奶奶已经70岁高龄，老伴多年前因病去世，只有一个儿子王小峰，异地读大学后就留在当地工作生活，平时与龙奶奶联系很少，也不愿意支付赡养费。龙奶奶没有任何收入来源，只好向法院起诉了儿子要求支付赡养费，后法院判决王小峰每个月支付母亲龙奶奶1500元赡养费。其后的多年，王小峰一直按月向龙奶奶账户内进行支付，但是随着物价的提升和龙奶奶身体的每况愈下，医疗费用支出大大增长，这些钱已经远远不能满足龙奶奶的日常需求了。所以，龙奶奶希望儿子能增加一些赡养费，但是又觉得法院已经判决了，赡养费金额已经确定了，是不是就不能再改了？

法律问题

法院生效判决后，父母还可以要求子女增加赡养费吗？

律师说法

本案中，关键的问题是，生效判决书中已经明确了赡养费的数额，现在龙奶奶是不是还可以要求儿子增加赡养费？

我们认为，赡养费的数额可以随实际情况的变化而做相应的调整变化，法院当时判决确认的数额，是以当时的实际情况来作为参考依据的。判决之后，如果子女一方的收入水平增高了，或父母的实际生活需求增加了，父母可以要求子女增加赡养费的数额。

在老年人群体中，最显著的一点就是，随着年龄日渐增长，身体状态会变得较差，医疗费等各种支出也会不可避免地增高。如果原来的赡养费标准已经不能覆盖基本的生活支出等需要，父母可以要求子女增加赡养费。具体到本案中，龙奶奶与儿子之间的判决书还是10年前出具的，现在王小峰的收入已经是原来的数倍，而物价越来越高，且龙奶奶因各种疾病需要去医院就医治疗的频次增加，每月1500元的赡养费早已不能满足需要。龙奶奶完全有正当理由要求儿子增加赡养费。如若王小峰拒绝了龙奶奶的要求，龙奶奶仍可向法院再起诉，要求增加赡养费。

综上所述，赡养费的数额，虽然经法院判决或者调解确定了，但是后期如果客观条件发生了变化，也可以对赡养费的数额做相应的调整。

四、父母可以要求子女承担养老院的费用吗？

张阿姨退休后一直一个人居住，随着年纪的增大，日常起居越来越不方便，需要有人照顾。张阿姨的子女多次要求张阿姨搬到他们家中一同居住，但张阿姨不愿意影响子女工作，也不习惯与子女一同居住生活。经多方了解，张阿姨认为养老院的环境比较适合自己，朋友也向她推荐了几家他们自己在住的养老院，张阿姨也去实地考察过，觉得养老院的环境和服务都不错，很符合自己的要求。同时，自己认识的一些老朋友也都住在养老院，日常大家一起有个伴也不寂寞。但考虑到自己退休金不多，张阿姨希望子女能支付自己入住养老院的费用。张阿姨的子女却很反对张阿姨去住养老院，一来不放心养老院的服务质量；二来认为张阿姨完全可以和他们一起生活，养老院费用完全没必要支出。

法律问题

父母要求去养老院养老，子女有义务承担养老院的费用吗？

律师说法

张阿姨的子女有赡养张阿姨的义务，赡养包括经济上的供养、生活上的照料和精神上的慰藉。其中经济上的供养、生活上的照料不一定由子女亲自提供，如子女可以支付赡养费给老人而不和老人一起生活，子女也可以雇用保姆照顾老人等。因此，给父母养老的方式不是唯一的，可以根据客观情况和当事人的意愿来确定。在这个过程中，首先应当尊重老人的需求和意愿，如果老人不希望和子女一同生活，想去养老院生活，子女为老人支付有关费用也是一种履行赡养义务的方式；相反，如果老人不愿意去养老院，子女也不能为了省事就将老人送到养老院。选择哪种赡养方式，尤其需要尊重老人的选择和需求。

但在尊重老人的选择和需求的同时，也要考虑子女的经济负担能力。离开子女的经济负担能力，一味只谈如何尊重老人的养老需求是不切实际的。我们知道，老人的养老需求是很宽泛的。在经济层面，赡养义务本身并没有一个绝对的上限，也没有一个绝对的下限，因此在法院判决或调解的相关案例中，不同的老人就需要根据不同的实际情况进行衡量。比如，超出子女承受能力的就不属于应履行的赡养义务，张阿姨如果选择收费过高的养老机构，子女可以拒绝承担超出自身负担能力的费用。子女给父母养老在经济负担上的合理标准需综合考量老人的日常生活水平、当地的平均生活水平、子女的收入和生活状况等来确定。

在一起真实的案件中①，法院审理认为，本案原告已逾 80 岁，要求子女承担赡养义务的诉讼请求符合法律规定，应予支持。原告吴某坚持要求入住养老院，不愿随儿女生活的想法也并不违背法律的许可，其要求入住的养老院每月花费也仅 1000 余元，仅为当地普通标准，诉讼请求属于法律规定的合理范围内。四名被告作为原告的子女虽各有一定的生活困难，但共同分担原告入住养老院有限的花费并不足以影响四名被告的正常生活，遂判决四名被告各承担吴某各项费用的 1/4。由此可见，类似案件中法院的处理，既要考虑老人的养老需求，也要兼顾子女的经济承受能力。

① 参见 2019 年度江苏法院婚姻家庭十大典型案例之十：吴某诉任乙等赡养纠纷案——赡养模式有选择　晚年生活质量更高。

五、子女不给赡养费怎么办？

梅阿姨与李老伯于20世纪70年代结婚，生育了两子一女，长子李大、次子李二、女儿李梅梅。退休后，梅阿姨和李老伯相互扶持，但天有不测风云，前几年李老伯因一场重病而离世，梅阿姨现在独自一人住在老房子里。

李老伯在世的时候，靠着两个人的退休金夫妻俩还能应付日常开销。李老伯去世后，梅阿姨每个月只能拿到自己的那份退休金，这两年又生了几次病，生活日益拮据。梅阿姨好几次找几个子女要生活费，子女都说经济不宽裕，拿不出来，街道工作人员多次介入调解，也没有效果。梅阿姨听说可以通过打官司让子女给自己生活费，但一方面觉得和子女打官司不太好，街坊邻居知道了自己面子上过不去；另一方面自己也不懂官司要怎么打，又没有钱请律师。

法律问题

子女不给父母养老，老人怎样通过法律途径来维护自身权益？

律师说法

首先，子女给父母养老不仅是道德要求，也是法律义务。我国法律明确规定，子女有赡养父母的义务。

给父母养老，首先体现为物质上的供养，包括衣食住行等方面。物质供养的形式可以是多样的，比如老人随子女生活，子女负责老人的饮食起居；老人不和子女一同生活，子女向老人支付生活费；等等。老人看病就医的费用也应由子女负担。当然，老人和子女一起生活的，子女也应该根据情况向老人支付一定的生活费用，满足老人的日常个人消费需求。

给父母养老是子女的法律义务，子女不履行就必须承担法律责任。子女不支付赡养费的，老人可向法院起诉，通过法律手段维护自己的合法权益。老人自己起诉存在困难的，可以申请检察机关支持起诉。检察机关支持起诉的具体方式包括提供法律咨询、协助收集证据、提出支持起诉意见书，协调提供法律援助等。

其次，老人要学会利用法律手段维护自己的权利。老人要求子女支付赡养费的诉讼在法律程序上有特别规定。具体表现在以下三个方面：

一是可以申请人民法院先予执行，解决老人的燃眉之急。诉讼程序从立案到生效判决的作出，再到判决执行到位会经过一段较长的时间。对于很多老人来说，起诉要求子女支付赡养费时可能生活就已经非常困难，为了使老人能够及时获得生活保障，法律规定老人可以在判决作出前先申请执行。具体内容请见下一个案例的解读。

二是就近起诉，便利老人行使权利。一般民事纠纷在选择受理的法院时遵循的是原告就被告原则，即需到被告住所地的法院起诉。但法律规定，要求支付赡养费的诉讼中，如果几个被告的住所地不在同一辖区，可以由原告住所地管辖。即如果老人要求支付赡养费的几个子女不住在同一个区县，老人可以直接向自己所在的区县的基层人民法院起诉，不用来回奔波。

三是法院判决确定赡养费数额后，老人有新情况、新理由需要调整赡养费数额的，可以再次起诉。

法条链接

《中华人民共和国民法典》

第 26 条第 2 款　成年子女对父母负有赡养、扶助和保护的义务。

第 1067 条第 2 款　成年子女不履行赡养义务的，缺乏劳动能力或者生活困难的父母，有要求成年子女给付赡养费的权利。

《中华人民共和国老年人权益保障法》

第14条第1款 赡养人应当履行对老年人经济上供养、生活上照料和精神上慰藉的义务,照顾老年人的特殊需要。

六、赡养费可以先予执行吗？

周大爷和李大妈共同育有一儿一女，儿子周大强常年在外地做生意，据说生意做得很大，逢年过节也很少回来，周大爷夫妻都跟着女儿周小丽共同生活。随着年龄的增加，周大爷和李大妈的身体经常会有各种各样的毛病，需要隔三岔五地去医院问诊治疗，老两口的退休工资已经不够用了。女儿周小丽两口子都是下岗工人，平时在外面摆摊卖早点，收入不高，仅够维持一家人的日常吃喝开销。周大爷想到儿子周大强，自己平时从来没麻烦过他，现在父母年纪都大了，他不回来看望，但是经济上帮扶一下总是应该的。于是周大爷就给周大强打了电话，要求其每个月支付一定数额的赡养费。周大强虽然口头同意了，但是迟迟没有向周大爷支付费用。屋漏偏逢连夜雨，李大妈最近因为心脏病需要住院手术，医生告诉家属要搭建心脏支架，全家都对高额的医疗费一筹莫展。想到一直没给自己支付赡养费的儿子，周大爷一气之下就将儿子周大强告到了法院，并且要求儿子尽快给钱，不要耽误李大妈的手术治疗。

法律问题

周大爷有权要求儿子在法院判决之前支付医疗费吗？

律师说法

要回答周大爷的问题，就需要先了解一个法律名词，先予执行。什么是先予执行呢？

根据法律程序，通常的司法流程应该是：原告去法院起诉；法院接受原告起诉并正式受理案件后，开庭审理查明事实后作出判决；原告胜诉后可以要求被告依据判决书履行相应义务，包括要求被告还款等，如果对方不配合，原告可以向法院申请强制执行，由法院直接从被告名下的财产中进行划拨。

但存在一些除外情形，在法院受理后、尚未判决前，因情况紧急，可以申请法院判令对方先行给付，就是先予执行。可以申请先予执行的案件，一般必须是以下案件类型之一：第一，追索赡养费、扶养费、抚育费、抚恤金、医疗费用的案件；第二，追索劳动报酬的案件；第三，因情况紧急需要先予执行的案件。

本案中，李大妈躺在医院的病床上等待费用做手术，而作为儿子的周大强多年来未向两位老人支付任何赡养费用。现在父母年事已高，亟须大量的医疗费支出，其理应在自己力所能及的范围内进行相应的承担。鉴于李大妈亟待手术的特殊情况，法院可以基于周大爷的申请，要求周大强先行垫付一定的费用，以供手术急需使用。

法条链接

《中华人民共和国民事诉讼法》

第 109 条 人民法院对下列案件，根据当事人的申请，可以裁定先予执行：

（一）追索赡养费、扶养费、抚养费、抚恤金、医疗费用的；

（二）追索劳动报酬的；

（三）因情况紧急需要先予执行的。

七、继父母可以要求继子女承担赡养义务吗?

朱大妈与前夫育有一子小徐,后前夫因车祸去世,朱大妈带着幼年的小徐嫁给了陈大爷。小徐从小就跟着朱大妈与陈大爷一起生活。陈大爷没把小徐当外人,在自己的能力范围内,供养小徐日常生活,在小徐适龄后便将其送到学校读书,承担小徐从小学到高中的学费,和自己的亲生子女一视同仁,直至抚养小徐长大成人。

后来小徐离家外出务工,就基本上不再回来,最多偶尔和自己的母亲朱大妈通个电话,也从未支付过两位老人任何赡养费用。

朱大妈去世后,陈大爷更体弱多病,自己的亲生子女也无力承担全部赡养责任。为此,陈大爷的子女找到小徐,希望其帮忙承担一部分的赡养费用。但是小徐认为自己不是陈大爷的亲生子女,也不跟陈大爷姓,自己的亲生母亲朱大妈也已去世,自己和陈大爷更是互不往来多年了,两人之间可以说毫无关系,因此拒绝承担赡养费。

陈大爷的子女将小徐的回复告诉了陈大爷,陈大爷听后非常气愤,觉得自己是小徐的继父,对年幼的小徐尽到了抚养的责任和义务,现在自己年事已高,小徐应当给自己养老,于是陈大爷诉至法院,要求小徐支付赡养费,履行赡养义务①。

---

① 参见最高人民法院婚姻家庭纠纷典型案例之三十三——陈某臻诉陈路程、徐某、徐某艳赡养纠纷案。

法律问题

本案的焦点问题是作为继子的小徐是否有赡养继父徐大爷的义务?

律师说法

在这个案例中,被告小徐是原告陈大爷的继子。小徐跟随母亲朱大妈与陈大爷开始共同生活时尚未成年,到小徐离家外出打工,陈大爷与小徐共同生活了数年。在这期间,小徐作为一个未成年人,没有任何经济来源,是依附于陈大爷和朱大妈共同生活的。毫无疑问,陈大爷作为继父对小徐提供了事实上的抚养,包括供给吃喝、代缴学费、满足日常生活所需等基本需求。

回答本案的问题,我们首先要明确的是,法律规定的赡养义务针对的是成年子女,如果是未成年子女,则没有赡养父母的能力。根据《民法典》的规定,成年是指年满 18 周岁。可能有人会问,已满 16 周岁但未满 18 周岁,以自己的劳动为主要生活来源的,是成年人吗?需要赡养父母吗?答案是否定的。这种情况是被视为完全民事行为能力人,但仍然属于未成年人。

具体到本案,陈大爷向法院起诉时,小徐早已年满 18 周岁,故符合成年子女的要求。

接下来的问题就是:被告小徐是原告陈大爷的继子,法律是如何规定继子女的赡养义务的?

法律上的子女包括亲生子女、养子女、继子女。继子女的情况就稍微复杂一点儿。

《民法典》第 1072 条规定了,继父母和受其抚养教育的继子女间的权利义务关系,适用法律关于父母子女关系的规定。也就是说:判断继父母与继子女的关系,双方之间是否存在抚养教育关系是关键——如果存在抚养教育关系,则适用父母子女关系,也当然适用关于赡养的规定;如果没有形成抚养教育关系,比如继父母与继子女没有共同生活,或者共同生活时继子女已经成年,则不适用父母子女关系,当然也就没有赡养义务了。

本案中,陈大爷作为小徐的继父,在小徐未成年时,有过数年的共同生活、抚养教育的经历,那么,小徐就应当负有赡养陈大爷的义务。人民法院经审理认为,被告小徐随其母亲朱大妈与原告陈大爷长期共同生活,接受陈大爷的抚养教育,与陈大爷之间形成继父母/子女关系,被告小徐对原告陈大爷负有赡养义务。

通过以上案例,我们明确了两点:一是成年子女对父母有赡养义务;二是有抚养教育关系的继子女对继父母有赡养义务。

法条链接

《中华人民共和国民法典》

第1072条　继父或者继母和受其抚养教育的继子女间的权利义务关系,适用本法关于父母子女关系的规定。

八、养父母可以要求养子女承担赡养义务吗?

吴阿姨和陈老伯结婚多年,一直没有自己的孩子,早年从福利院收养了一个孩子,取名陈大,并且办理了收养手续。陈大从福利院来到养父母家中时才3岁,吴阿姨和陈老伯因为自己没有孩子,所以完全对陈大视如己出。后来陈大无意中知晓了自己是被收养的孩子,在向养父母求证得到证实后,便一直希望有一天能跟自己的生身父母重聚。陈大工作后,经过多方寻找,最终找到了自己的生身父母并与之相认。吴阿姨和陈老伯虽然不反对陈大与生身父母接触,但内心深处还是有隐隐的担忧,如果陈大跟自己的亲生父母走得太近,是不是以后就不会给自己养老了?

法律问题

1. 收养中的父母子女关系与一般的父母子女关系有什么不同?

2. 收养关系解除后,养子女对谁负有赡养义务?

律师说法

1. 收养关系成立后,养父母与养子女之间的权利义务关系等可直接参照一般的父母子女关系。

根据法律规定,收养关系成立后养父母与养子女之间的权利义务关系就如同一般的父母子女关系,养子女与养父母的近亲属之间也如同一般的子女与父母的近亲属之间的关系,即养子女如同养父母的生子女一样。相应地,养子女与其生父母、生父母的近亲属之间的关系随之消除。

因此,收养之后,在法律上养子女就是养父母的子女,与一般的父母子女关系没有任何区别,而养子女与生父母之间的权利义务关系完全消除。养子女应对养父母承担赡养的义务,而对生父母没有法律上的赡养义务。

2. 收养关系可以解除,但是赡养义务并不随之解除。

收养关系可以解除,解除后,养子女与养父母以及其他近亲属间的权利义务关系即行消除。但这并不意味着养子女对养父母可以不负任何责任。法律规定,收养关系解除后,经养父母抚养的成年养子女,对缺乏劳动能力又缺乏生活来源的养父母,应当给付生活费。这是因为养父母对养子女有养育之恩,即使父母子女关系无法维系,养子女也应在养父母有需要的时候予以回报,这符合基本的道德观念。

法条链接

《中华人民共和国民法典》

第 1111 条　自收养关系成立之日起,养父母与养子女间的权利义务关系,适用本法关于父母子女关系的规定;养子女与养父母的近亲属间的权利义务关系,适用本法关于子女与父母的近亲属关系的规定。

养子女与生父母以及其他近亲属间的权利义务关系,因收养关系的成立而消除。

第 1118 条第 1 款　收养关系解除后,经养父母抚养的成年养子女,对缺乏劳动能力又缺乏生活来源的养父母,应当给付生活费……

九、孙子女、外孙子女对祖父母、外祖父母有赡养义务吗？

张小天是罗阿姨和张老伯的独生子，与父母之间感情十分要好，不幸因病离世了。罗阿姨和张老伯老年丧子，心情十分悲痛。这几年因为给张小天看病，老夫妻俩多年的积蓄全部都拿出来了，现因年事已高，也没有劳动能力重新出去工作赚取收入，所以日常生活开支很紧张。老两口想到张小天还有一个女儿张晓彤，也就是自己的孙女，已经大学毕业参加工作，据说收入还不错。所以罗阿姨和张老伯就考虑，是不是可以跟张晓彤商量下，将来由她来给自己养老，但是又觉得毕竟隔辈了，不知道孙女会不会不同意。

法律问题

孙子女、外孙子女有义务给祖父母、外祖父母养老吗？

律师说法

常规来说，对老年人负有直接赡养义务的人一般都是自己的子女。孙子女、外孙子女在法律上对老人一般不负有赡养的义务。但在特殊情况下，孙子女或者外孙子女也可能需要对老年人承担赡养义务，此时，就需要同时满足以下两个条件：

首先，孙子女或者外孙子女具备相应的经济能力。这一点主要涉及其个人或家庭的经济状况，需结合具体情况综合考量。对于子女而言，法律并未以其有负担能力作为履行赡养义务的前提，原则上子女也不能以自己经济能力较差为由拒绝履行赡养义务，只是经济能力等情况会影响老人获得的赡养条件，如赡养费的数额等。对于孙子女、外孙子女而言，承担赡养义务相比子女有更高的要求，即在具备一定的负担能力的情况下才承担赡养义务。

其次，祖父母、外祖父母的子女已经死亡或无力赡养。孙子女、外孙子女并非当然负有给祖父母、外祖父母养老的义务，而是具有补充性。在老人的子女有能力承担养老义务时，孙子女、外孙子女即无须承担。子女无力赡养指的是子女生活已经完全不能自顾，如子女因重大疾病基本没有收入来源，但子女不能仅以自身生活困难为由拒绝给父母养老。

这个案例中，罗阿姨和张老伯唯一的孩子就是张小天，且张小天已经患病离世；同时在张小天的治疗期间，老夫妻俩也倾其所有，将毕生的积蓄都用来给儿子治病了。现在两位老人均已退休，且没有经济来源，而张晓彤作为张小天的女儿以及两位老人的孙女，已经成年且有固定的收入，因此对祖父母进行必要的生活扶助和给予赡养是合情、合理、合法的。

法条链接

《中华人民共和国民法典》

第 1074 条第 2 款 有负担能力的孙子女、外孙子女，对于子女已经死亡或者子女无力赡养的祖父母、外祖父母，有赡养的义务。

十、村民委员会/居民委员会对孤寡老人是否有赡养义务?

杜大妈的老伴因病去世了,其有三个子女,都在外地工作生活。孩子们考虑到杜大妈年纪大了,一个人在家生活不方便,也都希望杜大妈去跟他们同住,但是杜大妈在老家住了几十年,担心突然去到陌生的城市不适应,于是拒绝了孩子们同住的邀请,独自一人留在老家居住。一次杜大妈在家不慎摔倒,结果腿骨骨折。因子女都不在身边,赶回来也需要较长时间,因此杜大妈直接给村民委员会打了电话,村民委员会紧急将大妈送到了医院。治疗结束后,因为杜大妈已经难以独自生活,村民委员会又把杜大妈送到了附近的老年公寓,让其在那里暂时居住上一段时间,直至完全康复。

其间,村民委员会不但忙前忙后,而且垫付了所有的医疗费用。事后,村民委员会找杜大妈的子女索要垫付费用,不承想却遭到了拒绝。于是,村民委员会将杜大妈的几位子女一并告上了法院[①]。

法律问题

村民委员会有赡养杜大妈的义务吗?杜大妈的子女是否应该支付村民委员会垫付的费用?

① 参见第二批人民法院大力弘扬社会主义核心价值观典型民事案例之案例三——某村民委员会诉王某平等六人追索赡养费纠纷案。

律师说法

随着经济社会发展,大量农村青年涌入城市,年轻人到外地成家立业成为十分普遍的社会现象,留下年迈的老人独自在农村居住。“空心村”中“空巢”老人的赡养问题引起了社会的关注。

那么,对于有子女的“空巢”老人,国家、社会或者具备一定公益性质的组织,是否有赡养的义务呢?

根据我国目前的法律规定,赡养义务还是由特定的自然人来承担的,包括子女等。在确定赡养义务人的问题时,首先应当依据《民法典》的规定,找到负有法定的赡养义务的自然人。在本案中,在杜大妈有自己的子女的情况下,还是应该由其子女承担赡养义务。作为村民委员会,并没有法律上的赡养义务。

我们假设杜大妈没有子女等赡养义务人,那么她的吃、穿、住、医、葬的问题该如何解决呢?

根据《农村五保供养工作条例》第 6 条的规定,“老年、残疾或者未满 16 周岁的村民,无劳动能力、无生活来源又无法定赡养、抚养、扶养义务人,或者其法定赡养、抚养、扶养义务人无赡养、抚养、扶养能力的,享受农村五保供养待遇”。这里所谓五保的含义是,“在吃、穿、住、医、葬方面给予村民的生活照顾和物质帮助”。

有以下几个问题需要明确:

1.“五保”的内容基本涵盖了赡养,包括吃、穿、住、医、葬方面,但是和法律上的赡养还是不一样的;

2.“五保”待遇的前提是无赡养义务人,或者赡养义务人没有赡养能力;

3.“五保”在本质上属于社会救济的范畴,和赡养的概念是不同的。

由上我们可以看出:在本案中,由于杜大妈有子女,所以仍然由子女承担赡养义务,而村民委员会并没有赡养的义务。如果其子女无赡养能力,其可以通过申请“五保”待遇等社会救济,获得包括村民委员会等机构的帮助。

最终,法院认为,赡养老人是中华民族的传统美德。本案中,村民委员会对杜大妈没有法定的扶养义务。村民委员会在杜大妈的赡养义务人未能履行其法定赡养义务时,及时将杜大妈送至医院就医,在杜大妈出院后又将其送至老年公寓照顾，并支付了住院期间和居住在老年公寓期间的相关费用，承担了本应由子女承担的赡养义务，有权向杜大妈的子女追索垫付的费用。因此法院判决支持村民委员会的诉讼请求。

法条链接

《农村五保供养工作条例》

第6条 老年、残疾或者未满16周岁的村民，无劳动能力、无生活来源又无法定赡养、抚养、扶养义务人，或者其法定赡养、抚养、扶养义务人无赡养、抚养、扶养能力的，享受农村五保供养待遇。

十一、女儿是否需要承担赡养义务？

王阿姨和张大爷都已到花甲之年，膝下有两个儿子和一个女儿，分别是张一、张二和张小，三人均已工作成家。按照当地的风俗习惯，有儿有女的家庭一般由儿子养老送终，老人的财产最后也主要留给儿子。但张一和张二兄弟俩最近几年不和，渐渐地双方把对父母的养老问题作为对抗的焦点，双方谁也不肯先行向父母履行赡养义务。

王阿姨和张大爷的年纪越来越大，身体也不好，但是两个儿子都不肯支付赡养费，老夫妻俩只能靠着自己的一点积蓄度日。女儿张小把这些都看在眼里，但一方面是碍于当地的习惯，另一方面张小的丈夫也认为给父母养老就是儿子的责任，张小没必要掺和进去；同时，张小也担心哥哥会认为自己想要贪图父母名下的房子。于是，两个儿子不履行赡养义务，女儿又因为诸多顾虑不愿意主动赡养父母，王阿姨老夫妻俩的处境十分困难。

法律问题

女儿不需要履行赡养父母的义务吗？

律师说法

我国是男女平等的国家，不仅体现在平等地享有权利，也体现在平等地承担义务。在父母子女关系上，父母应平等地对待儿子和女儿，不应该“重男轻女”，子女也应平等地承担对父母的赡养义务。在我国某些地区，确实存在较为严重的"重男轻女""养儿防老"思想,在日常家庭事务的处理中也处处以儿子为优先考虑。这些做法都是错误的,也是违背相关法律规定和不利于和谐社会建立的。但是父母存在错误观念,并不意味着女儿就因此可以不承担任何赡养义务,特别是在父母的生活陷入困难的时候,女儿更不能以此为由拒绝履行赡养的义务。

基于某些暂时无法改变的习俗原因,家庭内部也可以按照习俗决定由儿子来承担主要的赡养责任,但在现实履行过程中,当儿子拒绝承担或无力承担赡养责任时,女儿便不能坐视不管。老人怎样给子女分配财产并不影响子女给老人养老,因为赡养是法定义务,不得附条件。当然,父母在考虑财产分配时,特别是女儿同样尽到了赡养义务时,也应尽量公平处理,这样才有利于家庭关系的和谐。

张一、张二和张小同为老人的子女,虽然因为各自的经济状况有所不同,在具体的赡养义务承担上可以考虑个体差异而有所不同,比如张一、张小经济条件好一些,可以在赡养费金额上多支付;张二下岗待业在家,没有收入,可以少支付一些赡养费,或者在兄妹协商的基础上,其可以"少出钱多出力":陪同父母去就医、日常多承担照顾陪伴的责任等。虽然赡养的方式可以有差异,但是赡养老人的义务却是不可推卸的。

具体到本案中,张一、张二和张小都有平等赡养父母的义务。张一和张二兄弟不和,但并不能以此作为自己不履行赡养义务的正当理由。张小作为女儿,亦应承担赡养父母的义务。张小的丈夫虽然不是王阿姨和张大爷的法定赡养义务人,但作为张小的配偶,也应该为张小赡养父母提供支持和帮助,而不是干涉和阻挠。王阿姨和张大爷可以直接向子女提出对其老夫妻俩进行赡养,如若子女不予承担,可以向当地居民委员会或街道寻求帮助;如果在居民委员会或街道工作人员的调解下,各方仍然不能达成一致意见,则王阿姨夫妻可以向法院提起诉讼,要求子女依法承担法定赡养义务,由人民法院依法作出判决,并勒令子女履行义务。

十二、兄弟姐妹之间是否有赡养义务?

周大伟是一名修理工,自营一家小的修理铺。其一生未婚未育,常年自己一个人居住生活,且因为性格较为孤僻,与他人往来不多。前两年,周大伟因为车祸原因瘫痪在床,之前其还利用自己的积蓄请护工帮忙照顾生活起居,但一直躺在家里,积蓄已经所剩无多,自己名下只有一套房子,如果卖了自己又没地方居住。现在周大伟的基本生活都已经无法维持,他想到自己还有一个弟弟和一个妹妹,弟弟周二强住在外地,且经济条件较好;妹妹周三梅刚刚退休,家里条件也不错。周大伟想着能不能让他们帮忙出点儿钱维持自己的日常生活呢?但因为平时来往不多,又不好意思开口。

法律问题

1. 周大强有权要求自己的弟弟妹妹们赡养自己吗?
2. 如果弟弟妹妹不肯赡养自己,周大强有什么办法可以保证自己的生活?

律师说法

首先,兄弟姐妹之间不具有赡养义务。

一般来说,赡养义务是指子女对父母所需要履行的一种义务。除子女外,其他人并不当然具有赡养义务,自愿的情形除外。兄弟姐妹之间即使有义务,也应该是一种扶养的义务,而且该义务有其特定的成就条件,法律规定:有负担能力的兄、姐,对于父母已经死亡或者父母无力抚养的未成年弟、妹,有扶养的义务；由兄、姐扶养长大的有负担能力的弟、妹，对于缺乏劳动能力又缺乏生活来源的兄、姐，有扶养的义务。

因此，如果周大伟的弟弟妹妹是由他扶养长大，则弟弟妹妹在周大伟缺乏劳动能力又无生活来源时应当负责他的生活。否则，弟弟妹妹对周大伟不负有法律上的责任。当然，从伦理、道德、人情的角度来说，弟弟妹妹如果有能力，应当鼓励他们对哥哥施以援手。

其次，无人赡养时，可积极运用其他方式来实现养老目的。

如果弟弟妹妹经济状况很差，没有能力帮助周大伟，或者兄弟姐妹之前就较为疏远，那么可能也难以伸出援助之手。本案中，周大伟还可以采取另一种方式来保证自己的晚年生活。

我们看到，周大伟并非毫无财产，其名下有一套房屋，只是因为自己要居住其中所以无法出售。但是，周大伟可以挑选一个自己信任的人选，这个人可以是自己的亲属、朋友或者邻居等，只要对方愿意，周大伟就可以与其签订遗赠扶养协议，写明对方的义务是照顾其晚年生活、负责其生养死葬，而自己也会在去世后将名下的房屋相赠。这份协议最好是在有见证人的情况下签署，协议成立后，只要双方都能够严格按照协议约定履行义务，周大伟最担心的养老问题就可迎刃而解，他既不需要卖房，也能保证自己的晚年能够得到相应的照顾。

法条链接

《中华人民共和国民法典》

第 1075 条 有负担能力的兄、姐，对于父母已经死亡或者父母无力抚养的未成年弟、妹，有扶养的义务。

由兄、姐扶养长大的有负担能力的弟、妹，对于缺乏劳动能力又缺乏生活来源的兄、姐，有扶养的义务。

第 1158 条 自然人可以与继承人以外的组织或者个人签订遗赠扶养协议。按照协议，该组织或者个人承担该自然人生养死葬的义务，享有受遗赠的权利。

十三、父母有资产，子女是否可以免除赡养义务？

刘阿姨与袁大爷育有一儿一女。退休后，刘阿姨身患多种疾病，需要花费大量的医药费及请护工护理的费用。儿子袁小弟总是尽自己所能照顾母亲，但是女儿袁小妹却对母亲的病情和花费不闻不问，每次让她照顾母亲就声称自己“工作忙没时间”，也不肯支付赡养费。刘阿姨一气之下，起诉至法院，要求判令袁小妹向自己支付医疗费、护理费等，履行作为女儿的赡养义务。

袁小妹收到法院的电话得知自己被母亲起诉后，也觉得很是委屈，辩称起诉不是母亲刘阿姨自己真实的意思，都是哥哥袁小弟一手包办的。而且，刘阿姨有医保，本可以在医保定点的医院治疗，医疗费用基本都可以报销，不会有任何经济负担，但是刘阿姨非要自费到其他医院治疗，导致医保无法跨地区使用，自付费用每天高达上千元，并且反复住院、出院已达半年，造成不必要的费用支出。自己的收入只能维持基本温饱，没有能力负担母亲高额的医疗费。

袁小妹还认为，刘阿姨在居住之外还有房产，完全可以用房产担保贷款或变卖一处房产，来支付医疗费用。而刘阿姨因为偏心，已把其中一套房产无偿赠给了袁小弟，现在又来向自己主张赡养费，法院应该不予支持刘阿姨的请求。[①]

---

① 参见最高人民法院婚姻家庭纠纷典型案例之十七——刘某某诉袁乙赡养纠纷案。

法律问题

在父母有收入和房产、经济条件良好的情况下，是否能够免除子女的赡养义务？

律师说法

作为母亲的刘阿姨要求女儿袁小妹承担医疗费、护理费、护工费，而袁小妹的抗辩主要有三条：第一，刘阿姨有医保，却非要自费，造成不必要的费用支出；第二，刘阿姨有稳定的退休工资和房产；第三，刘阿姨把一套房产赠给了袁小弟。

其实袁小妹想要表达的核心意思就是，母亲刘阿姨经济条件良好，不需要赡养。同时，也对刘阿姨将一套房屋给了袁小弟表示不满，觉得房屋本可以出售以负担就医费用，但是母亲赠送给了哥哥，现在又来向自己主张赡养费，增加了自己的经济负担。

本案袁小妹的有关父母经济条件良好，不需要赡养的抗辩理由是否成立呢？

《民法典》关于赡养费的规定是这样的，“成年子女不履行赡养义务的，缺乏劳动能力或者生活困难的父母，有要求成年子女给付赡养费的权利”。可以看出，法律对于支付赡养费的条件的规定是，父母“缺乏劳动能力或者生活困难”。何为缺乏劳动能力？何为生活困难？在法律上并无更明确的规定。实际上，也很难对此作出明确的规定，需要根据每一个案件的具体情况进行判断。

在本案中，刘阿姨虽有退休金和医疗保险，但身患多种疾病，这些收入不能满足刘阿姨需要的医疗支出。而袁小妹不愿赡养刘阿姨的理由是刘阿姨有两套房产，因其把其中一套房产给了袁小弟，而没有给袁小妹，所以袁小妹就说如果刘阿姨把其中一套房产抵押贷款或者变卖，医疗费用就不成问题了，而袁小妹也就不需要再支出费用了。

但是，要求刘阿姨卖房治病，既无法律规定，也属强人所难。所以，袁小妹的抗辩理由不能成立。

本案是根据最高人民法院婚姻家庭纠纷典型案例改编的真实案例，人民法院的判决支持了刘阿姨的诉求，判令被告袁小妹向母亲刘阿姨支付医疗费、护理费等。

从本案我们可以看出，法律规定的父母可要求成年子女给付赡养费的条件有两个：缺乏劳动能力或者生活困难。在实务中，对于缺乏劳动能力、生活困难的认定不应过于严格，结合案件情况依据常识判断即可，可以推断出父母符合条件之一的，即应判决子女支付赡养费。

在实际生活中，很多子女想以父母经济条件好、不需要赡养来逃避赡养义务，这既不合法，也不符合人伦情理。

法条链接

《中华人民共和国民法典》

第 1067 条　父母不履行抚养义务的，未成年子女或者不能独立生活的成年子女，有要求父母给付抚养费的权利。

成年子女不履行赡养义务的，缺乏劳动能力或者生活困难的父母，有要求成年子女给付赡养费的权利。

十四、子女放弃继承权后，是否还需要赡养老人？

罗大爷与王阿姨有三个子女，分别是罗文、罗武、罗红。三兄妹原本是说好共同承担两位老人的赡养责任，但最近罗武刚自己出来创业，新成立了一家公司，整天忙个不停，丝毫没有空闲时间，而罗大爷与王阿姨随着年纪增长，身体越来越不好，每隔几天就需要子女陪同去医院检查、复查等。罗武觉得自己实在没有时间，便想将责任推给大哥罗文和妹妹罗红，两人对于罗武逃避自己赡养责任的行为很生气，坚决不同意，要求罗武一起承担。罗武为了说服两人便提出，只要他们同意从现在开始自己不再负责两位老人的赡养事宜，父母百年以后，父母名下的几套房屋和一些储蓄都归罗文和罗红，自己可以写个声明放弃对父母财产的继承。

法律问题

1. 继承权和赡养义务有关联吗？
2. 罗武放弃继承权的行为有效吗？

律师说法

首先，子女履行赡养义务不得附带任何条件。

赡养义务的履行不得附带任何条件，是指只要子女客观上具备履行义务的能力，就应该尽到对父母的赡养责任。子女有义务给父母养老并非因为子女可以继承父母财产，两者之间没有必然的联系。因此，无论是父母不分给子女财产，还是子女自己放弃获得父母的财产，都不影响子女对父母的赡养义务。所以，罗武试图通过放弃继承权来拒绝履行赡养义务，缺乏法律依据，二者并不能成为置换关系，罗武作为子女，必须履行对父母的赡养义务。

其次，父母尚健在，子女就放弃继承权有效吗？

根据法律的规定，法定继承人放弃继承要在继承开始后遗产分割前作出才为有效。这个案例中，假如罗大爷和王阿姨已去世，且没有留有遗嘱，因二老的父母也早已去世，故法定的继承人便只有三名子女。而继承开始是要在二老去世后才发生的，所以即使罗武现在表示放弃继承，但因继承尚未开始，该放弃声明并不具有法律效力。

在已知的法院公开判决中，我们也发现有类似的案例：两被告（原告的两名子女）与原告签有协议，明确约定以放弃继承父母名下的财产为条件不再承担对原告的赡养义务。后原告因病无法负担医疗费和生活费，遂将两被告诉至法院要求其承担赡养义务。法院经审理认为，该排除赡养义务的约定明显违反了《老年人权益保障法》第19条的规定，不具备法律效力。现原告年迈有病需要长期治疗，每月领取的养老金已不足以支付日常医疗、生活所需费用，生活困难，两名被告作为原告的子女，对原告依法负有赡养义务。①

法条链接

《中华人民共和国老年人权益保障法》

第19条第1款　赡养人不得以放弃继承权或者其他理由，拒绝履行赡养义务。

① 参见陈某某诉林某甲等赡养案，广东省广州市越秀区人民法院（2016）粤0104民初3808号民事判决书。

十五、父母不分给财产，子女是否就可以不履行赡养义务？

周阿姨和霍老伯结婚多年，有两个儿子和一个女儿，分别是霍真、霍善和霍美。霍善很少回家看望父母，且沾染了赌博的恶习。周阿姨和老伴经过长期考虑，决定将财产留给大儿子霍真和小女儿霍美，同时在家庭会议上将此事告知了三个子女，之后便将名下的房产直接过户到了大儿子和小女儿的名下。老二霍善对此十分不满，认为父母偏心，与父母关系更是疏远。

近年来，周阿姨和霍老伯都靠霍真和霍美赡养，特别是霍真负担了大部分支出。但霍真最近几年生意不顺利，生活日益拮据。周阿姨和霍老伯也觉得霍真的负担过重，三个子女都同样是由自己抚养长大，应该一同承担对自己的赡养责任。一次家庭会议上，周阿姨当着孩子的面，明确提出了要三个子女一起承担赡养自己和老伴的责任。霍善听完之后当即表示了反对，他认为自己的父母偏心在前，既然不分给自己财产，自己也没有义务给两位老人养老。

法律问题

1. 父母有决定如何分配自己财产的自由吗？
2. 子女的赡养义务以父母分给财产为前提吗？

律师说法

1. 父母享有处分名下财产的自由。

房产是属于周阿姨和霍老伯的，两位老人享有对自己名下财产自由分配的权利。当然，老人在决定分配时应考虑公平性问题，妥善处理家庭关系。而本案又具有特殊情形，因为儿子霍善有赌博的恶习，隔三岔五地回来向老父母索要财产，还扬言要将父母名下的房产变卖，父母也是为了保证财产的安全，才将名下的房产过户给大儿子和小女儿。

2. 子女履行赡养义务不得有任何附带条件。

子女的赡养义务是法定的义务，不得附带任何条件。周阿姨和霍老伯决定将财产分配给霍真和霍美，无论该决定在情理上是否合理，都不影响三个子女承担赡养义务。虽然每个子女都有同样的赡养义务，无论是儿子还是女儿，无论是否分得了财产都应赡养父母，但并不意味着在实际承担上每个子女必须同等分担。每个子女实际承担的赡养义务需要根据各自的情况综合考虑，如生活较为困难的子女可在经济层面上少承担甚至不承担，生活条件较好的子女可以在经济层面上多承担。另外，赡养不仅包括经济赡养，还有精神赡养，生活较为困难的子女虽然在经济上支出有所欠缺，但是可以增加对父母的日常照顾和陪伴，这样也有利于赡养义务的分担。

当然，如果各个子女之间经济状况差异较大，父母一方将财产的全部或者绝大多数都给了其中某一位，而要求其他子女来承担赡养义务，且其他子女自身的经济状况较差，显然也是违背常理的。此时，父母是否分给了财产也可以作为确定负担程度的因素。如果不考虑各子女的具体情况而要求各子女平均分担，既不利于鼓励子女积极履行义务，也不符合公平正义的要求。

法条链接

《中华人民共和国老年人权益保障法》

第19条第1款　赡养人不得以放弃继承权或者其他理由，拒绝履行赡养义务。

十六、父母离婚后又再婚的，子女还需承担赡养责任吗？

庞阿姨先后有过两段婚姻，与前夫老张有一个儿子张小甲，离婚后张小甲随前夫一起生活。庞阿姨后来又与孙大爷再婚，婚后育有一子孙乙。在张小甲成年之前，庞阿姨一直支付抚养费，但是与张小甲的交流不多。这几年，庞阿姨因为年龄大了，又罹患各种疾病，需要大量的医疗费，但是庞阿姨与现任老伴两个人都只有少量的退休工资，支付医疗费之后，老两口的基本生活都很难维持。儿子孙乙下岗多年，也无力负担老两口的生活费用和医疗费用。庞阿姨听说张小甲这几年做生意挣了很多钱，又是自己的亲儿子，就找到张小甲让其援助自己，但被张小甲一口拒绝。张小甲认为，庞阿姨已经再婚，且与自己多年不联系，即使需要赡养，也应该由其后来一段婚姻中的子女来承担赡养义务。迫于无奈，庞阿姨只好前往当地的法院，一纸诉状将儿子张小甲告上法庭，让其给自己支付赡养费。

法律问题

父母离婚后又再婚的，子女还需承担赡养责任吗？

律师说法

这是一个根据真实案例改编的故事。在真实案例[1]中，原告庞阿姨向法院起诉了自己和前夫生的孩子，要求其对自己履行赡养义务，而作为被告的儿子拒绝承担对母亲的赡养责任，理由是庞阿姨已经再婚有了新的家庭和子女。那么这个儿子的理由成立吗？

首先，赡养义务是子女对父母的一种义务。虽然庞阿姨离婚了，又再婚组建了新家庭，但其与儿子张小甲之间的母子血缘关系不可能发生改变。张小甲虽然在庞阿姨离婚后跟随其父亲共同生活，但庞阿姨也一直支付抚养费直至其成年。庞阿姨履行了作为母亲的职责与义务，且双方之间的母子关系并未因为离婚而改变。所以，张小甲应当依法对庞阿姨履行赡养义务，庞阿姨是否还有别的赡养义务人，并不能成为张小甲拒绝履行赡养义务的正当理由。

其次，我国公民享有婚姻自由，父母不得干涉子女的婚姻，子女也不得干涉父母的婚姻。父母子女关系是一种基于血缘或者收养行为形成的身份关系，其权利义务均由法律直接规定，除非有特别事由外（如未成年子女被收养）不被改变。父母离婚或再婚的，不影响父母子女关系，父母仍是子女的父母。庞阿姨有权自主决定自己的婚姻关系，无论庞阿姨是否再婚，也无论张小甲对庞阿姨再婚持何种态度，张小甲对庞阿姨都应尽赡养义务。

最后，该案审理法院认为，原、被告之间系母子关系，庞阿姨再婚不影响张小甲的赡养义务。法院最终结合被告张小甲的收入情况及庞阿姨的实际生活需求，判决张小甲每月向原告庞阿姨支付一定数额的赡养费。

---

① 参见最高人民法院发布老年人权益保护第二批典型案例之案例三——庞某某诉张某某等二人赡养费纠纷案。

法条链接

《中华人民共和国民法典》

第1069条 子女应当尊重父母的婚姻权利，不得干涉父母离婚、再婚以及婚后的生活。子女对父母的赡养义务，不因父母的婚姻关系变化而终止。

十七、子女赡养父母可以附加前提条件吗？

唐大爷与妻子郑大娘均系高龄老人，二人共育有五名子女，分别是唐甲、唐乙、唐丙、唐丁、唐戊。唐大爷与郑大娘每月仅有少量的退休金补贴，没有其他任何经济来源，故夫妻二人的日常生活、疾病医疗等都需要唐甲等五个子女照顾和赡养。但由于五子女之间就赡养不能达成一致意见，导致唐大爷、郑大娘的赡养问题始终得不到具体落实。

村里、镇上多次协调，都没有结果。无奈之下，唐大爷向法院起诉，要求唐甲等五人每月支付自己和妻子郑大娘赡养费 1000 元，共同承担医疗费等开支。

被告唐甲等五个子女分别提出，如果要承担赡养责任，就必须分割父母名下的田地、确定赡养费用管理人。

法律问题

子女赡养父母，是否可以附加前提条件？

律师说法

在父母要求子女承担赡养责任的同时，子女是不是可以要求先对父母名下的财产进行分割，否则便以此为由拒绝履行赡养义务？这个问题乍看之下觉得很是荒唐，但现实中却不乏类似情形发生。很多子女都当然认为父母名下的财产就应该将来留给自己，所以，为保障自己的利益，父母既然提出赡养的要求，其就同步要求父母先将名下的财产赠与或过户到自己名下。一旦遭到拒绝，便以父母名下有财产为由拒绝履行赡养义务。

本案中，唐大爷的五位子女显然持上述想法，所以在父母提出赡养需求时，才会提出来需要以分割父母名下的田地、确定赡养费用管理人作为前提条件，否则不履行赡养义务。

子女赡养父母，是子女的一项法定义务，既然是义务，就是不可推卸的责任。基于这一法定义务，我们认为，赡养义务是不能附加条件的，分割父母田地这种理由，不能作为履行赡养义务的前提。但是，本着妥善解决家事的目的，如果父母同意的话，可以在解决赡养问题时，一并予以协商处理。这只能作为"一揽子"解决赡养问题的结果之一，绝对不能作为前置的条件。

这个案例也是一个真实的案件，是最高人民法院关于弘扬社会主义核心价值观的典型案例①。法院在审理后认为，原告唐大爷和妻子郑大娘均年事已高，已丧失劳动能力，依法享有要求子女支付赡养费的权利。作为成年子女，不得以任何理由对赡养义务附加任何条件。唐大爷每月虽有一定数额的补贴收入，但综合考虑当地的生活消费性支出及唐大爷的实际情况，唐大爷的每月补贴远不足以承担其每月的支出需求，故唐大爷要求五名子女共同承担赡养费包括医疗费的诉讼请求，符合法律规定，法院予以支持。

由此可见，赡养老人是一项法定义务，容不得子女在违背老人意愿的前提下，设置各种门槛和障碍来违反这一法律规定。

法条链接

《中华人民共和国民法典》

第 1067 条 父母不履行抚养义务的，未成年子女或者不能独立生活的成年子女，有要求父母给付抚养费的权利。

成年子女不履行赡养义务的，缺乏劳动能力或者生活困难的父母，有要求成年子女给付赡养费的权利。

---

① 最高人民法院公布十起弘扬社会主义核心价值观典型案例之八——唐某某诉唐某甲等五子女赡养纠纷案。

十八、分家协议、赡养协议可以免除子女的赡养义务吗？

乔阿姨和黄老伯养育了两个儿子和一个女儿，分别是黄小龙、黄小虎和黄小朵，均已成年工作。早年几个子女就老人的养老问题达成过协议，约定两位老人跟随长子黄小龙居住，次子黄小虎和女儿黄小朵每年给两位老人一笔赡养费。后来，黄小龙认为自己的负担过重，要求母亲乔阿姨或者父亲黄老伯其中一人去和黄小虎或者黄小朵一起生活，或者几个子女轮流照顾。黄小龙和黄小朵一听就不乐意了，这个赡养老人的方案是当时三个人一起商量好的，而且黄小虎和黄小朵多年来一直支付赡养费，现在大哥说反悔就反悔，完全打乱了他们的计划和安排。因此，两人坚决不同意父母搬去和他们一同生活。乔阿姨和老伴就这样处于一个尴尬的境地。

法律问题

1. 子女之间可以通过协议解决父母的赡养问题吗？

2. 黄小龙不按照协议给父母养老时，黄小虎和黄小朵可以依据协议拒绝给父母养老吗？

律师说法

1. 子女之间可以通过家庭协议的方式来约定对父母赡养的方式。

法律规定的赡养义务主要是保障老人能够获得合理的物质生活保障和必

要的精神慰藉，只要老人能够得到合理的赡养，法律不干涉老人和子女之间就赡养问题达成何种安排。因此本案中，黄家三兄妹之间的约定是法律允许的。并且在这份协议中，大家不是完全机械地来均等分割赡养义务，而是由经济状况好的子女出钱，由经济实力相对较差的子女出力（父母随其一起生活），可以说是兼顾了子女之间的差异化，如果能够很好地得到履行，对父母来说也是一种较好的赡养方式，既有经济保障，又有日常陪伴。

2. 子女之间可以重新约定赡养方式，但不能影响老人的实际生活。

如果原来的赡养协议依据的前提发生了重大变化，子女可以在与父母沟通、协商的基础上，重新确定符合具体实际的赡养方式。本案中，黄小龙可能是因为孩子结婚，家里住房紧张，无法让老人继续跟随其共同居住。虽然其与弟弟、妹妹之间有之前约定的赡养协议，但是其个人情况较协议约定时发生了重大变化，所以可以再与弟弟、妹妹进行沟通协商，确定新的赡养方式。但黄小龙直接将父母拒之门外的做法显然是错误的，而弟弟妹妹们以协议作为理由不肯履行赡养义务的做法也是错误的。

无论老人和子女之间达成何种安排，都不能影响到对老人的赡养。如有人拒绝根据协议履行赡养义务，老人仍然可以要求其他子女按照法律规定履行赡养义务。即子女不能仅以分家协议、赡养协议等为由不给老人养老，或者要求少承担养老责任，而不管老人是否得到了充分的养老保障。这是赡养协议与一般协议的不同之处，这样可以避免老人无法获得有效赡养，以及部分子女利用协议逃避赡养义务，反倒让老人处于不利的境地。

现实中，子女之间，或者子女和老人之间就赡养问题达成协议，可以更好地考虑家庭实际情况、尊重各自的意愿。但当这种协议不能有效保障老人的养老问题得到有效解决的时候，如协议损害了老人的权利、子女并未妥善履行协议内容，老人仍有权要求各子女承担法定的赡养义务而不必受协议约束。子女也不能依据协议，主张不承担或少承担养老责任。

在人民法院审理的真实案件中①，原告张某向法院起诉自己的子女要求履

① 最高人民法院公布十起婚姻家庭纠纷典型案例（北京）之三——张某诉郭甲、郭乙、郭丙赡养纠纷案。

行赡养协议，法院经审理认为，张某的长子郭甲和次子郭乙虽然于1985年签订了分家协议，两人也按照分家协议履行着各自的义务，但是并不能完全免除次子郭乙、小女儿郭丙对母亲的赡养义务。原告张某自己每月有1200元收入，并愿意由次子郭乙照顾，故判决原告张某随次子郭乙生活，长子郭甲每月给付赡养费300元，长子郭甲承担原告张某医药费的1/2，次子郭乙、小女儿郭丙各承担医药费的1/4。

法条链接

《中华人民共和国老年人权益保障法》

第20条第1款　经老年人同意，赡养人之间可以就履行赡养义务签订协议。赡养协议的内容不得违反法律的规定和老年人的意愿。

十九、子女对父母的住房问题是否负有解决义务？

张大爷夫妻俩退休后一直跟随儿子张大勇生活，老夫妻俩原来居住的房子因为张大勇当年结婚需要费用出售了。因为长期共同生活，加上生活方式、价值理念等存在多处差异，双方之间经常因为各种琐事发生不愉快，张大勇便萌生了让父母搬出去住的想法。

经过一番寻找，张大勇在城中村租下了一个房子，房屋面积狭小、阴暗潮湿，生活也不便利，但房租很便宜。张大爷和老伴搬去后，风湿等老毛病更加严重，晚上因为吵闹也睡不安稳，出去买菜或去医院都很不方便，便提出要张大勇给他们换个条件好点儿的房子或者搬回去与张大勇同住。张大勇认为自己出钱让老人有房子住已经是在履行赡养义务了，两位老人居然还挑三拣四对出租房各种挑剔，因此对父母的要求不予理睬。张大爷和老伴商量想自己换个房子，但无奈积蓄不多，自己无力负担另找一处出租房的费用，因此找到律师咨询，儿子张大勇的做法是否合法？老夫妻俩只想有一个宜居的环境让自己安度晚年的想法是否过分？

法律问题

1. 子女有义务为父母提供住房吗？

2. 子女提供的住房应达到什么标准？

律师说法

1. 住房保障也是赡养义务的重要内容。

子女有赡养父母的义务，赡养的内容包括保障父母的住房需要。衣食住行是生活的基本方面，子女有义务予以保障。保障老人的住房需要首先指的是保障老人有房可住。老人自己没有房子的，子女既可以让老人和自己一同居住，也可以为老人另行提供住房。

2. 尽量在合理范围内照顾老年人对于住房的合理需求。

值得指出的是，并不是老人对于房屋的所有需求都应该被满足。其中的“需求”指的是“合理需求”。比如本案中，张大勇给父母在城中村租的房子，长期不见阳光、阴暗潮湿，而张大爷夫妻俩都患有严重的风湿性关节炎，长期住在阴暗潮湿的环境中病情会恶化，影响日常生活起居。张大爷夫妻俩要求儿子给自己重新租赁一处房屋的要求就是合理需求。

假如张大爷夫妻坚持要求儿子张大勇给自己租赁一套别墅，这个要求就属于不合理需求，超越了张大勇可以负担的经济范畴，也超越了满足日常基本生活保障的需求范畴。本案中，张大勇如果觉得父母跟随自己共同生活不太方便，可以在外给父母租房居住，但是老人的住房条件应保持在相应水准，即无论是和子女一同居住，还是让老人单独居住，都不能让老人居住在条件低劣的房屋中。自己住好房而让老人住烂房是违反赡养义务的行为，也不符合中华民族孝道美德的要求。

在人民法院审理的一起真实案件①中，父母一方没有住房，子女既拒绝父母居住到自己家中，也不为其提供另外的住处，导致父母一方无处安身，最后父母一方不得已，将子女起诉到法院。法院在审理后认为，老年人依法享有的权益受法律保护。赡养父母是子女应尽的义务。子女一方作为赡养人应当履行对父母在经济上供养、生活上照料和精神上慰藉的义务。子女的配偶也应当协助履行赡养义务。如果既拒绝老人居住在自己家中，又不能为其提供适宜居住的地方，导致其无处安身，则有悖法律规定和中华民族敬老爱幼的传统美德。

---

① 参见王某某诉王某甲等分家析产纠纷案，(2014)古民初字第520号。

子女应综合考虑老人的意愿、居住条件、对其日常照顾的便利，妥善安排老人的住房，不得强迫其居住或迁居条件低劣的房屋。

法条链接

《中华人民共和国老年人权益保障法》

第16条 赡养人应当妥善安排老年人的住房，不得强迫老年人居住或者迁居条件低劣的房屋。

老年人自有的或者承租的住房，子女或者其他亲属不得侵占，不得擅自改变产权关系或者租赁关系。

老年人自有的住房，赡养人有维修的义务。

二十、父母对子女名下的房屋享有居住权是否受法律保护？

张大爷的前妻去世得早，后经人介绍认识了同样丧偶的王阿姨，两人志趣相投，就组建了家庭共同生活。张大爷与前妻有一个儿子张大强，王阿姨与前夫有一个女儿王小花，两人均已成年并且结婚生子。

张大爷和王阿姨结婚后就共同居住在张大爷名下的一处房产内，两个人也商量好了，将来百年后这个房子留给张大强。后来随着年龄的增长，张大爷的身体越来越差，他开始担心自己万一去世，王阿姨的女儿家庭条件不好，没有多余的房间给王阿姨居住；儿子张大强和王阿姨的关系并不好，经常当着自己的面表达对这个继母的不满，自己去世后儿子很可能也不会给王阿姨提供住处。为了使王阿姨的晚年生活有个保障，张大爷就在自己和王阿姨共同居住的这套房屋中为王阿姨设置了居住权，同时立了一份遗嘱写明房屋将来由儿子张大强继承。不久之后，张大爷不幸离世，张大强看到父亲留下的遗嘱，觉得房子已经属于自己了，自己对于继母也没有照顾赡养的义务，应该由王小花来赡养王阿姨，同时房子也是父亲留给自己一个人的遗产，现在父亲已经去世，王阿姨无权继续居住在这个房子里。

法律问题

1. 什么是居住权？

2. 居住权如何设立？

律师说法

1. 居住权是一种法定权利,受到法律保护。

居住权是指对他人所有的房屋占有、使用的权利,主要是为了满足特定人群的住房需求。张大爷名下的这套房产,在张大爷与王阿姨结婚之前就已经取得,所以不是两人的夫妻共同财产。此外,张大爷还通过遗嘱将房产留给了儿子张大强一个人,在其去世后,张大强就是该套房屋的唯一继承人。但是,张大爷生前为王阿姨在这套房子里设立了居住权,并且去办理了相应的居住权登记,该居住权并不因为张大爷的去世就消失了。换言之,直至王阿姨去世时止,王阿姨都有权利居住在该套房屋内,张大强即使将来继承取得房屋所有权,仍然也不能干涉王阿姨居住权利的行使和实现。

2. 居住权的设立需要经过特定的程序。

居住权的设立需要经过“合同 + 登记”两个步骤。合同是指当事人就居住权设立应订立合同,主要包括以下几个条款:(1)当事人的姓名或者名称和住所;(2)住宅的位置;(3)居住的条件和要求;(4)居住权期限;(5)解决争议的方法。登记是指向登记机构申请居住权登记。居住权自登记时设立。居住权作为物权,对于居住权人具有很强的保护力度,但注意一定要去办理登记,否则居住权没有法律保障。

3. 居住权仅限于居住,不得用作其他用途。

居住权不同于所有权,所以不能像所有权一样任意对房屋进行各种处分安排。准确来说,居住权人只能按照登记的要求在房屋里生活居住,而不能将房屋用于出租或者居住以外的其他用途,如经商等,否则,这样的居住权也是不受保障可以被撤销的。比如本案中,张大爷为王阿姨设置的居住权,就是为了保障王阿姨晚年有一个稳定的住所,显然目的仅仅是生活居住。如果王阿姨觉得,这个房屋面积比较大,租出去有一笔不菲的租金收入,自己可以拿这个租金再去租个小房子,从中还能盈利不少,于是便将该房屋出租了出去,则这一做法既违背了张大爷登记居住权的初衷,也不符合居住权设置的要求。

所以说,居住权人有自己特有的权利,同样也要履行相应的义务,即不得将该住宅用于生活居住以外的用途;必须按照约定的条件和用途使用房屋。

法条链接

《中华人民共和国民法典》

第366条　居住权人有权按照合同约定，对他人的住宅享有占有、使用的用益物权，以满足生活居住的需要。

第367条　设立居住权，当事人应当采用书面形式订立居住权合同。

居住权合同一般包括下列条款：

（一）当事人的姓名或者名称和住所；

（二）住宅的位置；

（三）居住的条件和要求；

（四）居住权期限；

（五）解决争议的方法。

第368条　居住权无偿设立，但是当事人另有约定的除外。设立居住权的，应当向登记机构申请居住权登记。居住权自登记时设立。

二十一、子女是“啃老族”怎么办？

蒋阿姨和丁老伯结婚多年，丁小明是两人唯一的儿子。蒋阿姨和丁老伯都是退休工人，多年省吃俭用攒了不少积蓄。退休前老夫妻俩商量，已经辛苦了一辈子，现在孩子也已经成年工作，不需要自己再操心了，两人想换个好一点儿的住所养老。于是把家里的老房子卖了，又额外添加了一些钱，重新买了一套新房子，装修后高兴地搬进了新家。

好景不长，丁小明工作两年不到，前前后后已经换了好几份工作，经常是上一两个月班就辞职待在家里，吃喝都是父母出钱，还经常把一些社会上的朋友带回家中。最过分的是，还拿父母的退休工资出去花天酒地。最近丁小明要求两位老人将房屋过户给自己，两位老人不肯，丁小明便大发脾气，甚至时不时地扬言要将两位老人赶出去，把房子留给自己结婚用。蒋阿姨和丁老伯为此既愤怒又伤心，但是也不知道该如何去处理。一方面是自己的家事；另一方面也不知道通过哪个渠道对儿子进行惩戒，所以蒋阿姨和丁老伯为此整天郁郁不欢。

法律问题

1. 父母对成年子女有抚养义务吗？

2. 子女利用父母财产挥霍消费，怎么办？

律师说法

1. 父母对成年子女没有法定的抚养义务。

根据我国法律的明确规定，父母只对不满18周岁的未成年人负有法定抚养义务，成年人应该独立工作自给自足，依靠自己的劳动能力来取得相应的报酬。当然，也存在一些除外情形，例如成年子女还在大学就读，没有经济收入和来源；子女虽已成年，但是身体残疾、丧失劳动能力或者患有其他不适宜进行工作的疾病；等等。此时，父母才有进一步抚养子女的必要。

2. 子女用父母的财产挥霍消费，父母可予以拒绝。

本案中，丁小明已经成年，本该勤勉工作、照顾父母以尽孝心，但其非但没有尽到自己的赡养义务，反而要让已经耄耋之年的父母为自己的消费埋单，甚至想要侵占父母的房屋，该行为已经涉嫌违法。蒋阿姨和丁老伯夫妻购买的房屋，出资源于自己的辛苦积蓄，房屋亦登记在二人名下，二人才是房屋的合法所有权人，作为儿子的丁小明对于房屋没有任何贡献，自然也不享有任何权利，更是无权要求父母从家中搬出，或者将房屋出售。

若丁小明霸占房屋，影响蒋阿姨和丁老伯对房屋的居住和使用，蒋阿姨和丁老伯可以房屋产权人的身份要求丁小明从房屋中搬出去。蒋阿姨和丁老伯作为老年人的晚年安宁生活是受法律保护的，任何人不得干涉与侵犯，丁小明作为二人的儿子也没有权利侵害父母的合法权益，否则，将需要承担相应的法律责任。

因此，对于子女的"啃老"行为，首先，老年人要自己态度明确，直接拒绝，不要给予子女侥幸的机会。其次，如若子女执意要父母给予财产或者以行为占有财产，老年人可以向所在地的居民委员会、村民委员会或者街道等相关部门寻求帮助，或者向人民法院提起诉讼。

法条链接

《中华人民共和国民法典》

第236条　妨害物权或者可能妨害物权的，权利人可以请求排除妨害或者消除危险。

第1167条 侵权行为危及他人人身、财产安全的,被侵权人有权请求侵权人承担停止侵害、排除妨碍、消除危险等侵权责任。

二十二、选择养老机构，需要注意哪些问题？

张大爷和刘阿姨是一对退休多年的老夫妻，两人的身体都很健康，唯一的儿子张小刚在国外读书后就留在当地工作生活了，一年也难得回国一次。张小刚很关心父母，一早就向他们表达过，让老夫妻俩退休后就去国外跟自己一起生活，但是张大爷和刘阿姨在老家住惯了，老朋友也都在当地，去到异国他乡，语言不通、没有老朋友，两人都觉得不自在。

最近，张大爷在小区散步的时候，突然看到中介在小区内贴的广告，附近开了一家大型的养老机构，回家与刘阿姨商量，儿子远在国外，将来身边也缺乏人照顾，住到养老院去，对二人来说是一个不错的养老选择。因此，两人打算找时间去实地考察一下，好好给自己挑选一家养老机构。

法律问题

选择养老机构，需要注意哪些问题？

律师说法

首先，要了解自己的需求，根据自己的需求选择合适的养老机构。比如，有的老人对生活品质要求较高，更加关注养老机构的居住环境、机构工作人员的素质等；有的老人则因为自身身体原因，更加在意养老机构与医疗机构的合作、日常的护理服务等。

其次，货比三家，多看多询问了解，最好能去实地考察，了解配套设施和服务,了解收费模式,比较出不同养老机构之间的优劣和差异,选择最适合自己的那一家。对于自己在意的服务板块,尤其需要了解清楚,以免造成理解上的误差。

再次,确定养老机构后,要与其签订法律合同,签订合同之前,要逐条认真阅读合同条款,对其收费方式和金额、提供的服务范围、违约条款等关键性条款必须认真审阅,有不清楚的地方一定要询问清楚,而不能主观臆断,或者怕麻烦懒得多加询问。签署合同时多花费一点时间,仔细阅读合同条款,将来可能的纠纷就会大大减少。如果条件允许,最好是能请一位专业律师陪同或者事先帮助审查合同。

最后,入住之后,也要随时留心,如果一旦发生与合同约定不一致的地方,可以先做好相关证据的收集和保存,之后再与机构工作人员进行沟通,督促其改进,如其不予改正,则可以要求解除合同,承担违约责任。

二十三、养老机构是否有安全保障义务？

苗阿姨在老伴去世后便一个人居住，子女工作很忙不能一直照看，苗阿姨也不想影响子女工作，但随着年纪增大，生活起居多有不便，需要有人照顾，便与子女商量着去养老机构试试看。经朋友介绍，苗阿姨与一家养老服务机构签订了养老服务合同，住进了养老社区。该养老社区房间地板防滑性较差，工作人员拖完地后又经常留有水渍，走路很容易滑倒，而工作人员仅仅是摆放一个提示性的牌子。很多老年人都注意到了这个问题，也向机构的一些工作人员反映过，但每次都如石沉大海一直没有见到养老机构有相应的改进措施。苗阿姨年纪大了身体大不如从前，平衡能力较差，一天刚清洁完不久，地面比较湿滑，苗阿姨行走时虽然已经十分小心，但仍然摔倒并导致骨折。子女了解下来，认为养老机构存在安全隐患，便将养老服务机构告上了法庭。

法律问题

老人在养老场所受伤的，养老服务机构是否需要承担责任？

律师说法

老年人选择了养老机构，并与之签订合同，双方之间即构成合同关系。养老机构作为提供服务的合同一方，如果违背合同约定，导致老年人身体、物质或者精神层面受到损害，就应该按照合同约定承担相应的违约责任。老年人本身就是身体较为脆弱的特殊群体，养老服务机构作为专业的服务提供者应尽全力提供安全可靠的养老服务。

本案中，苗阿姨与养老服务机构之间存在合同关系，养老机构未能提供安全的日常起居场所，属于违反合同约定的行为，应承担违约责任。安全保障义务是指经营场所、公共场所的经营者、管理者，群众性活动的组织者对进入场所，或者参加活动的人的人身和财产安全应尽到的一种合理注意义务。苗阿姨所在的这个养老服务机构应该清楚地面湿滑容易导致人滑倒摔伤，却未积极采取充分的改进措施，比如将地面及时干燥，最终导致苗阿姨受伤，机构理应对此承担责任。苗阿姨既可以选择要求养老服务机构承担违约责任，也可以要求其承担侵权责任，但二者只能选择一个。

养老服务机构作为针对特殊群体提供服务的专业机构，无论是履行合同义务，还是安全保障义务，都应有更高的要求，比如在场所设计、用具选择与安装、安保值勤等方面都要以老人的身体和心理特点为参照。

有这样一个真实案例①：周大爷在入住养老院期间走丢，养老院认为自己已经安排有日常值班和安保人员，是周大爷自己离开房间从而走丢的，养老院不应该承担责任。家属与之协商不成，便将养老院起诉到了法院。法院最后判决认定养老院应该承担一定的责任，理由是：养老院在明知周大爷有离家走丢的经历，且安全防火通道门不允许上锁的情况下，仍未能增加安全防护措施，无提示、警示措施，虽安装有监控设施，值班人员也未能及时发现并有效防止老人在夜间走丢。养老院未能尽到相应的注意义务，应承担60%的责任。

法条链接

《中华人民共和国民法典》

第577条 当事人一方不履行合同义务或者履行合同义务不符合约定的，应当承担继续履行、采取补救措施或者赔偿损失等违约责任。

---

① 参见最高人民法院发布人民法院老年人权益保护十大典型案例之六——郗某某、周某四人与凌海市某老人之家、中国人民财产保险股份有限公司某分公司服务合同纠纷案。

第1198条第1款　宾馆、商场、银行、车站、机场、体育场馆、娱乐场所等经营场所、公共场所的经营者、管理者或者群众性活动的组织者，未尽到安全保障义务，造成他人损害的，应当承担侵权责任。

二十四、养老机构的合同免责条款有效吗？

何阿姨独自一人在家中居住感到孤单，且年纪大了生活起居多有不便，子女也担心老人独自居住有安全隐患，想与其一同居住，但何阿姨认为子女工作太忙，便提出去老年公寓试试看，子女虽不愿意，但最后还是顺从了何阿姨的意愿。经朋友介绍，何阿姨与某老年公寓运营方签订了服务合同。合同中约定，鉴于老人身体机能退化，发生意外的风险较高，对于老人因自身身体原因所受损害，如摔倒、突发疾病等，老年公寓不负任何赔偿责任。

入住后的某天，何阿姨在下楼梯时跌倒并当场昏迷，4 个小时后老年公寓才打电话让救护车把何阿姨送去医院。何阿姨的子女认为老年公寓根本没有保护好老人的安全，老年公寓则认为跌倒系何阿姨自身原因，老年公寓对此不负任何责任。

法律问题

养老机构格式合同中的免责条款是否有效？

律师说法

何阿姨意外跌倒受伤确实与老年公寓无关，服务合同中也明确约定老年公寓对此不负责任。但何阿姨跌倒后，老年公寓未能及时发现并送往医院属于未能尽到合同约定的义务，这并不在服务合同约定的免责范围内，因此老年公寓应当承担一定的法律责任。此种义务的违反一般而言即使在合同中明确约定了免除责任，也是无效的。这是因为免责条款可能会对一方过于不公平，因此法律规定并不是所有的免责条款都一定有效。

法院的一份判决中就曾指出，某老年公寓公司虽主张按协议免责，但从孙某甲在公寓房间摔伤至被送医院治疗，超过合理时间。某老年公寓公司工作人员发现后未及时将孙某甲送往医院，也未及时通知家属，导致孙某甲未得到及时治疗，系未履行合同附随的通知义务、未采取有效的应急措施，应承担相应责任，并不属于协议约定的免责事项。判决某老年公寓公司赔偿原告孙某甲医疗费、住院生活补助费、残疾赔偿金、护理费等费用。

法条链接

《中华人民共和国民法典》

第497条　有下列情形之一的，该格式条款无效：

（一）具有本法第一编第六章第三节和本法第五百零六条规定的无效情形；

（二）提供格式条款一方不合理地免除或者减轻其责任、加重对方责任、限制对方主要权利；

（三）提供格式条款一方排除对方主要权利。

第506条　合同中的下列免责条款无效：

（一）造成对方人身损害的；

（二）因故意或者重大过失造成对方财产损失的。

二十五、困难群体的养老选择有哪些？

苏阿姨和宋老伯多年来一直靠打零工生活，没有留下什么积蓄，两人也没有生育子女。随着年纪变大，很难找到适合的零工，收入减少很多，苏阿姨生了几场大病后，不仅花光了家里的积蓄，还彻底丧失了劳动能力。苏阿姨和宋老伯越来越担心自己的养老问题。

法律问题

老人无法通过家庭解决养老问题时，还有哪些养老途径可以选择？

律师说法

在我们国家，赡养一般是指子女对父母的义务，也是老年人实现养老目的的主要途径。家庭是社会基本的组成单元，大多数时候公民遇到的困难都是通过家庭解决的，但是也有部分家庭因为各种原因陷入了困境，如老人没有子女、子女无力赡养，如果没有家庭外部力量的介入，这部分困难群体将可能失去基本的生活保障。

我国一直对弱势群体给予很大关注和支持，并且越来越法治化、规范化。在现代国家，公民遭遇困境已经不仅是公民个人或家庭的事情，而是社会乃至国家的事情，对于生活困难的老年人，如没有子女或者子女无力赡养等，由国家相关部门提供救助。

法条链接

《中华人民共和国老年人权益保障法》

第31条　国家对经济困难的老年人给予基本生活、医疗、居住或者其他救助。

老年人无劳动能力、无生活来源、无赡养人和扶养人，或者其赡养人和扶养人确无赡养能力或者扶养能力的，由地方各级人民政府依照有关规定给予供养或者救助。

对流浪乞讨、遭受遗弃等生活无着的老年人，由地方各级人民政府依照有关规定给予救助。

《社会救助暂行办法》

第14条　国家对无劳动能力、无生活来源且无法定赡养、抚养、扶养义务人，或者其法定赡养、抚养、扶养义务人无赡养、抚养、扶养能力的老年人、残疾人以及未满16周岁的未成年人，给予特困人员供养。

第15条　特困人员供养的内容包括：

（一）提供基本生活条件；

（二）对生活不能自理的给予照料；

（三）提供疾病治疗；

（四）办理丧葬事宜。

特困人员供养标准，由省、自治区、直辖市或者设区的市级人民政府确定、公布。

特困人员供养应当与城乡居民基本养老保险、基本医疗保障、最低生活保障、孤儿基本生活保障等制度相衔接。

专题小结

生老病死是自然界的规律,衰老是一个无法抗拒的过程。每个人从呱呱坠地,到牙牙学语,再到成长为垂髫少年、少壮青年、睿智中年,及至老态龙钟、耄耋之年,这是一个人的成长过程。而随着年龄的增长,尤其是步入老年阶段后,体力衰退、思维缓慢、记忆力下降等问题也都伴随而来。养老问题可以说是老年人所面临的首要问题。年轻的时候年富力强自不必言,更是常常想要策马去天涯各个角落看看,一旦进入老年阶段,可能会为各种各样的疾病所苦,有的甚至丧失了自我照顾的能力,如患有阿尔茨海默病等。这个时候就无法实现对自己的有效管理,无论是生活还是各个方面,都需要有人来进行一个全面的照顾。缺乏自理能力的,需要别人来照顾生活起居;身体尚康健的,则可能因为退休闲暇时间增多,精神上需要更多的慰藉与陪伴。所以单纯的物质赡养之余,也会要求子女能常回家看看,多陪伴老人。

赡养,是一个外延很宽泛的概念,不仅要在物质上给予,还要在精神上予以关心陪伴,多关注老年人的身心健康,而不是在给付一定的赡养费后就置之不理,这也是违背老年人权益保护的基本规定的。由此可见,“常回家看看”不仅是一句歌词,也是子女应该遵守的法律法规。如果做不到,法院可以强制要求定期探望。

老年人可以向哪些人主张赡养义务呢? 首先自己的子女肯定是毫无疑问的赡养义务人,除此之外,与继父母之间形成抚养关系的继子女对继父母具有赡养义务,养子女对养父母具有赡养义务。如果老人的子女离世,则有经济能力的孙子女和外孙子女也对老人负有赡养义务。不过,已经丧偶的儿媳或者女婿,对老人是没有法定赡养义务的,如果自愿履行了赡养义务,那么相应的可以获得继承老人遗产的权利。

赡养义务是一种法定义务,既然是义务,就应该被切实地遵守和履行,而这一履行不可以附带任何条件,没有讨价还价的空间。

现实中,很多子女往往出于错误的认知,对父母进行赡养时候会附带一些条件,比如父母有几个孩子,对其中一个在物质上的帮扶较多,其他子女认为父母的行为存在偏心,因此对父母不满,当父母年老时便拒绝履行赡养义务。

再如,父母一方去世,另一方想重新找个老伴共度晚年生活,子女听说后不同意,并扬言如果老人一定要再婚,那么自己将不会给老人养老,将来有任何赡养问题自己也不会承担责任,导致老人不敢再婚,不敢去追求属于自己的幸福。

又如,父母与子女之间一直关系不融洽,子女明确表示自己将来不继承任何遗产,同样也不会对父母进行赡养。

还有的子女觉得父母经济能力足以养老,所以自己的赡养义务就可以被免除。

诸如此类的现实案例还有很多,虽然拒绝赡养的理由各有不同,但是都存在一个错误的认知,就是认为赡养责任不是必需的,是可以谈条件的。这个认知显然与法不符。前面我们说到赡养是法定义务,所以只要是负有赡养义务的人,就要履行自己的赡养义务,没有条件可谈。

赡养费到底按照什么标准进行支付,也是赡养的一个重要内容。

赡养的内容虽然包含物质和精神两个层面,但现实中物质层面的纠纷相对更多一些。现实中,因为子女不肯支付赡养费或者不肯足额支付赡养费,有些老人迫于无奈只能将子女诉至法院要求法院依法作出判决。我们认为,赡养费应当参照当地的最低人口保障标准,即满足最基本的生活为宜。假如老人没有任何收入来源,且又患有疾病需要较高医疗费,也需要考虑子女的经济水平斟酌决定。

因为二者之间有着浓厚的亲情,所以建议如果因赡养费发生矛盾,父母和子女之间可以先开诚布公地沟通,实在不行,再委托当地的居民委员会/村民委员会、街道办公室等工作人员帮忙居中协调沟通,最后一步才是向法院起诉。所以具体到赡养费数额的确定,既要考虑父母的实际养老需求,也要兼顾子女的经济收入水平和客观实际，尽量在二者之间实现平衡，维护亲情的同时兼顾各方需求。

赡养还涉及现实中有的老人要住养老院子女不同意的问题。子女不同意无非是出于面子，或者觉得养老院不能很好地照顾老人，还有的是因为养老院的费用问题。如果父母的要求合理，且所需费用合理，子女是没有权利拒绝老人入住养老院的要求的。

老年人在选择养老院作为养老场所时，首先一定要挑选有资质的正规养老机构，其次最好是能事先去养老院实地考察，与入住其中的老人或者亲朋好友了解里面的实际情况，看与自己的需求是否契合，而不是盲目地相信某些宣传广告。有条件有时间的话可以多看几家，以便比较优劣，寻找最优。另外，在确定养老机构后，一定要与养老机构签订合同，认真阅读合同条款，避免合同中的陷阱。同时，入住后也要将自己的日常情况经常与子女或者亲朋好友进行沟通，以免意外情况的发生。

我们衷心祝愿所有的老人都能够安享晚年，幸福平安！

专题二　老年人监护

胡冬云　国浩律师（上海）事务所合伙人
刘　威　国浩律师（上海）事务所律师
陈河吉　国浩律师（重庆）事务所律师

一、什么是监护？

张大爷退休后，记性越来越差，说话常常前言不搭后语，儿女们忙于工作，没能带张大爷去医院检查。张大爷想着年纪大了总归是有点意识退化，自己这种行为也是正常，没什么大问题。

直到最近，张大爷想添置个新家具，打算去银行取一笔现金。到了银行后，在等候的过程中，银行工作人员与张大爷聊了一会儿天，发现张大爷很多问题答非所问，讲话也不利索，担心张大爷的精神状况有问题，因此询问张大爷有没有子女家人，并且告诉张大爷，在没有监护人陪同的情况下，他不可以单独取款。张大爷对于银行不让其取款的行为非常生气，但也无可奈何。回家的路上，张大爷一直在想，银行刚刚反复强调的监护人是什么意思，难道自己一把年纪，还需要别人来对自己进行监管吗？

法律问题

监护的内涵是什么？

律师说法

监护是针对民事行为能力不完全或缺失的情形所设计的一种制度，目的是保护被监护人的人身权利、财产权利以及其他合法权益。

设立监护是因为有些人基于年龄、疾病等情况，无法正确地表达自己的意思，从而难以将自己的意志传达给他人，以至于实现不了自我照顾的目的。日常生活中，多数成年人能够自己照顾好自己，清楚自己的行为会有什么后果，不需要别人帮助。但是有些人，比如儿童或者其他失智人群，他们的思维不能很好地去理解、判断自己的行为会对自己和他人造成什么影响，也不能很好地保护自己，需要有人来帮助他们做一些判断、处理一些事情和保护他们的权益，这就是监护。有了监护，孩子的父母就可以作为监护人代表孩子处理有关事务并且得到法律认可。成年人，特别是老人，如果存在思维活动障碍或者患有精神疾病，不能认识到自己的行为会有什么后果，比如将自己的财产随便交给陌生人的，同样需要别人照顾，帮他处理事务，这也是监护。

承担监护职责的人我们称之为监护人，他可以代表被监护人作出法律决定、处理具体事务。监护的目的是保护被监护人的人身、财产安全以及其他合法权益的实现。儿童或者一些老人可能会在不明白后果的情况下作出一些不理智的决定，损害到自身的利益，还可能会有人故意利用这种情况实施违法犯罪行为，比如在老人思维不清晰的时候让老人签下赠与文件或者借款合同等。为了避免这些情况的发生，法律规定，完全不能辨认自己行为的人所为的法律行为是无效的，需要由其监护人代为判断和实施有关行为。

当然不是所有老人都需要被监护，有的老人即使年事已高，但仍然保持着比较清晰的思维判断能力。民事行为能力的认定标准包括智力、精神健康状况以及年龄，思维判断能力属于上述认定标准中的智力、精神健康状况。是否具有完全健全的行为能力是法律上认为是否需要被监护的判断标准，这需要通过司法鉴定来认定。而有的老人因为年龄以及一些影响大脑认知能力的疾病，可能会失去正常的思维判断能力，这时候就需要监护发挥作用了。

因此，监护不能简单理解为“管着”被监护人，而是弥补被监护人行为能力不足、保护被监护人的合法权益的一种法律制度，其中被监护人的利益和被监护人的意愿将会得到优先考虑。

法条链接

《中华人民共和国民法典》

第21条 不能辨认自己行为的成年人为无民事行为能力人，由其法定代理人代理实施民事法律行为。

八周岁以上的未成年人不能辨认自己行为的,适用前款规定。

第22条　不能完全辨认自己行为的成年人为限制民事行为能力人,实施民事法律行为由其法定代理人代理或者经其法定代理人同意、追认;但是,可以独立实施纯获利益的民事法律行为或者与其智力、精神健康状况相适应的民事法律行为。

第23条　无民事行为能力人、限制民事行为能力人的监护人是其法定代理人。

二、监护人是怎么产生的？

刘大爷的老伴前些年已经因病去世，二人也没有生育子女，所以喜欢热闹的刘大爷在步入晚年后就一直住在养老院里。日常生活中与老伙伴儿一起练练字、打打太极拳、打打牌、跳跳广场舞，日子过得简单而快乐。

但是近年来刘大爷健忘的毛病越来越严重，已经严重影响了个人的生活，并慢慢丧失了与人交流的能力。经诊断，刘大爷患上了阿尔茨海默病。根据养老院与刘大爷之间的合同约定，入住人必须具有完全民事行为能力，如果没有行为能力，就必须有相应的监护人，否则，养老院无法继续按照合同履行，刘大爷也无法在养老院继续居住下去。

养老院经过多方打听，刘大爷的亲属只剩一个在外地上班的外甥女周周，已经成年，但是平日与刘大爷来往不多，只是逢年过节会在电话里问候下老人。养老院与周周取得联系后，将刘大爷的现状告诉了周周，周周很是同情刘大爷的遭遇，但是她觉得自己不是刘大爷的子女，不知道有没有资格成为刘大爷法律上的监护人？

法律问题

成为老年人的监护人需要具备什么条件？

律师说法

老人需要监护人的前提是老人不具备完全民事行为能力，即老人已经不能完全清楚地辨认自己的行为所具有的意义。

监护可分为法定监护、意定监护、委托监护、遗嘱监护。法定监护是指老人未提前自主选择自己的监护人，在老人需要监护人的时候，直接根据法律的规定由具有监护资格的人担任老人的监护人。根据法律规定，成年人的第一顺序监护人是配偶，第二顺序是父母、子女，第三顺序是其他近亲属，最后是其他愿意担任监护人的个人或组织。可以看到，对于包括老人在内的成年人而言，首先是由配偶作为监护人，配偶在日常生活中与被监护人的关系是最紧密的，由配偶作为监护人于情于理都很妥当。

但是对于老人而言，其老伴的年纪一般也比较大，身体精力各方面往往也可能比较吃力，不一定是最合适的人选。这个时候，老人的配偶可以和顺序在后的其他具有监护资格的人进行协商，如老人的子女。在老人和其他人都同意的情况下，也可以由其他人作为老人的监护人。老人的配偶或子女、亲属等担任监护人的前提是他们自己具有监护能力，这就首先要求具有监护资格的人自身具有完全民事行为能力，否则其本身就是需要监护的对象。

除此之外，老人也可以事先自己选择一个人作为自己的监护人，这个人既可以是自己的家人或亲属，也可以是其他没有亲属关系的人，如某位好友，这就是所谓的“意定监护”。关于意定监护的内容我们后面还会专门讲，这里先不赘述。在特殊情况下，如果不存在对老人具有监护资格的人，法律规定由民政部门作为老人的监护人；老人所在居民委员会或村民委员会具备履行监护职责条件的，也可以由居民委员会或村民委员会担任监护人。

这个案例中，刘大爷老伴去世，也没有子女，而失智之前，刘大爷也没有事先确认好自己的监护人选。所以，外甥女周周作为刘大爷的唯一近亲属，且愿意担任刘大爷的监护人，根据法律规定，周周可以成为刘大爷的监护人，代表刘大爷行使权利，并需要履行自己作为监护人的职责，最大限度地保护刘大爷的人身、财产安全。

法条链接

《中华人民共和国民法典》

第28条 无民事行为能力或者限制民事行为能力的成年人，由下列有监护能力的人按顺序担任监护人：

（一）配偶；

（二）父母、子女；

（三）其他近亲属；

（四）其他愿意担任监护人的个人或者组织，但是须经被监护人住所地的居民委员会、村民委员会或者民政部门同意。

三、监护人需要做什么？

王大爷的老伴赵阿姨近几年思维逐渐迟钝，经常连自己的家人都不认识，记忆也开始变得很差，连刚刚发生的事情都不太记得。家人将其送往医院检查，最后经鉴定，赵阿姨为无民事行为能力人，并经法院指定，作为配偶的王大爷是赵阿姨的监护人。

但是王大爷对于监护人能做什么、不能做什么并不是很清楚，对于他而言，反正自己还是和往常一样照顾赵阿姨，也并不明白“监护人”这个概念在法律上和实际生活中有什么意义。

法律问题

监护人的职责是什么？

律师说法

我们把监护人能做的事情、需要做的事情称作监护人的职责，而不是监护人的“权力”。因为从本质上来说，监护人的存在，并不是为了要支配或控制被监护人，而是为了保护被监护人的利益，为被监护人行使其本人所无法正常行使的权利。监护人与被监护人的地位在法律上是完全平等的，在职责上监护人需要协助被监护人。

监护人的职责按照法律规定主要包括两个方面，具体如下：

第一项职责是代理职责，即代理被监护人实施民事法律行为，这也是监护产生的最重要的效力。监护人此时作为被监护人的法定代理人，可以代表被监护人作出法律上的决定、处理相关事务。

比如本案中，如果赵阿姨已经完全不能辨认自己的行为，头脑完全不清醒，那么现实中很多事情不仅赵阿姨无法去完成，即使做了也不具备相应的法律效力。比如日常的去超市购物、菜市场买菜等，或者诸如房屋买卖等重大财产处分行为等。此时赵阿姨的这一切不得不做的行为，就由赵阿姨对外的代表，也就是其监护人——王大爷来代理实施。因此，监护人的这种代理人职责是非常重要的，没有了这种代理人资格，就无法全面保护被监护人利益。另外，监护人的这种法定代理人身份，也使监护人可以代表被监护人处理诉讼法律事务，比如别人起诉赵阿姨，或者赵阿姨的权利被侵犯了，需要起诉别人，也都是由赵阿姨的监护人来完成。

第二项职责是保护被监护人的人身权利、财产权利以及其他合法权益，即监护人的保护职责。监护人的代理职责强调的是监护人要代表被监护人对外完成交易或实施诉讼行为，而监护人的保护职责强调的是监护人需要保护被监护人免受侵害。

在保护被监护人的人身权利方面，监护人需要保障被监护人的日常饮食、居住环境、卫生条件、医疗服务等方面，使被监护人处于一个健康舒适的状态。另外，监护人还要保护被监护人免受各种伤害，如确保被监护人使用的各种设施的安全、避免被监护人靠近危险场所等。

在保护被监护人的财产权利方面，监护人不仅要保护被监护人的财产免受侵害，如防止盗窃、抢劫、诈骗等带来的损失，也要避免从事一些有损于被监护人财产安全的事情，如将被监护人的财产用于投资股市、对外担保、借贷等，甚至挥霍财产，这些行为都不符合保护被监护人财产权利的要求。

老人的配偶、子女无论是否作为老人的监护人，往往都在实际生活中承担了照顾老人的责任，对于他们而言，是不是老人的监护人基本没什么区别。但是在有些时候，比如签署一些法律文件、处分老人的财产，就只有监护人才能代表老人去做，才会被认为是合法有效的。监护人的身份可能在日常生活中多数时候是用不上的，但一旦需要监护人出面的时候就非常关键了，所以一定要重视监护人的安排。

法条链接

《中华人民共和国民法典》

第34条　监护人的职责是代理被监护人实施民事法律行为,保护被监护人的人身权利、财产权利以及其他合法权益等。

监护人依法履行监护职责产生的权利,受法律保护。

监护人不履行监护职责或者侵害被监护人合法权益的,应当承担法律责任。

因发生突发事件等紧急情况,监护人暂时无法履行监护职责,被监护人的生活处于无人照料状态的,被监护人住所地的居民委员会、村民委员会或者民政部门应当为被监护人安排必要的临时生活照料措施。

四、对于由谁担任监护人有争议的，如何解决？

郭大爷60岁的时候，配偶李老太患癌症去世，随后郭大爷独自生活。随着年龄的增长，郭大爷不仅不能独立生活，而且身患脑梗、肾功能衰竭等严重疾病，多次到医院住院治疗。但由于年老体弱，治疗效果不佳，导致郭大爷长期卧病在床，生活不能自理，而且思维模糊且伴有语言障碍，无法辨认和控制自己的行为。

郭大爷的两个女儿，整日忙于工作，不能终日陪伴在郭大爷身边照料他，于是商议着将郭大爷送往某医养结合的养老机构，想减轻父亲的痛苦，使其安享晚年。该养老机构与郭大爷的两个女儿签订了养老服务合同，两个女儿也十分孝顺，时常在空闲时间去该养老机构看望、陪伴郭大爷。

几个月后，郭大爷的小儿子从国外回来，找到养老机构，要求接走郭大爷。养老机构表示，因为郭大爷是其两个女儿送来的，养老服务合同也是与郭大爷两个女儿签订的，两个女儿是郭大爷的送养人，没有送养人的同意，不允许任何人接走郭大爷。随后，郭大爷儿子要求由自己一个人作为郭大爷的监护人，并由自己来安排郭大爷的照料问题，但郭大爷的两个女儿表示反对。

法律问题

对于由谁担任监护人产生争议的，如何解决？

律师说法

无民事行为能力或限制民事行为能力人的第一顺位法定监护人是配偶，其次是子女，再次是其他近亲属，最后是其他人。在本案中，由于郭大爷已经无法辨认自己的行为，属于无民事行为能力或限制民事行为能力人，需要为其指定监护人。郭大爷的配偶李老太已经过世，因此郭大爷的两个女儿和一个儿子均是郭大爷的法定监护人。

监护人多了，容易意见不一致，导致监护责任无法行使，反而不利于维护被监护人的权益。比如在本案中，郭大爷的两个女儿和一个儿子的意见不一致，两个女儿想要将郭大爷送至养老机构，自己有空就去看望与陪伴，而郭大爷的儿子却想把郭大爷接走，搞得养老机构左右为难，并容易产生争执和家庭纠纷。

在多子女家庭中，可以协商确定一个子女作为指定监护人，有效避免多子女家庭的监护纠纷。当然，监护人并非只能由一个人担任，可以由两人及两人以上共同担任，也可以协商轮流担任。在老年人意识清醒时，还可以自己设定“意定监护人”，按自己的意愿为自己失能时指定一个监护人，这样不仅可以保障自己的权益，还可以避免监护人纠纷。关于意定监护的相关内容，我们会在后续的章节详细介绍。

如果郭大爷的子女之间不能协商确定监护人，可以由被监护人住所地的居民委员会、村民委员会或者民政部门指定监护人，对指定不服的，有关当事人也可以直接向人民法院申请指定监护人。向人民法院申请指定监护人需要先申请人民法院认定拟被监护人为无民事行为能力人或限制民事行为能力人。流程如下：

首先，向该老年人住所地的基层人民法院提交申请书及相关证明材料，并启动司法程序。证明材料主要为证明该老年人民事行为能力受限的初步材料，申请人、该老年人的身份材料以及彼此的关系证明等。

其次，法院通常会要求申请人带该老年人去指定的鉴定机构鉴定，判断该老年人是否为无民事行为能力人或者限制民事行为能力人，由鉴定机构出具鉴定意见。

再次，人民法院审理该案，若该老年人确实符合认定为无民事行为能力人或者限制民事行为能力人的条件，则宣告该老年人为无民事行为能力人或者限制民事行为能力人，并且为其指定监护人。

最后，在指定监护人时，人民法院会按照最有利于被监护人的原则，即结合与被监护人的生活情感联系、有无利害冲突、监护人的身体状况、经济条件以及能够为被监护人提供的生活照料措施等综合因素进行判断，有条件的还应尊重被监护人的真实意愿。

法条链接

《中华人民共和国民法典》

第30条 依法具有监护资格的人之间可以协议确定监护人。协议确定监护人应当尊重被监护人的真实意愿。

第31条第1款 对监护人的确定有争议的，由被监护人住所地的居民委员会、村民委员会或者民政部门指定监护人，有关当事人对指定不服的，可以向人民法院申请指定监护人；有关当事人也可以直接向人民法院申请指定监护人。

五、监护人需要考虑被监护人的意愿吗?

张大爷的老邻居余伯伯最近突然中风了,病好以后整个人就跟从前大不一样了,不仅动作迟缓,言语上也存在表达障碍,一句话都无法完整说清楚。很快,余伯伯被儿子小余送去了养老院,张大爷经常去看望余伯伯,每次余伯伯都会流着泪说自己不愿意住在养老院,觉得养老院的工作人员对自己不够友好,想重新回家去住。但是余伯伯时而清醒时而糊涂,他讲的话没人听,小余工作忙,也没空照顾父亲,坚持让父亲住在养老院。养老院觉得余伯伯思维已经混乱,其儿子小余是他的监护人,自然是要听小余的。张大爷虽然多次找过养老院说要让余伯伯回家,但是养老院认为小余才是余伯伯的法定监护人,必须听小余的,所以余伯伯只能继续住在养老院。

每次张大爷从养老院回到家中与老伴钟阿姨聊到这个事情时,总是十分感慨。钟阿姨认为人老了没办法,如果真的有一天神志不清了,到时候就只能听儿女安排了,儿女若是孝顺体贴,想来自己和张大爷也能舒服踏实一些,至于让儿女按照自己的意愿来服侍照顾,这个要求就有点高了。张大爷很是不服,他觉得儿女不仅应该给自己养老,还应该尊重自己和钟阿姨的意愿,但是不知道自己的想法是否有法律依据。

法律问题

监护人履行监护职责需要考虑被监护人的意愿吗?

律师说法

监护是为了被监护人的利益而设置的一种制度，监护人不仅要保护被监护人的人身安全和财产安全，在这个过程中，还应当尊重被监护人的真实意愿。

无论是子女作为老人的监护人，还是由其他人作为老人的监护人，都要充分尊重老人的意愿。老人有自己的喜好和愿望，监护人对此应予以尊重，尽可能地帮助老人按照他们自己喜欢的方式继续生活以及按照老人的意愿处理相关事务。监护人不能以自己的意愿来代替老人的意愿，即使有时老人的意愿或喜好不一定是对老人最有好处的。

我们可以通过多种途径了解老人的真实意愿以及喜好。在老人未完全丧失辨认能力、表达能力的时候，监护人应当耐心听取并尊重老人表达出来的意愿和要求。对于老人自己尚且能够独立处理的事情，应该由老人自己处理，监护人不能干涉；对于老人自己虽不能独立处理，但尚能辨认、做决定的事情，监护人应协助老人处理。在老人完全丧失了辨认能力的时候，监护人虽不能直接听取老人对具体事项的意见，但是可以把老人一贯的喜好、嗜好作为处理事务的参考。老人在神志清醒的时候也可通过书面形式，对将来某些事务的处理作出指示。

因此，监护人在处理监护事务时绝不是想怎么做就怎么做，或者依据监护人自己的便利来安排被监护人的生活；恰恰相反，监护人必须尽可能按照被监护人的意愿行事，这样才能最大限度地尊重、维护被监护人的自由意志和生存尊严，也才能符合自己监护人的身份与要求。

法条链接

《中华人民共和国民法典》

第35条 监护人应当按照最有利于被监护人的原则履行监护职责。监护人除为维护被监护人利益外，不得处分被监护人的财产。

未成年人的监护人履行监护职责，在作出与被监护人利益有关的决定时，应当根据被监护人的年龄和智力状况，尊重被监护人的真实意愿。

成年人的监护人履行监护职责，应当最大程度地尊重被监护人的真实意愿，保障并协助被监护人实施与其智力、精神健康状况相适应的民事法律行为。对被监护人有能力独立处理的事务，监护人不得干涉。

六、监护人可以处分被监护人的财产吗？

李大爷退休后过上了悠闲的生活，养养花、遛遛弯儿，有的时候还和朋友一起出去旅游，感觉生活十分舒心。李大爷辛苦了一辈子，攒下了一定的积蓄作为自己安度晚年的保障。李大爷还有家里传下来的一些老物件，虽然不是特别值钱，但李大爷认为这是老一辈传下来的，有纪念意义，所以经常把这些东西拿出来保养。李大爷也有收藏的爱好，收藏了不少邮票和老式钟表，退休后更是一有时间就去古玩市场“淘宝”。对于自己最珍爱的几个物件，李大爷的朋友曾出高价都没能让李大爷松口出让。

李大爷也有烦恼，虽然现在自己的日子过得还算舒服，但也能感觉到精力已经大不如前。如果有一天自己腿脚不方便、脑子不清醒了，别人会不会把自己的钱、自己的收藏“洗劫一空”呢？最近听朋友说，那时候会由自己的儿子作为监护人照料自己。李大爷的儿子李小风之前曾让李大爷送他几个收藏的东西，李大爷没有答应；还曾向李大爷借钱做投资，李大爷也拒绝了。李大爷担心以后李小风做自己监护人后，会把自己辛苦攒下的东西都挥霍一空。

法律问题

监护人可以随意处置被监护人的财产吗？

律师说法

在法律上，被监护人由于缺少部分或全部民事行为能力，不能独立处理部分或全部法律事务，大到签署合同，小到日常消费，这个时候监护人可以代表被监护人来处理这些被监护人自己不能完成的事情。有的老人可能只是思维能力、判断能力部分有障碍，多数时候是能够自己处理好相关事务的，在法律上就可能被认为没有完全丧失行为能力。这个时候老人能够自己处理的事务监护人就不能去干涉，如果老人需要监护人协助，监护人应该予以协助。对于老人不能自己处理的部分事情，监护人代为处理也应尊重老人的意愿，而不是监护人想怎么做就怎么做。有的时候老人可能已经完全无法自己处理事情，需要监护人为其处理全部事务，监护人在处理相关事务时如果能够得知老人的意愿仍然需要尊重老人的意愿。

监护人为老人处理事务，难免会动用老人的财产，比如支付老人的衣食住行所需的费用，有时还会涉及大额医疗费用等。在监护人同时也是对老人负有赡养义务的人的时候，老人的这些费用监护人也有义务承担，比如李小风作为李大爷的儿子，也应负责老人的养老费用。但是有时候李大爷的各项费用金额可能很大，比如治疗费用高昂，李小风难以负担，就需要动用李大爷自己的财产。

法律上李小风作为李大爷的监护人有权利动用李大爷的财产，但前提是动用的目的是维护李大爷的利益，除此之外，李小风就不能随意动用李大爷的财产了。比如李小风即使很喜欢李大爷的收藏，或者做投资急需用钱都不能动用李大爷的财产。如果李大爷大病需要治疗，确实支出很大，李小风可以使用李大爷的存款来负担。即使需要动用李大爷的财产，李小风也不是可以随便处分的，比如李大爷住院需要钱，李小风应该先使用李大爷的存款而不是用李大爷的收藏去换钱，因为如果李大爷自己是清醒的，肯定是先使用存款，尽量保留自己的收藏。

如果李小风不是为了李大爷的利益，而是为了自己的利益或者别人的利益动用了李大爷的存款，就是一种非法行为，是不受法律保护的。如果因此给李大爷造成了损失，李小风应对李大爷进行赔偿。如果情节特别恶劣，李小风还会被撤销监护人资格。因此,李小风并不能随便处分李大爷的财产,而是需要考虑李大爷的利益。

法条链接

《中华人民共和国民法典》

第35条 监护人应当按照最有利于被监护人的原则履行监护职责。监护人除为维护被监护人利益外,不得处分被监护人的财产。

未成年人的监护人履行监护职责,在作出与被监护人利益有关的决定时,应当根据被监护人的年龄和智力状况,尊重被监护人的真实意愿。

成年人的监护人履行监护职责,应当最大程度地尊重被监护人的真实意愿,保障并协助被监护人实施与其智力、精神健康状况相适应的民事法律行为。对被监护人有能力独立处理的事务,监护人不得干涉。

七、老年人可以自己选择监护人吗？

家住北京市朝阳区的曹大爷，无儿无女，老伴多年前已去世，退休后一直都是独自生活。曹大爷有自己的一套房，靠着退休金自己养老，生活也过得去。但随着年过七旬，周围的朋友有的已经去世，曹大爷想着自己只身一人，突然有了老年焦虑。通过电视的法制科普，曹大爷了解到，现在中国 65 岁以上的人口，已经突破了 2 亿人，目前我国已从 2000 年的轻度老龄化社会转变为中度老龄化社会，老年人权益保障的问题正引起社会的广泛关注。

曹大爷想着自己虽然有房子、有退休金，但上了年纪明显开始行动不便，身体的状况大不如前，便越发地害怕自己几年后，要是得个什么病，连一个能依靠的人都没有。

经过朋友的介绍，曹大爷找到一家专业律师事务所，希望能帮助自己找到解决方案。律师充分了解了曹大爷的处境后，给曹大爷详细介绍了我们国家的意定监护制度。曹大爷这才知道，原来监护人不是一定要是自己的子女才可以，只要有自己信任的人，都可以通过意定监护的方式成为自己的监护人。

曹大爷想到自己的哥哥有一个儿子，前些年自己生病，都是这个侄子来为自己办理住院手续，还时常来看望照顾自己。曹大爷对这个侄子还是比较信得过的，也愿意由这个侄子作为自己的监护人。于是曹大爷和侄子商定好，并在律师的见证下签订了意定监护协议，约定曹大爷如果晚年不具备完全民事行为能力，需要监护的时候，由侄子作为其监护人，照顾曹大爷晚年的生活起居，并按约定管理曹大爷的财产。

法律问题

什么是意定监护？

律师说法

不是所有老年人都需要监护人，只要老人神志清醒、精神正常，能够辨认自己的行为，就不需要监护人。还要注意一点，监护与赡养是有区别的，老年人思维完全清楚的，就不需要配偶、子女等人担任他的监护人，但是子女仍然应当尽到赡养义务。

按照法律规定，当一个人需要监护人的时候，很多人都可以作为其监护人，当然，法定监护有先后顺序。最常见的监护人就是近亲属，如配偶、父母、子女。如果没有近亲属，或者近亲属不具有监护能力，法律还有兜底规定，如民政部门作为监护人。因此，无须老人作出安排，法律已经为老人提供了监护人的人选。

但是，法律所提供的监护人选，不一定符合老人自己的心愿，比如老人与具有法定监护资格的人有矛盾，或者老人想要指定特定的具有法定监护资格的人作为自己的监护人，或者法定监护人没有监护能力，这时如果老人能够自己选择一个人作为的监护人，就能够解决这些问题，这就是意定监护的作用。

老人选择的意定监护人当然也应具备监护能力，在此基础上双方订立监护协议。在老人需要监护人的时候，就可以由这个老人自己选定的人作为监护人。意定监护协议签订的时候老人必须是完全清醒的，具备完全民事行为能力。签订协议后一直到老人需要监护人的时候，这段时间里协议双方都可以随时解除协议。意定监护人开始履行监护职责之后就不能随意解除协议。

现在，越来越多的人，包括一些年轻人开始通过意定监护为自己选择监护人。但也要注意，监护是一件非常重大的事情，直接关系着被监护人的人身和财产安全，老人在选择意定监护人的时候一定要慎重对待。特别是在选择没有亲属关系的人作为意定监护人的时候，老人一定要考虑周全，最好是能做一些防范措施，如设置监护监督人、监护和财产管理分离等。

法条链接

《中华人民共和国民法典》

第33条　具有完全民事行为能力的成年人，可以与其近亲属、其他愿意担任监护人的个人或者组织事先协商，以书面形式确定自己的监护人，在自己丧失或者部分丧失民事行为能力时，由该监护人履行监护职责。

八、监护和养老有什么区别?

张大爷有两个子女,但多年来和子女关系一直不太好,老伴也已去世多年,张大爷一直独自居住。张大爷没有子女陪伴,平时的爱好就是散散步、和街坊四邻聊聊天。张大爷的邻居小秦是个热心肠,又是街道的工作人员,经常帮邻居办一些事情,和张大爷也很聊得来。张大爷经常请小秦帮忙办一些事情,每次小秦都随叫随到,在办事过程中也是尽心尽力。

随着年纪越来越大,张大爷感觉自己身体一天不如一天,总有一天需要有人照顾,自己的子女恐怕指望不上。张大爷在新闻上听说意定监护后,就找人咨询了一下,大概明白了是什么意思,便有了让小秦做自己的意定监护人的打算。

小秦在知道张大爷的想法后,也有些纠结,其中一点就是做张大爷的监护人是不是就是要给张大爷养老,如果是这样自己的负担就太重了。张大爷让小秦放心,自己有用来养老的存款,但小秦还是觉得不放心。为了让小秦放心,同意做自己的监护人,张大爷特地托朋友找到专业的律师来咨询了解这个问题。

法律问题

监护是否等于养老?

律师说法

尽管监护和养老经常“混同”，特别是在全部有监护资格的人共同担任监护人，或者并未明确由谁担任监护人（这在生活中很常见）之时，子女可能既是监护人，又是赡养义务人，这是由于他们的身份交叉重合导致的。在法律上，监护和养老是两个不同的概念，所以二者是有区别的。

首先要明确这里的养老是什么意思。在法律上，养老主要指的是子女对父母的赡养，包含了经济供养、生活照料和精神抚慰三个方面。经济供养是指承担养老的各种费用支出，如生活费、医疗费；生活照料是指照顾老人的日常起居；精神抚慰是指情感上的关怀，对老人来说这几个方面都非常重要。

无论是法定监护还是意定监护，其功能都是由监护人代表被监护人处理法律和非法律事务，监护人相当于被监护人的一个工具或分身，监护人本身不需要承担被监护人所需的费用。这是因为在法律上监护和养老是两种不同的制度，监护解决的是老人不能自己处理事情的问题，养老主要解决的是老人缺少经济来源维持生活的问题。

我们之所以产生作为老人的监护人就要负责给老人养老的这种印象，是因为老人的监护人和赡养人经常是同一个人，比如老人的子女既是老人的监护人，又要承担老人的各种花费，即一个人同时有两种身份。但也存在一个人只是监护人或者只是赡养人的情况，比如小秦作为张大爷的意定监护人，张大爷的子女作为赡养人就只需要承担赡养责任，负责老人的开销；而小秦只有一个监护人的身份，只要履行好监护职责就可以了，不需要承担老人的费用开支。

至于生活照料、精神抚慰，和经济供养一样，原则上是赡养人即张大爷的子女应尽的义务。但如果张大爷的子女对张大爷不闻不问，张大爷的生活存在困难，小秦作为监护人也应予以解决。这是因为监护人的职责就是要保护被监护人的人身权利、财产权利和其他合法权益，监护人必须采取措施解决被监护人事实上无人照料的困境。当然，生活照料并不一定由监护人亲自实施，可以雇人照料，由张大爷自己或者张大爷的子女支付费用。

法条链接

《中华人民共和国民法典》

第 26 条 父母对未成年子女负有抚养、教育和保护的义务。

成年子女对父母负有赡养、扶助和保护的义务。

九、如何对意定监护人进行监督？

乔大妈早年离婚后便一直一个人生活。乔大妈在参加了几场社区举办的普法讲座后，觉得自己需要找一个监护人。虽然乔大妈衣食无忧，子女也隔三岔五地给钱，但是想到子女常年都在国外，而且自己也是绝对不会去国外养老的，乔大妈想就近找一个信得过的人做自己的监护人，万一将来自己脑子不清楚了，相关事情可以让监护人来代替自己发表意见。另外，最重要的一点是，乔大妈担心万一自己脑子不清楚了，子女为了照顾自己，违背自己的意愿把自己带到国外去生活。谚语都说，叶落归根，乔大妈坚决不能接受自己的晚年要在异国他乡的土地上度过。

经过几番考察，乔大妈觉得楼下的邻居小朱是个非常好的青年，疫情期间因为自己不会操作智能手机，小朱经常会主动给自己买菜；知道自己一个人居住后，更是经常关心自己是不是需要采购物资或者有没有其他生活上的需要。另外，乔大妈也打听到，小朱在一家公司上班，人很正派，无任何不良嗜好和不端行为，还是一名共产党员。于是乔大妈就向小朱表达了自己的意思，小朱是个非常热心的青年，马上就同意了。乔大妈远在国外的子女听说后，却有点儿犹豫，主要的理由就是乔大妈这是相当于把自己完全托付给了外人，万一小朱做出一些侵害乔大妈利益的事情，比如把乔大妈的财产转移或者挥霍了，到时候后悔莫及。

乔大妈虽然十分相信小朱的人品，但也清楚子女的担心不是完全没有道理。小朱知道乔大妈子女的顾虑后，也开始觉得这件事不好办，虽然自己是一番好意，但别人可能会认为自己别有所图，以后万一发生纠纷，自己是吃力不讨好。

法律问题

意定监护有什么监督保障措施吗?

律师说法

监护,包括意定监护,其目的是保护被监护人的人身及财产上的合法权益,方式是由监护人作为被监护人的代理人处理被监护人的事务。我们可以将所有事情都交由意定监护人去决定和处理,也可以将与监护没有必然关联的部分独立交给第三方,或者引入第三方作为监督人,以此确保意定监护人能够妥善履行监护职责,保护被监护人的合法权益。

一是被监护人可以将重要财产委托第三方独立管理,比如交给自己信任的亲戚,或者设立信托,从而可以对意定监护人的财产支配权形成制约,降低风险;对意定监护人来说,也可以减少管理负担。

二是可以在设定意定监护人的同时,指定监护监督人,规定意定监护人需向监督人定期报告被监护人的情况、意定监护人履行职责的情况、财产支出情况等;意定监护人不能妥善履行监护职责的,监督人有权申请撤销意定监护人。

老人选择意定监护需要慎重考虑,如果决定设意定监护,也尽量避免将所有事情都交由意定监护人管理,可以引入第三方监督,或者将重要财产交由第三方独立管理。这样做对于老人来说,将会大大降低风险;对于意定监护人来说,也可以减少心理负担;对于老人的家人和亲属来说,也会比较放心,避免引起纠纷。

十、设定意定监护什么时间最佳?

张大爷今年82岁,因年岁已高,遇到生活上的不便,经常找到邻居小何帮忙。时间久了,张大爷逐渐从心里把小何当作家人,加上自己身体逐渐不适,于是决定将自己的遗产留给小何,其中就包括一套300万元的房产。当然,小何要是接受财产,也就必须要照顾好张大爷的晚年。张大爷和小何商量好后,双方前往当地的公证机关做了意定监护的公证,即张大爷完全丧失意识之后,由小何来担任他的监护人,代表他的意志来对其晚年生活进行照顾。

张大爷按自己的意愿对自己晚年的生活保障进行了安排,也对小何提出了相应的要求,双方均欣然接受并自愿签订了意定监护协议,同时还签订了一份遗赠扶养协议。但与利益相关的事情难免容易发生波澜与纠纷,在张大爷的亲戚们得知张大爷将遗产赠与一个外人并签署了意定监护后,纷纷站出来说张大爷老糊涂了,指责小何别有用心,还一度闹上了法庭。

张大爷的妹妹张某说,张大爷在设意定监护时,就已经患有严重的老年痴呆,所以申请认定张大爷为无民事行为能力人。如果张大爷被认定为无民事行为能力人,则其签署的意定监护协议和遗赠扶养协议等就都可能是无效的。法院委托司法鉴定中心对张大爷的精神状态及民事行为能力进行鉴定,而鉴定结果显示,张大爷确实患有器质性精神障碍,目前应评定为无民事行为能力人。随后,张大爷的妹妹立即向法院申请张大爷签署的意定监护协议无效并请求重新为张大爷指定监护人。

法律问题

张大爷被认定为无民事行为能力人,是否会对意定监护协议的效力产生影响?

律师说法

张大爷现在被认定为无民事行为能力人,随之产生的问题就是老人需要确定监护人,若意定监护有效,则老人的监护人为小何;若意定监护无效,则根据法律规定的顺序确定监护人,老人的妹妹相比小何更具有优先性。

张大爷虽被认定为无民事行为能力人,但鉴定结果认定的是老人目前的行为能力,并不能直接代表老人在办理意定监护时的精神状态及当时的行为能力有问题。根据法律规定,只要意定监护协议签订之时张大爷的精神状态是没有问题的,意定监护就是有效的。

但是,如果鉴定机构可以对老人过去某个时间段内的精神状态作出鉴定,或者法院根据老人现在的精神状态推断出签订意定监护协议时的精神状态,则意定监护协议仍然可能会面临无效。这提醒我们意定监护协议的签订要注意签订时各方是否具有完全的行为能力,最好是能留下有关证据予以证明,比如由公证处对意定监护协议进行公证。

对于年龄较大的老人来说,意定监护协议应当尽早办妥,尽可能避免协议无效。对于已经订立的协议,在思维出现障碍之前,老人都是可以单方面解除的,因此老人并不会因为过早订立了协议就受到很大的限制。

法条链接

《中华人民共和国民法典》

第33条 具有完全民事行为能力的成年人,可以与其近亲属、其他愿意担任监护人的个人或者组织事先协商,以书面形式确定自己的监护人,在自己丧失或者部分丧失民事行为能力时,由该监护人履行监护职责。

十一、意定监护和法定监护产生冲突时，如何解决？

郭大爷现年78岁，有一个儿子叫郭大，郭大毕业后打工、经商，长期生活在外地，对郭大爷不闻不问。而郭大爷的父母、妻子均已过世。

2021年，郭大爷在镇上的房屋因旧房改造被征收，获得了较为丰厚的赔偿款。郭大得知这一消息后，迅速返乡，在郭大爷不知情的情况下，申请法院对郭大爷的行为能力进行鉴定，并且要求指定自己作为郭大爷的监护人。后经司法鉴定，法院判决宣告郭大爷为限制民事行为能力人，同时指定郭大为郭大爷的监护人。

事实上，在郭大爷神志清楚、智力正常、能够辨别是非时，考虑到自己晚年需要人照料，便提前跟对自己照顾有加的侄儿郭二签订了意定监护协议，并到公证机关办理了公证，希望自己的侄儿可以照顾自己的老年生活。后来侄儿郭二确实也严格地履行了协议，把郭大爷照顾得非常好。

随后，郭大与郭二就谁应当担任郭大爷的监护人起了冲突，闹到了法院。

法律问题

意定监护和法定监护的冲突如何解决？

律师说法

意定监护和法定监护是两个不同的概念。《民法典》规定了意定监护制度，给予被监护人在丧失民事行为能力之前自主选择信任的人在将来作为自己监护人的权利。选择自己监护人的权利并不受法定监护限制，即老人可以选择自己的子女或其他亲属作为自己的监护人，也可以选择自己的朋友作为监护人。

设定意定监护可以签订意定监护协议，并可以进行公证。虽然公证并不是强制的，也就是说公证与否不影响意定监护协议的效力，但是为了避免今后产生纠纷，建议双方最好还是去公证机关进行公证或者找第三方进行见证，至少能够通过第三方的公信力和中立性，确认双方签订意定监护的真实性，还可以在专业人士的指导下把协议内容做得更规范、更符合老人的需求，更好地保证被监护人与意定监护人签订协议的初衷得以实现。

如果意定监护和法定监护产生了冲突，应该怎么办呢？在本案中，郭大在郭大爷不知情的情况下，申请人民法院确定郭大爷为限制民事行为能力人，并申请法院指定自己为郭大爷的监护人。郭大是郭大爷的法定监护人；而郭二作为郭大爷的侄儿，在郭大爷还是完全民事行为能力人的时候就与其签订了意定监护协议，并办理了公证，根据郭大爷的意愿，愿意由郭二担任其意定监护人。这导致郭大爷有一个法定监护人、一个意定监护人，两个监护人容易出现意见不合的情形，这就会产生一个问题，即到底是以法定监护还是意定监护为准。在一般情况下，由于意定监护是基于被监护人自己的意愿作出的，应该以意定监护为准。

但有意定监护协议并不意味着监护权就一定属于意定监护人。现实中，法院的判决出现过这种情况：亲生儿子（法定监护人）与侄儿（意定监护人）争夺老年人的监护权，亲生儿子之前基于在国外的原因无法赡养老人，于是老人与侄儿签订了意定监护协议，后亲生儿子对老人有愧，于是回国表明自己愿意承担赡养义务；法院工作人员对老人生活环境进行走访后，发现老人也非常想念儿子，愿意让儿子担任自己的监护人，照顾自己，最终法院把老人的监护权判给了亲生儿子。因此，关于无民事行为能力/限制民事行为能力的老人监护权的问题,一般都要遵守最有利于被监护人的原则和最大限度尊重被监护人真实意愿的原则作出判决。

法条链接

《中华人民共和国老年人权益保障法》

第 26 条第 1 款 具备完全民事行为能力的老年人,可以在近亲属或者其他与自己关系密切、愿意承担监护责任的个人、组织中协商确定自己的监护人。监护人在老年人丧失或者部分丧失民事行为能力时,依法承担监护责任。

十二、双方互设意定监护需要注意什么问题？

陈大爷和李大爷是发小，两人关系一直非常亲密。陈大爷和李大爷都没有其他的亲人，当两人都逐渐变老时，他们不得不面对一些共同的问题，那就是：当他们老了谁来照顾他们？万一某天突发疾病怎么办？

在社区举办的一次法律讲座上，工作人员向他们讲解了关于意定监护的法律知识，两位大爷了解到意定监护可以让老人有所依靠，即在自己具备完全民事行为能力的时候，可以与愿意担任自己监护人的个人或组织事先协商，以书面形式确定自己的监护人，在自己丧失或者部分丧失民事行为能力时，由该监护人履行监护职责。陈大爷和李大爷回去商议，既然两个人都没有其他的亲人，是不是可以互相把对方设为自己的监护人，彼此照顾呢？为了慎重起见，陈大爷和李大爷找到一家律师事务所，想请一位律师为他们拟定两份意定监护协议。

法律问题

在两位老年人互设意定监护的情况下，需要考虑什么问题？

律师说法

意定监护制度对我国老龄化社会过程中出现的法律问题作出了积极回应，意定监护的核心就是充分尊重当事人的自主权，在自己成为无民事行为能力人或者限制民事行为能力人的时候，将自己托付给自己愿意信任的人，让监护突破血缘、婚姻关系、亲属关系的局限，同时也可以缓解失独老人的养老焦虑。意定监护制度很好地体现了法律的人文关怀精神。现在对意定监护有迫切需要的群体主要为：孤寡老人、独居老人、不被子女善待的老人；心智障碍子女家长、失独家长；特殊病患家属、婚姻危机的夫妻等。

在此案例中，陈大爷和李大爷基于从小培养起来的信任，互设意定监护，彼此作为对方的意定监护人，满足了陈大爷和李大爷的意愿，也在一定程度上解决了两位老人对老年生活的担忧。但这种做法也存在一定的风险，因为两位老人虽然有很强的信任基础，但毕竟年龄差不多大，随着年龄的增大，照顾自己都有困难，照顾他人的能力就更有限了。因此，两位老人互设意定监护，可能不能很好地达到目的，假设李大爷先于陈大爷去世，陈大爷便不用对李大爷履行意定监护人的职责，但同时陈大爷也没有了意定监护人，仍然无法解决老年人面临的问题。

从陈大爷和李大爷的实际情况可以看出，两人互设意定监护，在其中一位先去世，或者两位老人都丧失行为能力没有监护能力的情况下，互设意定监护的初衷将无法实现。因此，我们建议意定监护人的选择一定是要有能力履行监护职责的个人或者专业组织，如果两位老人坚持自己的想法，可以建议他们分别另外增加一位“替补”意定监护人，以免出现前述“监护”落空的情形。

法条链接

《中华人民共和国老年人权益保障法》

第26条第1款　具备完全民事行为能力的老年人，可以在近亲属或者其他与自己关系密切、愿意承担监护责任的个人、组织中协商确定自己的监护人。监护人在老年人丧失或者部分丧失民事行为能力时，依法承担监护责任。

十三、可以变更监护人吗？

赵大爷近几年来思维逐渐变得不那么清晰，儿子赵夏向法院申请认定赵大爷为限制民事行为能力人并指定监护人，法院根据鉴定结果认定赵大爷为限制民事行为能力人，并指定赵夏为赵大爷的监护人。赵夏和赵大爷在一起共同生活，但赵夏有酗酒的恶习，经常醉酒晚归，导致赵大爷不能得到很好的照顾。最近赵大爷名下房子的征收补偿款发放，赵夏打算用其投资股市大赚一笔。女儿赵冬知道后，多次劝赵夏好好照顾赵大爷，不要挥霍赵大爷的财产，这些是给赵大爷养老的钱。赵夏认为投资是好事，并称自己是赵大爷的监护人，有权决定怎么办。后来赵夏投资股市，亏损严重。赵冬忍无可忍，便向法院申请撤销赵夏的监护人资格，并重新指定自己为监护人。

法律问题

监护人确定后，什么情况下可以变更监护人？

律师说法

监护人的资格是可以撤销或变更的。赵夏作为监护人，有酗酒恶习且直接影响了其履行监护职责，赵大爷不能得到很好的照顾。而且，赵夏作为赵大爷的监护人，虽然可以处分赵大爷的财产，但是必须遵守的一个前提是：该处分行为必须有利于赵大爷的利益。一般来说，监护人不能把被监护人的财产用于对外投资，特别是投资股市这种高风险活动，也不能用于借贷、提供担保等活动。

如果是为了赵大爷日常生活花费或者医疗开支等目的使用赵大爷的财产，则属于合理使用。

由于赵夏不能很好地履行监护人职责，又实施了严重损害赵大爷财产权益的处分行为，且经多次劝告仍不改正，根据法律规定，有关个人和组织可以申请撤销赵夏的监护人资格并重新指定监护人。赵冬作为赵大爷的子女，本身就具有监护资格，有权提出申请。

因此，监护人必须严格履行自己的监护职责，保护被监护人的合法权益，否则其监护人资格就可能被撤销；有关个人和组织发现监护人不能很好地履行监护职责的，可以向人民法院申请撤销监护人资格。

法条链接

《中华人民共和国民法典》

第36条第1款　监护人有下列情形之一的，人民法院根据有关个人或者组织的申请，撤销其监护人资格，安排必要的临时监护措施，并按照最有利于被监护人的原则依法指定监护人：

（一）实施严重损害被监护人身心健康的行为；

（二）怠于履行监护职责，或者无法履行监护职责且拒绝将监护职责部分或者全部委托给他人，导致被监护人处于危困状态；

（三）实施严重侵害被监护人合法权益的其他行为。

十四、被撤销监护人资格后就可以不履行扶养义务了吗？

陈大爷几年前被法院宣告为无民事行为能力人，并指定陈大爷的儿子陈一龙作为陈大爷的监护人。陈一龙刚开始还能比较耐心地照顾陈大爷，但时间久了之后就开始有些不耐烦，经常不按时给陈大爷做饭，也长期不带陈大爷去做健康检查和保健活动。陈大爷的身体状况一天不如一天，许多慢性疾病都加重了。后来陈大爷在外地的女儿陈小花回来看望陈大爷，见到陈大爷的生活状况如此恶劣，便向法院申请撤销陈一龙的监护资格，法院在审查了监护状况后撤销了陈一龙的监护资格，并根据陈大爷的意愿和其女儿陈小花的监护能力指定陈小花作为陈大爷新的监护人。

陈小花被指定为监护人后，便将父亲接去与自己同住，日常也对陈大爷悉心照料，陈大爷的身体得到了很好的恢复。自从陈一龙被法院撤销监护资格后，便对父亲陈大爷不闻不问，不仅从不去看望父亲，也没有支付任何费用。陈小花认为，虽然自己现在是父亲的监护人，但是陈一龙作为儿子，也需要与自己共同承担陈大爷的生活费、医疗费等费用。于是，陈小花找到弟弟陈一龙，要求其按月承担父亲的赡养费用，却遭到了陈一龙的拒绝。陈一龙认为自己已经不是陈大爷的监护人了，而且是经过法院程序确认的，既然陈小花愿意当监护人，陈小花就应该自己全部承担费用，父亲的赡养费也应该由陈小花全权负责，与自己无关。

法律问题

陈一龙被撤销监护人资格后，还需要负担父亲陈大爷的生活费、医疗费等费用吗？

律师说法

这里所说的扶养义务包括父母对子女的抚养，子女对父母的赡养以及其他近亲属之间的扶养，如配偶之间有相互扶养的义务。

在前面的案例中我们也反复提到过，监护人的职责是保护被监护人的人身权益、财产权益及其他合法权益，监护人并没有义务在经济上供养被监护人。但是监护人绝大多数时候同时也是对被监护人有扶养义务的人，如被监护人的父母、子女或配偶，所以给我们的印象是，监护人和扶养义务人好像没有区别。作为监护人的扶养义务人既要承担监护职责，也要承担扶养义务，相当于两份责任。

虽然大部分情况下，扶养义务人与监护人的身份是重合的，但也有一些情况下，扶养义务人并不是监护人，这时候他们不用承担监护方面的职责，但仍然要作为扶养义务人履行扶养义务。比如老人的众多子女中只有部分子女被法院指定为监护人，其他子女就可以不承担监护职责，但仍要对老人履行扶养义务。原来作为监护人的子女，被撤销监护资格后，不用再承担监护职责，但仍然要履行扶养义务。而在另一些情况下，监护人根本上就对被监护人不负有扶养义务，比如在意定监护中，老人可以自己指定不是自己亲属的人作为自己的监护人，或者在特殊情况下经居民委员会、村民委员会或民政部门同意，由非亲属的个人或组织担任监护人，这些主体对被监护人就不负有扶养义务，无论他们是否作为监护人，都是如此。作为监护人，只是意味着他们负有监护方面的职责。这些情况说明了监护和扶养是有区别的。

陈一龙作为陈大爷的子女，对陈大爷负有法定的扶养义务，这与其是否作为陈大爷的监护人无关。假如陈一龙自始就不是陈大爷的监护人，即陈小花一开始就被法院指定或与陈一龙协商后成为陈大爷的监护人，或者陈一龙担任监护人之后因未能履行监护人职责而被撤销监护人资格,但其作为陈大爷扶养义务人的身份没有发生改变,都应履行扶养义务。所以,陈一龙以自己已经被法院撤销监护资格为由,拒绝履行对父亲陈大爷的扶养义务,这一做法是错误的,如果屡教不改,将需要承担相应的法律责任。

法条链接

《中华人民共和国民法典》

第37条 依法负担被监护人抚养费、赡养费、扶养费的父母、子女、配偶等,被人民法院撤销监护人资格后,应当继续履行负担的义务。

十五、意定监护人可以是社会组织吗？

张大爷是一名退休多年的老教授，最近因为多次参加社区和街道组织的老年人普法讲座，对意定监护这一制度非常感兴趣。考虑到自己未婚未育，将来万一失能，需要一个值得信任的、得力的监护人来履行对自己的监护职责，最大限度地按照自己的心愿让自己体面、尊严地度过最后的时光，这一点对张教授非常重要。

一个可靠的监护人一定程度上决定了自己晚年生活的幸福指数。但究竟选择谁来作为自己的监护人呢？张教授为此陷入了思考的困境。一方面这个人得是自己信任的人，另一方面这个人也要愿意做自己的监护人。张教授知道，监护人有着比较重的责任，可以说监护是一件“吃力不讨好”的事情，而且自己也没有太富余的财产可以作为报酬，因此担心没有人愿意做自己的监护人，更担心这个人半途而废，那时候自己已经没有了行为能力，将陷入孤立无援的境地。越深入考虑越感到这个监护人的人选十分重要且难以抉择，张教授为此感到一筹莫展，他想如果社会上有专业人士或者专业组织来提供监护服务，是不是比自己挑选的个人更合适呢？

法律问题

有专门从事监护工作的个人或社会组织吗？

律师说法

监护是一件非常重要且严肃的事情，在《民法典》增加意定监护的相关规定之前，2018年《老年人权益保障法》第26条就对此进行了规定："具备完全民事行为能力的老年人，可以在近亲属或者其他与自己关系密切、愿意承担监护责任的个人、组织中协商确定自己的监护人。"监护人在老年人丧失或者部分丧失民事行为能力时，依法承担监护责任。

由于监护的重要性以及个人精力的有限性，因此没有专门从事监护工作的个人，但目前已经有一些专门从事监护工作的社会组织。

由专业的社会组织承担监护职能，首先，能够解决部分老人没有法定监护人或者找不到合适的意定监护人的问题；其次，专业的社会组织具有更专业的监护能力。监护并不是一件简单轻松的事情；相反，履行监护职责需要监护人的巨大付出，专业的组织在监护方面往往比个人具有更专业的知识和技能，能够提供更为专业可靠的监护服务；最后，专业的社会组织往往会引入外部监督，能够确保履行监护职责，保护被监护人的合法权益。

当然，专业的监护组织在接受作为监护人时会有着较为严格的审核和评估，同时可能会收取一定的费用，其对被监护人的了解可能也不如被监护人的家人或亲属，因此是否选择专业的组织作为自己的意定监护人应根据自身的实际情况考虑。

法条链接

《中华人民共和国民法典》

第33条 具有完全民事行为能力的成年人，可以与其近亲属、其他愿意担任监护人的个人或者组织事先协商，以书面形式确定自己的监护人，在自己丧失或者部分丧失民事行为能力时，由该监护人履行监护职责。

十六、医疗预嘱和意定监护有什么区别？

蒋大爷最近看到一个新闻，说是某地有个患者，因为在车祸中受到重创变成了植物人，多年来一直躺在医院的病床上，没有任何知觉，只能插管补充一些必要的营养液，以维持基本的身体机能。家属很少去看望患者，双方无法交流，时间长了，亲属之间的感情逐渐淡薄；同时，要一直为躺在医院的患者承担高额的医疗费，家属也感到疲惫。蒋大爷为此受到强烈的触动，想着如果这时候患者可以自己决定是否继续治疗，也许对患者本人、对家属都是一种解脱。但是患者已经丧失意识，无法作出任何决定。

蒋大爷想到，如果将来自己遭遇这种类似的情况，他是不是可以事先选择决定对于重大医疗事务的意见？将来一旦发生不幸，就可以按照自己的意见来决定医疗的方向，不给自己和家人造成进一步的负担和伤害。基于这种想法，蒋大爷多方了解咨询，最近他听人提及了生前预嘱这个概念，虽然不是很明白这个概念所包括的内涵，但大致了解到这是关于表达自己希望接受何种治疗的一种文件，可以在自己不能为自己做医疗决定时让医生和家人知道自己的想法并得到尊重。后来，蒋大爷又听人说，根据自己的需要选择一个监护人，也可以解决自己顾虑的问题。因为两个概念都比较新颖，是自己不了解的，所以蒋大爷也没弄明白，到底是需要一个监护人，还是需要一份医疗预嘱？还是说，有了监护人，就不需要医疗预嘱了？

法律问题

医疗预嘱和意定监护有什么区别?

律师说法

意定监护中监护人虽然也可为被监护人做医疗决定,但医疗预嘱(也称“生前预嘱”)与意定监护仍然是两个不同的制度,有着不同的功能。

首先,医疗预嘱仅取于医疗决定,且一般是对某些关系重大的医疗事项预先作出安排,比如是否接受某些重大创伤性抢救措施、是否接受某项重大应急手术等,一般不会覆盖所有需要医疗决定的情形;而意定监护是全面的代理,监护人对被监护人的人身和财产的各个方面事无巨细都可做决定,其中也包括医疗方面的决定。

其次,意定监护也不能完全替代医疗预嘱。意定监护生效的条件是被监护人丧失或者部分丧失民事行为能力(如老人神志开始不清醒了);但是当老人需要他人代其做医疗决定时(如陷入昏迷状态),意定监护可能并未生效(昏迷不等于“糊涂”了),意定监护人也就无法替老人做医疗决定。此时,如果老人提前准备了医疗预嘱,就可以作为医院考虑治疗方案的参考。

再次,医疗预嘱可以对将来的医疗决定作出具体的规划和指示,比如对可接受的具体治疗方案直接作出指示,或者详细列明哪些治疗措施是不可接受的;而意定监护使监护人有权代表被监护人做决定,但具体怎么选择还是取决于监护人,而监护人的选择不一定符合被监护人的意愿。

最后,意定监护是一种长久的身份关系,涉及监护人和被监护人两方,前提是要选择一个合适的监护人,监护也意味着人身和财产的全面托付,关系重大;而医疗预嘱只是老人的一种单方意愿的表达,在将来特定的时间发挥作用,比如给医生作为采取治疗措施时的参考,只涉及医疗问题,操作简单、风险较小。

专题小结

法律上，当一个人不具备辨认自己行为的能力时，就需要监护人代他决定和处理部分或全部事务。随着年龄变大，上了年纪的人的思维和身体机能会逐渐不如从前，有些老人还会因为突发的意外或精神疾病导致思维能力出现障碍乃至完全失去判断能力。虽然部分老人可能一直都能保持较好的精神状态，但对于多数老人来说，监护都是很可能需要面对的事情。

目前中国老龄化呈现规模大、速度快等趋势特征，人口老龄化程度不断加深。我国人口平均预期寿命相比过去已经大大提高，这意味着未来我们国家将有越来越多的高龄老人，相应的监护需求也将大大增加。我国监护相关法律的修改，比如引入意定监护，就与应对老龄化社会的现实需求有着密切的联系。监护对于个人和社会的重要性正日益凸显。

晚年生活有保障、有温暖、有尊严，在有需要的时候得到良好的照顾，是每个老人的心愿。然而，可能自某一时刻起，老人就开始丧失认知和判断能力，这并非一个小概率事件。在这之后，老人的生活状况几乎就完全依赖于监护人，监护的重要性是显而易见的。监护人可以基于老人的意愿和利益决定老人的人身照护、财产保管等各个方面的事情。

同时，监护人还要尊重被监护人的意愿，特别是在被监护人尚且具备一定的思维能力的时候。总之，监护人要围绕着被监护人的愿望和利益来履行监护职责。

由谁来担任监护人一般是由法律规定的，被称作法定监护人，如成年人的配偶、父母、子女，同时这些有监护资格的人之间还可以协商确定由谁担任监护人。这些情况下对于老人来说，将来由谁照顾自己、帮助自己处理事情是由别人来决定的。但意定监护赋予了老人自主选择监护人的自由，且没有任何限制，既可以选择自己的亲属，也可以选择没有亲属关系的人。由于监护的重要性，老人在选择自己的监护人时，特别是选择没有亲属关系的人作为监护人时，一定要慎重考虑，最好能和家人朋友沟通，并通过引入第三方监督等方式设置一些防范措施。

总之，学习监护知识、善用监护工具能够为老人的生活提供更为坚实的保障。

专题三　老年人婚姻与财产保护

胡冬云　国浩律师（上海）事务所合伙人
胡　芳　国浩律师（青岛）事务所律师

一、子女能否干涉父母再婚？

甄大叔与贾阿姨是一对恩爱的夫妻，育有两女甄梅、甄竹，可谓生活幸福，家庭美满。但天不遂人愿，贾阿姨因病去世。在贾阿姨去世后不到半年，甄大叔经人介绍与郝阿姨认识，两人相处下来觉得志趣相投，考虑再婚，不承想却遭到两个女儿的强烈反对。女儿们无法接受母亲才去世不到一年的时间，父亲就与他人再婚。出于防止父亲再婚的目的，甄梅与甄竹两人趁父亲不备，将父亲的户口簿拿走并一直保管在自己处，等到甄大叔准备与郝阿姨办理结婚登记时才发现户口簿不翼而飞，甄大叔为此反复与两个女儿口头交涉，但两个女儿均拒绝将户口簿还给甄大叔。为此，父女发生激烈的争吵，两个女儿甚至趁甄大叔出门买菜的空当，联合其他亲属试图将郝阿姨赶出家门。这种鸡飞狗跳的生活，导致甄大叔与郝阿姨的生活陷入了困境。

为了过上安宁稳定的晚年生活，甄大叔无奈之下只能向法院提起诉讼，要求法院判令甄梅及甄竹向其返还户口簿。

法律问题

子女是否能干涉父母再婚？

律师说法

婚姻自主权又称婚姻自由权，是指公民依法享有的按照自己的意志，自主自愿地结婚或离婚,不受他人非法干涉的权利。

婚姻自由是公民基本权利的一项重要内容,公民的婚姻自由受宪法保护。这不仅是法律赋予年轻人的权利,也是赋予老年人的权利。在法律上,任何人的婚姻自由权利都是平等的。丧偶老人无论从身体状况还是从心理状况来看,均需要有人陪伴,而子女往往难以做到无微不至,所以一个好的老年伴侣对于老人来说非常重要。再婚对于老年人来说,更有助于其身体健康、精神愉悦,只要是出于双方自愿,并且符合法律的规定,都应当受到法律的保护。

本案中,虽然甄大叔在自己妻子去世不久便考虑再婚让两个女儿无法接受,但是子女不应无视法律的规定,出于旧的思想观念而阻止其再婚,这是干涉婚姻自由的违法行为。子女理应正确对待老人再婚的问题,同时,老人在遇到子女干涉婚姻自由时,也应运用法律手段来保护自己的正当权利。

本案法院经审理后认为,甄梅及甄竹反对甄大叔再婚,拒绝将户口簿交予甄大叔是干涉父亲婚姻自由的行为,故甄大叔请求二人返还其户口簿的诉讼请求,法院予以支持。两位女儿在法官的劝说和教诲下,也明白了自己干涉父亲婚姻的行为系违法行为,真诚地向父亲甄大叔道歉,表示再也不会干涉父亲的婚姻自由和晚年生活。

法条链接

《中华人民共和国老年人权益保障法》

第21条 老年人的婚姻自由受法律保护。子女或者其他亲属不得干涉老年人离婚、再婚及婚后的生活。

赡养人的赡养义务不因老年人的婚姻关系变化而消除。

《中华人民共和国民法典》

第1069条 子女应当尊重父母的婚姻权利,不得干涉父母离婚、再婚以及婚后的生活。子女对父母的赡养义务,不因父母的婚姻关系变化而终止。

二、老年人再婚如何防止财产纠纷？[①]

李大爷和关阿姨经人介绍恋爱结婚，两人均是二婚，各带一个孩子。婚后生活和谐美满，彼此的工作事业也发展不错，仅住房就有四套。很快，双方的孩子都已经到了可以谈婚论嫁的年龄。

为了厘清双方财产，避免以后产生争议，李大爷和关阿姨就该四套房产签订了一份关于婚前婚后房产权属的书面协议，协议约定：两人婚内购买的这四套房屋，其中面积较大的两套归关阿姨所有，面积较小的两套归李大爷所有，婚姻关系存续期间，双方对四套房屋均享有居住权。闲置房屋出租所得的租金收入属于夫妻共同财产，由二人共同支配。

协议签订后不久，李大爷和关阿姨因为子女婚嫁的嫁妆问题产生矛盾，两人之间开始出现罅隙，最后感情破裂只能离婚。在协商过程中，关阿姨要求按照协议约定分割房产，但是李大爷不同意，认为四套房屋是两人共同努力打拼得来的，而根据协议的约定，自己只得到两套小房子，两套大房子归关阿姨所有，显然有失公平，并且当时签订协议，也是关阿姨以离婚相要挟，自己不得已才同意签署的。

二人为此闹得不可开交，最后只能起诉到法院，请求法院解除二人的婚姻关系，并对二人的共同财产进行分割。

法院经过审理认为，双方在婚内签订的关于婚前及婚后房屋权属的书面协议不违反法律和行政法规的强制规定，亦未损害他人利益，属于有效的约定，因

① 本案例系根据北京市朝阳区人民法院发布老年人权益保护十大典型案例之二——李某某诉关某某离婚纠纷案（改编）。

此在离婚时候按照该约定分割夫妻共同财产未存在不妥,关阿姨的主张得到了法院的支持。

法律问题

1. 婚内签订的财产约定对夫妻双方是否有法律效力?

2. 签署婚内/婚前财产约定需要注意什么问题?

律师说法

1. 婚内协议对协议双方具有法律约束力,应当受到法律保护。

男女双方可以约定婚前、婚姻存续期间所得财产的归属,该约定对双方具有法律约束力。

现实生活中老年人离异或丧偶后再婚的情况越来越普遍,其背后的原因多种多样,既可能存在单纯的感情因素,也可能存在"搭伙过日子"等其他因素。

实践中,由于再婚老年人名下普遍拥有房产、存款等大额财产,双方亦有各自的子女,老年再婚家庭更容易因财产问题发生纠纷,此种纠纷既包括双方离婚时的财产分割纠纷,也包括双方或一方去世后可能发生的继承纠纷。

从明晰双方财产关系、避免后续可能发生的矛盾角度出发,建议老年人在再婚前或再婚后签订婚姻财产协议,以书面约定的方式明确双方财产的归属,以避免日后引发不必要的财产争议。

2. 签署协议时需要注意的问题。

如果老年人打算签署这样一份协议,为避免因为协议签署过程中的不规范导致的法律风险,应该注意以下几点:

首先,尽量选择书面协议,不要采用口头协议。相对口头协议,书面协议更加具有稳定性,将来如果发生争议,可以作为证据使用。

其次,委托专业律师起草协议,以免出现法律错误。无论是婚前还是婚内财产分割协议,都是一份法律协议,需要一定的法律专业知识和基本的法律素养。否则,关键内容的法律知识表述错误,将可能导致整份协议的效力受到质疑,也无法实现签约人的根本目的。

再次,需要写入协议内的财产尽量能够具化,不要过分笼统。协议文本可以委托专业律师来起草,但是协议内容包含哪些财产,需要由签约人自己来向律师说明。在涉及具体财产时,建议尽量具体翔实,例如,房屋的地理位置、产权证编号,车辆的品牌、型号、车牌号码,股票的开户公司、证券账号、股票名称和数量,等等,都要尽可能具体和一一对应,避免过分笼统的表述,以免将来出现理解上的歧义。

最后,条件许可的话,签署协议时可以选择见证人在场见证。根据法律规定,只要协议双方都签名了,协议就成立并生效。但为了最大限度减少不必要的麻烦,签署现场可以有见证人在场,见证人可以是家人、朋友、邻居、律师、居民委员会工作人员等,见证人在一定程度上可以有效促进协议的履行。

法条链接

《中华人民共和国民法典》

第 1065 条 男女双方可以约定婚姻关系存续期间所得的财产以及婚前财产归各自所有、共同所有或者部分各自所有、部分共同所有。约定应当采用书面形式。没有约定或者约定不明确的,适用本法第一千零六十二条、第一千零六十三条的规定。

夫妻对婚姻关系存续期间所得的财产以及婚前财产的约定,对双方具有法律约束力。

夫妻对婚姻关系存续期间所得的财产约定归各自所有,夫或者妻一方对外所负的债务,相对人知道该约定的,以夫或者妻一方的个人财产清偿。

三、离婚时，可以要求分割一方的养老金吗？

王大爷和张阿姨已经结婚30多年，张阿姨前两年已经退休，开始领取养老金，王大爷尚未退休。张阿姨退休后脾气变得暴躁，经常与王大爷发生口角争执，双方为此总是闹得不欢而散。时间长了，两个人都觉得没法共同生活下去，所以也都有了离婚的想法。

张阿姨每个月的养老金是1000元，两年前就已经按月发放到张阿姨的养老金账户里，目前结余已经有2万多元，一直存放在账户里。现在要离婚，王大爷认为这2万多元的养老金应分给自己一半，而且当时用来缴纳养老保险钱都是夫妻共同财产，将来获得的养老金也应分给自己一半；张阿姨不同意，认为王大爷还没有退休，只对自己一个人的养老金进行分割不公平。

法律问题

养老金在离婚的时候到底应该如何进行分割呢？王大爷的主张能不能成立？

律师说法

首先，张阿姨养老金账户里的2万多元是夫妻共同财产。

根据我国法律的规定，男女双方在婚姻期间取得的基本养老金，属于夫妻共同财产。

基本养老金，也叫作退休金，是一项重要的养老保险待遇，基本养老金是由基础养老金、个人账户养老金和过渡性养老金构成的。因此,公民需要在退休之前自己缴纳一定的费用到养老金账户中,等到退休后按月予以领取。只有存在特殊情况时,才可以申请一次性领取。

本案中,王大爷要求对张阿姨养老金账户中的2万多元进行分割,是合理要求。如果张阿姨在婚内用于缴纳养老保险的费用合计为5万元,目前张阿姨只领到了退休金2万元,剩余的3万元王大爷也可以要求一并分割,但是超出的部分,如果双方已经离婚,王大爷就无权再要求分割了。

其次,张大爷尚未退休,王阿姨可以要求提前分割养老金吗?

张大爷尚未退休,尚不符合领取基本养老金的条件,离婚时不可以对尚未取得的收益进行分割。那是不是意味着就不能对张大爷的养老金做任何主张呢?不是的。虽然王阿姨不能要求对还未领取的养老金进行分割,但是张大爷的基础养老保险费用是在二人婚内用夫妻共同财产缴纳的,因此,王大爷养老金账户中婚姻关系存续期间个人实际缴纳部分及利息可以作为二人的夫妻共同财产进行分割。

法条链接

《最高人民法院关于适用〈中华人民共和国民法典〉婚姻家庭编的解释(一)》

第25条　婚姻关系存续期间,下列财产属于民法典第一千零六十二条规定的"其他应当归共同所有的财产":

(一)一方以个人财产投资取得的收益;

(二)男女双方实际取得或者应当取得的住房补贴、住房公积金;

(三)男女双方实际取得或者应当取得的基本养老金、破产安置补偿费。

第80条　离婚时夫妻一方尚未退休、不符合领取基本养老金条件,另一方请求按照夫妻共同财产分割基本养老金的,人民法院不予支持;婚后以夫妻共同财产缴纳基本养老保险费,离婚时一方主张将养老金账户中婚姻关系存续期间个人实际缴纳部分及利息作为夫妻共同财产分割的,人民法院应予支持。

四、人身损害赔偿金属于夫妻共同财产吗?

周先生与妻子刘女士经常发生争吵,于去年开始分居,最近二人想离婚,对于大部分财产的分割二人都达成了一致意见,但是对于周先生个人账户里的30万余元赔偿款如何分割,二人存在较大争议。

去年周先生在上班途中遭遇了一起交通事故致十级伤残,肇事者曹某对该起交通事故负全部责任,周先生无责任。在周先生住院期间,曹某全额支付了护理费、医疗费、住院伙食补助费。后曹某按照当地的人身损害赔偿标准赔偿周先生伤残赔偿金、误工费、鉴定费、交通费、精神损害赔偿金等费用共计30万余元,其中鉴定费、交通费系周先生先行以自己的工资垫付。曹某于近日将该30万余元支付至周先生名下银行账户内,该30万余元尚未支出。

对于该笔赔偿款,刘女士认为周先生住院期间都是自己在照顾,而且是在双方婚内获得的赔偿,是夫妻共同财产,自己有权要求分得一半。周先生则认为人身损害赔偿款是因自己受到人身损害而获得的赔偿,应该归他自己。刘女士在住院期间照顾自己,也是作为配偶的义务,并不能以此为由要求分割钱款。两人各执一词,不肯相让。

法律问题

人身损害赔偿款是否属于夫妻共同财产?

律师说法

周先生银行账户内的 30 万余元，系周先生因受到人身损害获得的赔偿款，该笔赔偿金的组成包括伤残赔偿金、精神损害赔偿金、误工费、营养费、护理费、鉴定费等，因涉及内容不同，因此需要根据实际情况逐项予以分析。

其中的伤残赔偿金、精神损害赔偿金具有人身属性，依据《民法典》第 1062 条的规定，应为周先生的个人财产，刘女士无权分割。

对于营养费、护理费，也都是用于周先生个人身体的恢复健康，具有人身属性，应为其个人财产，不宜作为夫妻共同财产进行分割。

对于误工费，是对周先生身体受伤期间收入减少的赔偿，该费用应属于夫妻共同财产。如果周先生因此损害将来也无法从事工作，那么误工费还应该包含将来的减少收入的补偿。对于这一部分将来收入的补偿，如果周先生与刘女士已经离婚，刘女士自然也无权要求分割。

对于住院期间产生的周先生伤残程度的鉴定费、交通费，周先生已经先行以自己的工资垫付，根据法律的规定，婚姻存续期间内，一方获得的工资应当属于夫妻共同财产，因此，肇事者曹某赔付的鉴定费与交通费可以作为二人的夫妻共同财产予以分割。

综上所述，人身损害赔偿的组成部分包含很多类别，其中涉及被损害人个人专属性质的赔偿均应作为其个人财产，离婚时不应作为夫妻共同财产进行分割。这一规定，不仅是从法律层面对受损害一方基本生活的保障和精神损伤的抚慰，也是对正确社会价值观和伦理观、道德观的一种正向倡导，旨在最大限度地维护受损害一方的合法权益不受侵害。

法条链接

《中华人民共和国民法典》

第 1063 条　下列财产为夫妻一方的个人财产：

（一）一方的婚前财产；

（二）一方因受到人身损害获得的赔偿或者补偿；

（三）遗嘱或者赠与合同中确定只归一方的财产；

（四）一方专用的生活用品；

（五）其他应当归一方的财产。

五、婚前持有的股票，婚后增值部分是个人财产吗？

王大爷与李阿姨在2000年结婚前，双方各自名下就有一些股票。王大爷是老股民，在二人结婚登记时股票账户市值100万元，且婚后一直关注股市行情，经常大量买进卖出；李阿姨在二人结婚登记时股票账户市值20万元，但因李阿姨技术不佳，婚后一直都未对股票账户进行任何操作，基本属于“零操作”。因二人系再婚家庭，双方均有子女，王大爷与李阿姨打算对二人的婚前个人财产与婚后夫妻共同财产做个区分，签订婚姻财产协议，以避免日后的纷争。现王大爷股票账户市值达160万元，李阿姨股票账户市值为30万元。乍看之下，两人的股票账户都增值了，那么增值的这部分是不是夫妻共同财产呢？

法律问题

1. 一方婚前持有的股票，婚后又进行了买进卖出的行为，由此产生的增值收益是个人财产还是夫妻共同财产？

2. 一方婚前持有的股票，在婚内没有对其进行任何买进卖出的操作，由此产生的增值收益是个人财产还是夫妻共同财产？

律师说法

本案中,王大爷的股票账户价值由婚前的100万元变成160万元,李阿姨的股票账户价值由婚前的20万元变成了30万元。单从数字角度来看,两人婚后的股票价值都获得了增加,只是增加幅度的多少不同而已,王大爷的股票增值了60万元,李阿姨的股票增值了10万元。但是实际上这两个增值,蕴含的法律意义却完全不同。

根据法律的规定,夫妻一方个人财产在婚后产生孳息和自然增值,不是夫妻共同财产。孳息是指民事主体通过合法途径取得的物质利益,包括天然孳息和法定孳息。这个概念听起来更加理论一点,因为跟本案没有联系,这里就不再赘述。自然增值理解起来相对简单很多,就是指没有经过外在人为的操作,事物随着自然因素、市场、政策等变化而发生的增值行为。

本案中,李阿姨在婚前就持有股票,婚后没有操作过,则股票的增值完全是市场行情变化导致的,应当将这种增值理解为自然增值,李阿姨并没有为该部分增值投入时间和劳动,因此李阿姨股票增值的10万元为李阿姨的个人财产。王大爷的股票在婚后进行大量的买入与卖出,王大爷本人为该部分增值付出了自己的时间和管理成本,因此其股票的增值理解为投资行为较为妥当,而根据法律的规定,夫妻双方婚后因为投资取得的收益属于夫妻共同财产,故王大爷增值的60万元应作为夫妻共同财产。

法条链接

《中华人民共和国民法典》

第1062条 夫妻在婚姻关系存续期间所得的下列财产,为夫妻的共同财产,归夫妻共同所有:

(一)工资、奖金、劳务报酬;

(二)生产、经营、投资的收益;

(三)知识产权的收益;

(四)继承或者受赠的财产,但是本法第一千零六十三条第三项规定的除外；

（五）其他应当归共同所有的财产。

夫妻对共同财产，有平等的处理权。

《最高人民法院关于适用〈中华人民共和国民法典〉婚姻家庭编的解释（一）》

第26条 夫妻一方个人财产在婚后产生的收益，除孳息和自然增值外，应认定为夫妻共同财产。

六、婚内购买的珠宝、黄金饰品等，是个人财产吗？

张大叔的妻子多年前因病去世，唯一的女儿也在外地工作。张大叔退休后闲来无事，就经常去小区对面的广场跳舞。一来二去，认识了居住在同小区的李阿姨。李阿姨也是独身一人。两人越聊越投机，在子女的支持下，勇敢地追求幸福并登记结婚了。

随着长期共同生活，两人之间的性格不合逐渐暴露了出来，双方经常因为各种琐事发生争吵，严重影响了日常生活的安宁和谐。李阿姨从张大叔家中搬回了自己家，双方子女多次劝和，两人仍然互不理睬，张大叔考虑到这种局面长期僵持下去没有意义，于是提出离婚。两人结婚后，张大叔的退休金和家中的积蓄都是交给李阿姨保管，因为李阿姨喜欢珠宝和黄金饰品，所以婚内这几年，李阿姨买了不少珠宝和黄金饰品，价值初步测算有数十万元。张大叔认为这是李阿姨用共同的积蓄买的，应当属于夫妻共同财产，如果李阿姨都拿走，就要给自己一半的折价款；李阿姨则认为这是张大叔赠与自己的，而且这些珠宝首饰平时都是自己在佩戴使用，是自己专用的生活用品，离婚时应该归自己个人所有。

法律问题

婚内购买的一方日常佩戴的珠宝首饰，属于一方个人财产吗？

律师说法

李阿姨的说法里涉及一个法律概念，即“专用的生活用品”。我们国家法律确实有规定，“一方专用的生活用品”是一方的个人财产，那么对于什么是“一方专用的生活用品”究竟应该如何理解呢？

生活用品，顾名思义是指日常生活起居所需的物品。一方专用的生活用品是指夫妻一方满足个人日常生活起居的物品，也包括因身体所需由个人使用的价值不大的物品，如洗漱用品、化妆品、装饰物、衣物等。但是对于价值较大的、虽然是一方专用的如金银首饰、珠宝玉石、贵重手表、名牌箱包等，应根据家庭收入的状况来具体确定，而不应该一概地认定为夫妻共同财产或者一方个人财产。[①]

本案中，李阿姨婚内购买的珠宝、黄金首饰无论是从价值层面，还是日常生活所需层面来看，均不符合法律规定的“一方专用的生活用品”的要求，不能仅仅因为平时是个人在佩戴使用，就主张该部分财产是属于个人所有。离婚时，双方可以根据市场价值以及物品的贬损率、实际使用情况等估算出一个相对公允的价值，如果李阿姨要取得前述珠宝和黄金饰品，可以给张大叔一定的折价款作为补偿。

法条链接

《中华人民共和国民法典》

第1063条 下列财产为夫妻一方的个人财产：

（一）一方的婚前财产；

（二）一方因受到人身损害获得的赔偿或者补偿；

（三）遗嘱或者赠与合同中确定只归一方的财产；

（四）一方专用的生活用品；

（五）其他应当归一方的财产。

① 参见茆荣华主编：《上海法院类案办案要件指南》（第5册），人民法院出版社2021年版，“离婚纠纷类案办案要件指南”部分。

七、以夫妻一方为被保险人购买的保险，离婚时如何进行分割？

罗叔叔和白阿姨结婚多年，一直未生育子女。罗叔叔身体不太好，担心自己去世后白阿姨没有生活来源，所以多年前罗叔叔给自己投了一份人身保险，受益人是白阿姨。两人的生活一直相安无事，直到有一天，白阿姨坚持要领养一个亲属的孩子，说是为了养老。罗叔叔觉得双方都已经年近退休，再抚养一个未成年孩子长大，两个人的精力和体力都跟不上，而且养老可以去养老院，因此坚决不同意。双方为此发生激烈的争吵，谁也不肯妥协让步，并且在大量的争吵中，双方都觉得夫妻感情已经消耗殆尽，决定离婚。罗叔叔直接将人身保险保单的受益人改成了自己的老母亲，白阿姨不依不饶，认为罗叔叔这些年缴纳的保险费已经有几十万元，应该属于夫妻共同财产，所以要求罗叔叔退保。白阿姨的主张合理吗？能不能获得法律的支持？

法律问题

保单可以在离婚时进行分割吗？如何分割？

律师说法

罗叔叔购买的人身保险，自己是投保人和被保险人，妻子白阿姨是受益人，这是符合人寿保险对于投保人、被保险人和受益人的身份要求的。罗叔叔作为投保人,根据保单的约定,每年向保险公司缴纳一定的保险费用,在自己发生意外或者去世时,妻子白阿姨作为受益人将享有保险公司根据保单约定所赔付的全部保险金。但是现在因为双方要离婚,罗叔叔将保险受益人从白阿姨更换成了自己的老母亲龙奶奶,即白阿姨将不再享受保险利益。罗叔叔作为投保人,当然有权根据自己的意愿来更换保险受益人,这一行为是合法有效的。但是从白阿姨的角度来看,罗叔叔购买保险每年需要定期向保险公司缴纳几万元的保险费,这些费用都是从罗叔叔的工资收入里支出的,故该保险费用属于夫妻共同财产,现在既然要离婚,自己也不再是保险的受益人,要求对保单进行分割也是情理所在。

因此,白阿姨和罗叔叔可以先自行协商,确定一个两人都可以接受的价格进行分割。如果不能协商一致,那么就只能向法院起诉,要求对保单进行分割,此时就要确认保单的现金价值。一般来说保单的现金价值 = 投保人已缴纳的保费 - 管理成本 - 佣金 - 纯保费 + 剩余保费所生利息。不同险种、不同保险公司的计算方法不尽相同,一般在签订合同时,保单的现金价值都会明确写进合同里。该现金价值为夫妻共同财产,可以在离婚时予以分割。只要对现金价值作了分割,是否继续投保,则由罗叔叔作为投保人自行决定,白阿姨要求罗叔叔退保的主张不在法律保护的范围内。

法条链接

《第八次全国法院民事商事审判工作会议(民事部分)纪要》

第4条　婚姻关系存续期间以夫妻共同财产投保,投保人和被保险人同为夫妻一方,离婚时处于保险期内,投保人不愿意继续投保的,保险人退还的保险单现金价值部分应按照夫妻共同财产处理;离婚时投保人选择继续投保的,投保人应当支付保险单现金价值的一半给另一方。

八、离婚协议未明确约定产权归属的房屋，二十年后还能分吗？

韩大爷与刘阿姨原系夫妻关系，2002 年双方因感情不和，协议离婚。

《离婚协议书》约定了两人共有的房屋，其中 A 房屋产权（产权证已办）归刘阿姨，B 房屋（折算了双方工龄后的房款已付，产权证未办）则由韩大爷居住，权属问题未明确约定。

2012 年，韩大爷将 B 房屋产权证办至自己名下。2022 年韩大爷将 B 房屋卖给了第三人王某某，共计 500 万元。刘阿姨得知后要求分割 B 房屋的售得款。

韩大爷主张双方《离婚协议书》中实际约定的是一人一套房屋，B 房屋不仅是由其居住，权属也归其所有，但韩大爷并没有拿出相应的证据来证明自己的主张。

法律问题

离婚协议中未明确约定所有权人的房屋，离婚后再主张分割是否受诉讼时效的限制？

律师说法

首先，在协议没有明确约定的情况下，这套没有写明权利人的房屋处于什么状态？

韩大爷没有证据证明《离婚协议书》存在无效及可撤销的情形，故该协议书应被认定为有效，双方应当按照协议的约定履行各自义务。《离婚协议书》对B房屋的产权归属未进行明确约定，但对B房屋的居住问题进行明确约定，故该房屋的居住权益应按约定归韩大爷享有。然而对于B房屋的所有权而言，由于韩大爷与刘阿姨在离婚时并没有对房屋的所有权进行约定，该房屋在法律上仍然是二人共同所有的状态，各自对于房屋的权利并未明晰。

其次，从签署离婚协议到出售房产，相隔了20年，刘阿姨是否还有权向法院起诉要求分割？

双方离婚后，一方以尚有夫妻共同财产未处理为由向人民法院起诉请求分割的，案件从归类上就应该属于离婚后财产纠纷，人民法院经审查该财产确属离婚时未涉及的夫妻共同财产时，就会立案予以受理，该财产分割不受3年诉讼时效的限制。本案中，韩大爷与刘阿姨虽在离婚时未对B房屋的所有权进行分割，但房屋的所有权系物权，物权的分割不适用诉讼时效，因此，虽然韩大爷与刘阿姨离婚已20年，刘阿姨仍有权起诉要求对B房屋的权利进行依法分割。

最后，对于该套当时没有明确权利归属的房屋，应该如何作出处理？

因韩大爷已经将该套房屋出售给第三人，且出售价格500万元也是符合市场公允价值的，所以从保护善意第三人的角度出发，韩大爷出售该房屋的行为有效。刘阿姨要求分割的将是房屋的售房款，既然房屋是夫妻共同财产，法院在作出判决时，会综合考虑房屋装饰装修价值、离婚协议书约定的房屋居住使用情况等，对售房款进行适当分割。

这个案例也提醒我们：夫妻双方在起草离婚协议时应对子女抚养、财产分割等问题作出详细的书面约定，避免产生歧义，以免出现如本案中韩大爷仅约定了房屋的居住权而未对房屋所有权作出处分，从而导致两位老人对簿公堂的局面。

法条链接

《中华人民共和国民法典》

第 196 条 下列请求权不适用诉讼时效的规定：

(一)请求停止侵害、排除妨碍、消除危险；

(二)不动产物权和登记的动产物权的权利人请求返还财产；

(三)请求支付抚养费、赡养费或者扶养费；

(四)依法不适用诉讼时效的其他请求权。

《最高人民法院关于适用〈中华人民共和国民法典〉婚姻家庭编解释(一)》

第 28 条 一方未经另一方同意出售夫妻共同所有的房屋，第三人善意购买、支付合理对价并已办理不动产登记，另一方主张追回该房屋的，人民法院不予支持。

夫妻一方擅自处分共同所有的房屋造成另一方损失，离婚时另一方请求赔偿损失的，人民法院应予支持。

第 83 条 离婚后，一方以尚有夫妻共同财产未处理为由向人民法院起诉请求分割的，经审查该财产确属离婚时未涉及的夫妻共同财产，人民法院应当依法予以分割。

九、婚前房产婚后加名，离婚后如何分割？

王大爷是北京人，在北京当地拥有一套180平方米的大房子。2018年，王大爷经人介绍认识了端庄优雅的李阿姨并对其一见钟情，双方很快便登记结婚。婚后，二人幸福和睦，王大爷为表明自己对李阿姨的真心，自愿将李阿姨的名字加到了这套房子的产权证上，原来登记在王大爷一人名下的房屋因此变成了王大爷和李阿姨二人共同共有。

几年后，由于李阿姨喜欢上了跳交谊舞，整天沉迷于各种舞蹈比赛，王大爷认为李阿姨的时间都用到了跳舞之中，对自己的关心不够，两人因此发生矛盾，便打算协议离婚。

在谈到离婚后，关于这套登记在双方名下的房屋到底应该怎么分割就变成了二人争议的重点。王大爷认为，该房屋属于自己的婚前财产，婚后在房产证上加李阿姨的名字，是为了增进巩固夫妻感情、加强彼此信任，但并不代表该房产就变成夫妻共同财产。李阿姨认为，虽然该房屋由王大爷婚前出资购买，但登记在双方名下，为双方共有财产，在没有约定份额的情况下，应视为双方各自拥有该房屋一半的价值。

因二人看法不一致，多次争吵之后仍然无法达成一致意见，且二人对于各自所得份额的价值认定存在巨大分歧，无奈之下，王大爷只好诉至法院要求离婚并对该套房屋进行分割。

法律问题

婚前一方全款买房，婚后增加配偶的名字，离婚时房屋如何分割？

律师说法

1. 张大爷婚前购买、婚后加上李阿姨名字的房屋是不是夫妻共同财产？

判定房屋是否属于夫妻共同财产，最直观的判断是房屋是否登记在夫妻二人名下，无论另一方出资与否，只要名字登记在产权证上，该房屋是夫妻共同财产便是不争的事实。本案中，虽然房子是王大爷婚前全款购买，李阿姨的名字只是婚后加进去的，但该房屋仍然是夫妻共同财产。

如果房屋没有登记在双方名下，就要综合房屋是否婚内购买、房屋的出资来源等予以考虑。如果房屋是婚内购买，且出资源于夫妻共同财产，即使房屋只登记在夫妻一方名下，该房屋也仍然是夫妻共同财产。但如果房屋是一方婚前购买，婚后一起还贷，登记在一方名下，则只有共同还贷部分及其增值是夫妻的共同财产，并不能因此直接认定房屋为夫妻共同财产。

2. 房产在婚后加名之后变成夫妻共同财产，要如何进行分割？

如前所述，既然这套房屋是夫妻共同财产，离婚时，李阿姨就有权要求对该房产进行分割。至于各自应该取得房产的多少份额，理论上来说是均等分割，也就是口头所说的“一人一半”，但这个数字并不是绝对的，也需要依据实际情况予以综合考虑。

现实中很多人往往觉得只要在房产证上加上了自己的名字，房子就一定会有自己的一半，其实不然。因为共同财产具体分割时，不仅要看产权证上登记的权利人都有谁，还要考虑双方结婚时间的长短、双方对于家庭生活尤其是该套房屋的贡献，包括房屋出资款的来源、装修程度等，以及是否存在婚姻过错方，或者一方存在需要特别照顾的情形等。

本案中，产权证上虽加上了李阿姨的名字，但并不意味着李阿姨就当然能分到一半。李阿姨与王大爷结婚时间较短，购房款源于王大爷几十年的辛苦积攒，因此，最终法院经过审理，在综合考量购房款的支付、婚姻存续期间、房屋实际使用情况后，判决房屋权属归王大爷所有，李阿姨分得房屋价值 20% 的份额。

3. 房产分割的通常处理方式是一方取得房屋所有权，并给予另一方房屋折价款作为补偿。

本案中，法院最终判决王大爷和李阿姨分别取得房屋价值 80% 的份额和 20% 的份额。因为李阿姨有其他住房，所以该房屋最后由王大爷所有，王大爷根据房屋的市场价值的 20% 给了李阿姨相应的折价款，李阿姨也配合王大爷前往房产交易中心将自己的名字从产权证中去掉，房屋变更登记至王大爷一人名下。

通过这个案件，我们也要提醒各位读者，婚前自己全款购买的房屋，婚内增加配偶的名字后，在离婚时即面临作为夫妻共同财产予以分割的局面。因此，无论是年轻人还是老年人，均应在深思之后再行决定是否要增加配偶的名字，以免造成不必要的纠纷。

法条链接

《最高人民法院关于适用〈中华人民共和国民法典〉婚姻家庭编解释（一）》

第 76 条　双方对夫妻共同财产中的房屋价值及归属无法达成协议时，人民法院按以下情形分别处理：

（一）双方均主张房屋所有权并且同意竞价取得的，应当准许；

（二）一方主张房屋所有权的，由评估机构按市场价格对房屋作出评估，取得房屋所有权的一方应当给予另一方相应的补偿；

（三）双方均不主张房屋所有权的，根据当事人的申请拍卖、变卖房屋，就所得价款进行分割。

十、夫妻一方擅自转移、隐藏夫妻共同财产，另一方该怎么办？

王大爷与李阿姨系再婚重组家庭，双方各自有一个子女，婚后两人未再生育子女。后来随着两人年纪越来越大，无法照顾对方，李阿姨便被自己的女儿接走，之后随女儿一起共同生活。王大爷随自己的儿子生活，双方自此便开始长期分居。

分居期间，二人原先居住的房屋拆迁获得货币补偿款 80 万元，该 80 万元一直由王大爷保管。现李阿姨因患重病住院治疗，需支付高昂的医疗费，李阿姨便要求王大爷给她转 40 万元用于缴纳医疗费。王大爷则声称这 80 万元都已被他花光了，他账户里一分钱都没有，不同意给李阿姨付医疗费。因该 80 万元发放下来不到半年，李阿姨要求王大爷说清楚钱款的去向，王大爷却含糊其词说不清楚，事后才知道这笔钱被王大爷的儿子拿去买房了。请问李阿姨该怎么维护自己的合法权益呢？

法律问题

婚内一方擅自转移、隐藏夫妻共同财产，另一方该如何处理？

律师说法

王大爷擅自处分夫妻共同财产，李阿姨可以向法院起诉要求对婚内财产进行析产分割。

虽然王大爷和李阿姨因为身体原因分开居住多年，但是拆迁房屋系二人婚内共同购买取得，所以该房屋的拆迁款是李阿姨与王大爷的夫妻共同财产，李阿姨有权要求分得一半。

现在李阿姨因患重病住院急需支付大额医疗费用，王大爷却称 80 万元的货币补偿款全部被他用于了日常消费。然而，王大爷在不到半年的时间内消费 80 万元显然已经超出日常生活需要，李阿姨也从他人口中得知该笔钱款是被王大爷的儿子拿去买房了，王大爷拒不归还并且明显说谎的行为，构成了法律规定的“转移、隐藏夫妻共同财产”，该行为严重损害了李阿姨的利益。李阿姨可以在双方未离婚的情况下，依法向法院起诉，要求分割他们二人的夫妻共同财产。在王大爷无法对 80 万元钱款的具体去向作合理解释时，该 80 万元应作为二人的夫妻共同财产予以分割。同时，对于该无故被转移的 80 万元，李阿姨可以要求法院对王大爷不分或者少分。

法条链接

《中华人民共和国民法典》

第 1066 条　婚姻关系存续期间，有下列情形之一的，夫妻一方可以向人民法院请求分割共同财产：

（一）一方有隐藏、转移、变卖、毁损、挥霍夫妻共同财产或者伪造夫妻共同债务等严重损害夫妻共同财产利益的行为；

（二）一方负有法定扶养义务的人患重大疾病需要医治，另一方不同意支付相关医疗费用。

十一、夫妻一方未经另一方同意擅自出售共有房屋，另一方是否可以要求买方返还？

王大爷与李阿姨已结婚 20 年有余，婚内二人全款购置了一套房屋，登记的权利人为王大爷一人，共有情况载明为单独所有。

后王大爷因为创业，公司资金周转不开，而李阿姨原本就不同意其创业，所以王大爷便未与妻子商量，直接通过房产中介将前述房屋以市场价卖给了第三人曹某，曹某付清了全部购房款后，王大爷便配合将房屋过户登记至曹某名下。李阿姨事后才知晓王大爷将房屋出售的事实，并且她认为该房屋是学区房，将来会有很大的升值空间，不同意王大爷的出售行为。李阿姨认为，该房屋是她与王大爷的夫妻共同财产，王大爷未经过她同意就将房屋出售，房屋买卖合同应当无效，曹某应当将房子返还给她。

法律问题

夫妻一方未经另一方同意擅自出售共有房屋，另一方是否有权要求买方返还房屋？

律师说法

首先，房屋虽然登记在王大爷一人名下，但系王大爷和李阿姨二人婚内全款购买，所以房屋毫无疑问是二人的夫妻共同财产。王大爷未经李阿姨的同意，擅自出售与李阿姨共有的房屋显然侵犯了李阿姨的合法权益。

其次，曹某作为房屋购买方不存在过错，应当受到保护。

本案中，房屋的所有权人登记为王大爷且注明系王大爷单独所有，因此，曹某有理由相信王大爷出售房屋系有权处分，后曹某以市场价与王大爷达成买卖合意，并支付了合理的对价，王大爷也依法将房屋过户登记至曹某名下，曹某系善意购买人合法取得房屋所有权。为了维护交易安全，曹某作为善意购买人，其合法利益应予保护。所以，李阿姨要求曹某返还房屋的请求不会得到法院支持。

法条链接

《最高人民法院关于适用〈中华人民共和国民法典〉婚姻家庭编的解释（一）》

第28条　一方未经另一方同意出售夫妻共同所有的房屋，第三人善意购买、支付合理对价并已办理不动产登记，另一方主张追回该房屋的，人民法院不予支持。

夫妻一方擅自处分共同所有的房屋造成另一方损失，离婚时另一方请求赔偿损失的，人民法院应予支持。

十二、夫妻之间赠与房产反悔了，能撤销吗？

王大爷与李阿姨系再婚夫妻，为了向李阿姨表达爱意，王大爷决定把自己婚前所有的一套房产赠与李阿姨，可在签了《赠与合同》之后的第三天，两人便发生了矛盾，王大爷便说："《赠与合同》作废了，我现在不同意把房子赠与你了，我也不配合办理过户。"李阿姨就不乐意了，白纸黑字都签了，哪能反悔？李阿姨想到法院起诉要求王大爷继续履行赠与合同，并协助她办理房屋过户。

法律问题

夫妻一方在赠与房产未办理过户前撤销赠与，另一方是否有权要求该方继续履行赠与合同，并协助办理房产过户？

律师说法

王大爷与李阿姨签订的《赠与合同》是二人的真实意思表示，合法有效。但王大爷赠与李阿姨的不是一般的物品，而是房产。根据我国法律的相关规定，房产作为不动产，必须要经过登记机关办理变更登记后才能发生物权效力的转移。所以说，房产的赠与完成并不是以合同是否签约完成作为判断标准的，而是要以是否在房产交易中心等相关权力部门完成房屋权利人变更登记作为依据。

同时，除经过公证或者依法不得撤销的具有救灾、扶贫、助残等公益、道德义务性质的赠与合同外，赠与行为在赠与完成之前是可以随时撤销的。本案中因为房屋并没有变更登记到李阿姨个人名下,所以赠与行为没有完成。此时,作为赠与人一方的王大爷当然可以撤销自己的赠与。但假如本案中的王大爷赠与李阿姨的不是一套房屋,而是一套家传珠宝首饰,在表达相赠意思的同时也亲手将首饰交给了李阿姨,这就与房产的赠与截然不同了。因为珠宝首饰的赠与在王大爷将其交到李阿姨手中、李阿姨表态接受并收下的同时,已经完成。之后如果王大爷再要求撤回赠与,将不会获得法律的支持。

律师也在此提醒大家,一方赠与另一方财产时,如赠与的是不动产或需要办理登记过户的特殊动产,应及时办理过户,必要时也可对赠与合同进行公证。

法条链接

《最高人民法院关于适用〈中华人民共和国民法典〉婚姻家庭编的解释(一)》

第32条 婚前或者婚姻关系存续期间,当事人约定将一方所有的房产赠与另一方或者共有,赠与方在赠与房产变更登记之前撤销赠与,另一方请求判令继续履行的,人民法院可以按照民法典第六百五十八条的规定处理。

《中华人民共和国民法典》

第658条 赠与人在赠与财产的权利转移之前可以撤销赠与。

经过公证的赠与合同或者依法不得撤销的具有救灾、扶贫、助残等公益、道德义务性质的赠与合同,不适用前款规定。

十三、丈夫赠与“小三”的钱款，妻子能要回来吗？

王大爷与李阿姨结婚30余载，子女均已成家立业，二人的感情也算和睦。

最近，李阿姨却发现王大爷的行为有些异常。王大爷经常找借口外出，在微信上与一位名叫张小妹的女子聊天暧昧，并向其进行了多笔大额转账，其中不乏金额为“1314”“520”等具有特殊含义的款项。在李阿姨的追问之下，王大爷才向李阿姨坦白了一切。原来在2019年王大爷因业务往来与张小妹结识，后来二人逐渐发展为不正当男女关系。其间，王大爷为向张小妹表明心意，经常给张小妹发红包、转账，数年累计下来，转账金额已达50余万元。

得知真相的李阿姨愤怒不已，一气之下将张小妹及王大爷起诉至法院，要求张小妹返还全部款项。

法律问题

夫妻一方擅自将夫妻共同财产赠与“小三”的行为是否有效？

律师说法

首先，张小妹在明知王大爷有配偶的情况下，仍与王大爷以恋人关系持续交往，并接受王大爷的多次转账，其二人的行为违背了公序良俗，损害了社会公德。

其次，王大爷擅自赠与婚外异性的财产，都源于婚内的收入所得，属于其和李阿姨二人的夫妻共同财产。现在王大爷擅自将夫妻共同财产大量赠与外人，侵害了作为妻子的李阿姨的合法财产权利。

夫妻之间当然可以各自名义对夫妻共同财产进行处分，但该处分仅限于日常生活需要，如果数额明显过大、超出日常生活需要，则需要双方之间事先进行沟通、协商。本案中，王大爷转账给张小妹的几十万元，明显超出了日常生活需要的限度，且该行为不仅侵害了李阿姨的财产权利，也违反了夫妻之间的忠诚义务，伤害了李阿姨作为配偶的情感。因此，王大爷的这一赠与行为是无效行为，李阿姨有权要求张小妹予以返还全部财产。

法条链接

《中华人民共和国民法典》

第 311 条　无处分权人将不动产或者动产转让给受让人的，所有权人有权追回；除法律另有规定外，符合下列情形的，受让人取得该不动产或者动产的所有权：

（一）受让人受让该不动产或者动产时是善意；

（二）以合理的价格转让；

（三）转让的不动产或者动产依照法律规定应当登记的已经登记，不需要登记的已经交付给受让人。

受让人依据前款规定取得不动产或者动产的所有权的，原所有权人有权向无处分权人请求损害赔偿。

当事人善意取得其他物权的，参照适用前两款规定。

第 1062 条第 2 款　夫妻对共同财产，有平等的处理权。

十四、丈夫婚内向妻子借款，离婚时用还吗？

王大爷与李阿姨原系夫妻关系，双方于2019年经法院判决离婚。2015年1月6日，王大爷因为公司对外投资失败，急需一笔资金周转，向自己的妻子李阿姨借钱并给李阿姨出具借条一份，载明：今借李某3000万元人民币。2015年1月7日，李阿姨向王大爷转账3000万元。

双方离婚后，李阿姨多次向王大爷追要借款。王大爷却称该笔借款用于偿还了李阿姨投资的某公司的债务，并没有用于王大爷自己的个人经营或个人事务，所以这笔钱款无须再进行偿还，但王大爷又拿不出他将这3000万元用于偿还某公司债务的证据。李阿姨多次与王大爷协商无果，打算向法院起诉。

法律问题

夫妻之间订立的借款协议是否有效，作为出借人的夫妻一方是否有权要求另一方清偿借款？

律师说法

夫妻之间如发生借款行为，应采取书面形式，出具借条或订立借款协议。出借方主张还款的，须提交借款协议或借条、款项交付凭证等证明借款事实的存在。

对于借款方是否应偿还借款，应结合借款性质（借款资金源于个人财产还是夫妻共同财产）、借款用途（借款是用于夫妻共同生活、经营还是个人事务等）、订立借款时的真实意思表示等综合予以考量。

如借款资金源于个人财产，应当按照自然人之间的借款合同处理。如借款资金源于夫妻共同财产，根据《最高人民法院关于适用〈中华人民共和国民法典〉婚姻家庭编的解释（一）》第 82 条的规定，夫妻之间订立借款协议，以夫妻共同财产出借给一方从事个人经营活动或者用于其他个人事务，应视为双方约定处分夫妻共同财产的行为，离婚时可以按照借款协议的约定处理。本案中即应按此规定对李阿姨与王大爷之间的借款行为进行认定。王大爷虽主张没有将借款用于个人经营或其他个人事务，但并没有提供充足证据证明，因此，王大爷应偿还全部借款。如有证据证明借款性质为夫妻共同财产，且借款用途是用于家庭共同生活而非个人事务，法院可能会认定该借款协议不具备履行的基础，双方的借贷关系不能得到认定。

律师建议，夫妻二人在婚内签订借款协议时，应注意在协议中写明借款资金来源、借款用途、借款金额、利息及期限等，并留存相关证据，以便在因履行借款协议发生纠纷时维护自己的权益。

法条链接

《最高人民法院关于适用〈中华人民共和国民法典〉婚姻家庭编的解释（一）》

第 82 条　夫妻之间订立借款协议，以夫妻共同财产出借给一方从事个人经营活动或者用于其他个人事务的，应视为双方约定处分夫妻共同财产的行为，离婚时可以按照借款协议的约定处理。

十五、丈夫从事经营活动产生的债务，是夫妻共同债务吗？

周大爷与洪阿姨夫妻二人共同经营一家外贸公司，二人为该公司的股东及高管。

因公司经营出现困难，周大爷便找到他的好朋友张大叔借了 100 万元，并在借条上写明了借款用于偿还房贷、公司经营以及家庭开支等用途。周大爷在收到款后，将这些款项用于上述用途，且有银行流水为证。到了约定的还款期限，周大爷没有按时还钱。

张大叔便找到周大爷和洪阿姨，要求他们共同偿还这 100 万元的借款及利息。洪阿姨一听就不乐意了，她认为这笔钱是周大爷自己借的，她既没在借条上签字，也没收到过张大爷给自己的转账，对此根本不知情。因此，这笔借款跟她没有关系，不是他们的夫妻共同债务。

法律问题

婚内一方以个人名义向他人借款，是否属于夫妻共同债务？

律师说法

什么是夫妻共同债务？

第一，夫妻双方共同在借条或相关书面文件上签名的债务，是夫妻共同债务。

第二,前述借条等文件中,虽然只有夫妻一方签名,但事后另一方也认可该笔债务的,是夫妻共同债务。

第三,虽然没有签名和事后追认,但是一方的借款主要是用于家庭日常生活所需,比如用来归还夫妻共有房屋的贷款、用于孩子读书支出或者父母疾病治疗等,此时,即使另一方不知情,且没有共同签名或者事后追认,仍然视为夫妻共同债务。

第四,债权人可以提供证据证明夫妻一方的借款是用于夫妻共同生活、夫妻共同生产经营或者夫妻双方共同意思表示,即使没有上面三种情形,该债务仍然视为夫妻共同债务。比如,夫妻一方的借款虽然不是用于家庭日常生活,但是双方一起用该笔款项在外投资创业,或者说借款时双方都在场,双方均表明希望借款,但是最后只有一方签名,债权人提供了该现场的录音、录像、视频。此时,债权人仍然可以向夫妻一方或双方主张债务的偿还义务。

本案中周大爷的行为属于上述所列四种情形的第三种和第四种的合并情形,虽然洪阿姨表示自己不知情,当时也没有签名,事后也不承认借款行为,但是事实上,周大爷的借款用于偿还房贷、公司经营以及家庭开支等用途,洪阿姨作为周大爷的配偶,虽没有直接参与该借款行为,但事实上也是获益方。

对于何为"共同生产经营",最为常见的夫妻共同生产经营形式即为双方共同经营公司、合伙企业等各类经济组织。对于该种形式的生产经营,一般着重考察夫妻双方是否在相关的企业中担任高管职务,或者是否为企业的股东、实际出资人、实际控制人等。如果夫妻中的非举债方并未担任相关职务或参与经营,但非举债方通过举债方的债务享受到了其基于夫妻关系而带来的利益,也有可能会被认定为夫妻共同债务,比如借款后购置房产、车辆等情形。本案中,周大爷的借款100万元系用于周大爷与洪阿姨的夫妻共同生活(偿还房贷、家庭开支等)、共同生产经营(二人为股东及高管的公司),故该借款为二人的夫妻共同债务,张大叔作为债权人有权要求二人共同偿还该笔借款。

法条链接

《中华人民共和国民法典》

第1064条 夫妻双方共同签名或者夫妻一方事后追认等共同意思表示所负的债务，以及夫妻一方在婚姻关系存续期间以个人名义为家庭日常生活需要所负的债务，属于夫妻共同债务。

夫妻一方在婚姻关系存续期间以个人名义超出家庭日常生活需要所负的债务，不属于夫妻共同债务；但是，债权人能够证明该债务用于夫妻共同生活、共同生产经营或者基于夫妻双方共同意思表示的除外。

十六、夫妻一方赌博产生的债务，是否属于夫妻共同债务？

刘大爷和乔阿姨结婚多年，前两年二人均正式退休，唯一的孩子也在异地工作，两人突然从原先的忙碌转为清闲，感到很不适应。尤其是刘大爷，本来性格就内向，退休后也不愿意去公园闲逛或者跟别的老大爷一起闲聊打牌，所以只能在家上网玩游戏。

刘大爷偶然发现有个赌球的游戏不错，刘大爷年轻时候就爱玩球，于是就点击进去玩了几局。刚开始手气不错，赢了不少钱，刘大爷越玩越上瘾，赌注也越来越大，突然有一天发现已经输掉了十几万元。

乔阿姨在接到讨债公司的电话后才知道此事，为此与刘大爷大吵一架，并且要与刘大爷离婚。刘大爷同意离婚，但是离婚的前提是乔阿姨必须帮忙把自己的赌债还上，不然讨债公司总是威胁恐吓自己，往后的日子将不得安宁。乔阿姨不肯还债，刘大爷因此也拒绝离婚。

法律问题

一方对外欠下的赌债，属于夫妻共同债务吗？

律师说法

首先,赌债是不受法律保护的债务形式。根据我国相关法律规定,赌博是被明令禁止的违法行为,所以基于赌博产生的债务也是非法债务。

其次,乔阿姨没有义务替刘大爷归还债务。刘大爷的赌债完全是其个人行为所致,该债务不仅从源头上就存在违法性和不正当性,而且与乔阿姨没有任何关联。该债务既不是为了夫妻共同生活对外举债,也不是在乔阿姨同意和认可的前提下进行,即使不去追究该赌债的合法性,该债务也是刘大爷以个人名义对外所欠,且刘大爷已经输掉的钱里有数万元是夫妻共同存款,乔阿姨作为配偶一方已经深受其害。

前述情况不仅多次出现在老年人群体中,更是普遍存在于年轻人群中。这里笔者要提醒各位读者朋友,首先,要提高自己的警惕性,远离该类存在赌博性质的游戏,即使不小心参与了,也要及时止损,尽快停止参与和沉溺其中;其次,如果已经上当,且受到威胁,如恐吓电话、骚扰电话,或者其他危及人身安全的方式,要及时向当地公安机关报警,寻求合法的支持与保护,以避免本人或家人的人身安全受到不法侵害。

法条链接

《最高人民法院关于适用〈中华人民共和国民法典〉婚姻家庭编的解释(一)》

第34条第2款 夫妻一方在从事赌博、吸毒等违法犯罪活动中所负债务,第三人主张该债务为夫妻共同债务的,人民法院不予支持。

十七、离婚时生活困难一方能要求另一方给予经济帮助吗？

王大爷与李阿姨系再婚夫妻，王大爷在再婚前育有一子，李阿姨无子女。婚后二人居住在王大爷婚前购买的房屋内。

后因双方性格严重不和，经常发生激烈争吵，导致李阿姨患上了精神分裂症，且多次住院治疗。自李阿姨患病后，双方的全部收入来源为王大爷的退休工资。现王大爷提出离婚，李阿姨同意离婚，但因她没有固定收入来源、离婚后也没有固定住所居住，要求王大爷支付给她经济帮助费5万元。

法律问题

离婚时，生活困难一方是否有权要求另一方给予经济帮助？

律师说法

离婚时，如果一方生活困难，有负担能力的另一方应当给予适当的经济帮助。对于“生活困难”的具体认定，一般法院考量的是离婚后能否维持当地的一般生活水平，比如，一方缺乏或丧失劳动能力、患病、没有住处。本案中，李阿姨身患疾病，没有固定收入来源，亦没有子女赡养，且在离婚后没有固定住所，显然难以维持当地的一般生活水平。因此，李阿姨符合前述“生活困难”的情形，可以要求王大爷给予其适当的经济帮助，双方可以就具体的帮助办法进行协商，协商不成，可以由法院依法判决。

法条链接

《中华人民共和国民法典》

第1090条 离婚时，如果一方生活困难，有负担能力的另一方应当给予适当帮助。具体办法由双方协议；协议不成的，由人民法院判决。

十八、"抱团养老"下的黄昏恋如何规避财产纠纷？[①]

王老伯与李阿姨均单身，在一次朋友聚会时相识，之后交往日益密切。李阿姨老伴5年前因病去世，留下母子二人相依为命。儿子张小哥现已成年，在相邻城市居住生活。

两个命运相似的老人，渐渐走到了一起，随着交往深入，两人萌发了抱团养老、相伴余生的想法。李阿姨提议两人合资购买房屋用于以后共同居住，王老伯遂从多年积累的存款中取出50万元交给李阿姨用于买房，李阿姨出具了收条，并备注：共同买房，共同拥有，用于共同养老居住。

但几年过去了，王老伯一直没能住进李阿姨许诺的房子里。其间，两人一直在李阿姨现在的房子里共同生活，虽有磕磕绊绊，生活还算和谐。王老伯也曾追问过李阿姨房子的事，李阿姨一直以没有合适的房子为由推诿，甚至说准备在儿子居住的城市买，便于以后儿子照顾双方。这期间，李阿姨真的在儿子张小哥居住的城市花150余万元购买了房屋，但跟王老伯商量，这套房子先给儿子结婚用，过几年年纪大了再过去住，王老伯不疑有他，欣然同意。

后来一个偶然的机会，王老伯得知这套房子登记在张小哥名下，产权证上没有他的名字，王老伯又气又急，这可是他半辈子的积蓄呀！追问之下，李阿姨承认将王老伯的钱用于购买了儿子的住房，但也坦诚告知目前没有钱还王老伯了，要过就继续一起过，要不过钱也没有。王老伯感觉受到了欺骗，一气之下，

① 根据吉林省吉林市昌邑区人民法院（2022）吉0202民初1795号民事判决书改编。

将李阿姨告上了法庭，要求李阿姨返还50万元购房款并支付相应利息。

法院经过审理，判决李阿姨返还王老伯50万元，并支付相应利息。至此，李阿姨和王老伯“抱团养老”的黄昏恋因财产纠葛黯然收场。

法律问题

“抱团养老”下的黄昏恋如何规避财产纠纷？

律师说法

人口老龄化已成为全球普遍现象，但中国的人口老龄化规模更大、程度更深、速度更快，随之而来的养老问题也日趋严重。

由于公共养老资源不足，已经步入需要养老行列的老年朋友们也在根据各自的情况安排和选择适合自己的养老方式。本案中的李阿姨和王老伯的“抱团养老”选择在现阶段有一定的普遍性，但基于双方子女、财产等原因，奉献了一辈子的老年朋友到了暮年往往并不能完全根据自己的意愿来安排自己的养老生活，通常会基于各自的现实考虑，其中较多的仍然是源自儿女层面的因素。所以，很多老年朋友即便情投意合或出于老来做伴的考虑一起生活，也会选择不登记结婚，而仅是同居。

在这种选择下，双方如果发生共同投资等行为，因没有约定或约定不够明确，极易产生争议，若处理不好，则不仅伤财还伤情，本案中的李阿姨和王老伯就是这种情况。如果双方选择登记结婚，有了结婚证的加持和约束，双方作出行为的出发点就会更加慎重，目的也是双方长久的未来，会更加有利于保持双方关系的稳定性和长期性。

所以建议老年朋友“抱团养老”尽量选择登记结婚，即便不登记，也最好事先签订一份“抱团养老协议”，对相伴余生的规则进行事先规划和约定，有规则反而不容易产生争议。

法条链接

《中华人民共和国民法典》

第465条　依法成立的合同，受法律保护。

依法成立的合同，仅对当事人具有法律约束力，但是法律另有规定的除外。

第509条第1、2款　当事人应当按照约定全面履行自己的义务。

当事人应当遵循诚信原则，根据合同的性质、目的和交易习惯履行通知、协助、保密等义务。

十九、黄昏恋背景下的口头财产约定有效吗？[①]

2013年，朱大爷和卢大妈经人介绍相识，相似的经历让两人在一起有说不完的话，迅速进入"热恋"状态。二人渐渐萌生了白头相守的念头。在家人的支持下，两人按照当地的习俗没有去民政局办理结婚登记，而只是举办了一个简单的仪式之后就生活在了一起，两人之间口头约定，日常生活支出共同负担。

几年之后，随着年纪增长，两人也开始考虑身后的事情。多年的陪伴让两人有了"生同寝，死同穴"的想法，两人打算去买块双人墓地，百年之后葬在一起。经人介绍，两人来到一家公墓公司看墓地，共同看好了一处价值15万元的墓地。两人看好的双人墓地最终以卢大妈名义签了合同，朱大爷以现金的形式将一半费用给到卢大妈，并由卢大妈的银行卡转账付了款。

3年后，朱大爷突然身患疾病，手术后并没有完全恢复，需要有人全程看护照顾，因卢大妈年事已高，照料不了，朱大爷遂由儿子朱一接回家中照料，半年后离世。

朱一在办理完父亲的丧事后，准备按照朱大爷的遗愿将其葬入生前与卢大妈共同购买的墓地中，没想到却遭到了卢大妈的拒绝，卢大妈声称该墓地是由自己单独购买并出资的。无奈之下，朱一一纸诉状将卢大妈告上了法庭，诉请将朱大爷葬入与卢大妈共同购买的墓地里。因朱一未能举证证明其父亲朱大爷共同出资的事实，法院经过审理，判决驳回了朱一的诉讼请求。

---

① 根据重庆市巴南区人民法院(2020)渝0113民初17221号民事判决书改编。

法律问题

黄昏恋背景下的口头财产约定有效吗?

律师说法

按照法律规定,民事主体之间的口头协议受法律保护,只要不违背相关禁止性规定,也是有效的。

但我们一般不建议当事人采取口头形式制定契约,而是要采取书面形式,主要是出于对协议履行过程中风险问题的考虑。实践当中,违反或否认口头协议的案例很多,一旦协议一方不遵守约定,不诚信履约,对守约方而言就会很被动,举证会很难。这个案例中的朱大爷和卢大妈口头约定共同出资买墓地的事就是这种情况。

所以,建议老年朋友在恋爱过程中,如果有财产处分,尽量用书面形式约定,有条件的可以请律师起草,从而更好地规避后续风险。

法条链接

《中华人民共和国民法典》

第469条第1款　当事人订立合同,可以采用书面形式、口头形式或者其他形式。

《中华人民共和国民事诉讼法》

第67条第1款　当事人对自己提出的主张,有责任提供证据。

二十、黄昏恋期间的财物往来是赠与还是借贷?

离异多年的蒋大叔经人介绍认识了丧偶单身的周阿姨,经过一段时间的相处,两人感觉不错,就开始正式交往。其间,两人经常一起外出游玩,蒋大叔是个颇有生活情趣的人,经常会通过微信转账等形式给周阿姨发红包,用于日常开销或庆祝一些小节日。同样,投桃报李,周阿姨也会给蒋大叔购买衣物等礼物。

交往半年后,两人商量着正式登记结婚。可惜,此时双方子女介入,打乱了两人的计划,也把双方的家庭搞得鸡飞狗跳。再好的感情也经不起折腾,在双方子女的阻挠下,蒋大叔和周阿姨的婚事就不了了之。

更为糟糕的是,蒋大叔的女儿听说了父亲和周阿姨恋爱期间给周阿姨发过不少红包转账,就逼着蒋大叔将前述红包转账索要回来,甚至为此闹上了法庭,主张蒋大叔转给周阿姨的钱是借款,周阿姨拒不返还,将构成不当得利。

最终法院经过审理,认定这些款项符合恋爱期间日常消费支出,并未超出日常消费水平,为双方恋爱期间的赠与,不构成借贷,也不构成不当得利。

法律问题

恋爱期间的财物往来是赠与还是借贷?

律师说法

本案的争议焦点是蒋大叔和周阿姨在恋爱期间的转账到底是赠与关系还是借贷关系。

赠与是指赠与人将自己的财产无偿给予受赠人的一种民事法律行为。恋爱期间的财物赠与，往往是基于恋爱关系的存在而实施赠与的行为。借贷关系则不同，必须包含明确的借贷意思表示和相应的款项支付和流转行为。

蒋大叔和周阿姨之间存在特殊的身份关系。蒋大叔依据转账凭证主张双方是借贷关系，周阿姨辩称转款是基于双方特殊个人关系产生的其他法律关系。按照“谁主张，谁举证”原则，蒋大叔应当对双方之间存在借贷合意承担举证责任。但是，蒋大叔没有举证他们之间存在借款的合意，既没有约定借款金额，也没有约定借款利息、借款期限等事项。因此，对蒋大叔的要求，法院没有支持。

不当得利，是指得利人没有法律根据取得不当利益，受损失的人可以请求受益人返还取得的利益。本案中，周阿姨收到款项是基于她与蒋大叔之间男女朋友关系产生的相互赠与，而且双方转账的款项均是小额款项，未超过日常消费支出，不属于不当得利。

还请大家注意，对于双方在恋爱期间赠与对方的大额财物，在司法实践中，通常会综合考虑双方相处时间长短、双方恋爱关系的状态及阶段、导致恋爱关系终止的原因以及双方的经济往来情况等多种因素，判断赠与方的赠与目的，从而认定是否属于附条件的赠与。如果能够被认定为附条件的赠与，则可以婚姻关系未能缔结、赠与目的无法实现为由，主张受赠方返还相应部分的财产。

法条链接

《中华人民共和国民法典》

第122条　因他人没有法律根据，取得不当利益，受损失的人有权请求其返还不当利益。

第158条　民事法律行为可以附条件，但是根据其性质不得附条件的除外。附生效条件的民事法律行为，自条件成就时生效。附解除条件的民事法律行为，自条件成就时失效。

第657条 赠与合同是赠与人将自己的财产无偿给予受赠人，受赠人表示接受赠与的合同。

第667条 借款合同是借款人向贷款人借款，到期返还借款并支付利息的合同。

专题小结

老年人的婚姻自由受法律保护，任何人都不得加以干涉，即使亲生子女也无权干涉和指责。中国社会科学院此前进行的一项调查结果被广泛引用，"80%的丧偶老人有再婚愿望，其中进行婚姻登记的不足一成"。近年来，父母干涉子女婚姻自由现象逐步减少，反而是许多子女在父母再婚时横加阻拦，甚至有的子女还以拒绝履行对父母的赡养义务为要挟阻止父母再婚。

为什么子女会反对老年人再婚呢？究其原因主要有以下几方面：(1)财产问题。由于再婚老年人名下普遍拥有房产、存款等大额财产，双方亦有各自的子女，更容易因财产问题发生纠纷，此种纠纷既包括双方离婚时的财产分割纠纷，也包括双方或一方去世后可能引发的继承纠纷，子女会担心自己父母辛苦积攒的财产被再婚配偶继承或取得。(2)赡养压力。子女会考虑除赡养自己父母外，还需要赡养父母的再婚配偶，增加经济负担。(3)情感认同的缺乏。老年人希望再婚后有感情陪伴，减少孤独感。但子女与父母之间的亲情关系已经在子女心中烙下深深的印记，这是任何人都无法替代的，对家庭中突然出现一位陌生人来代替父亲或母亲的位置，势必会产生排斥。

子女对老年人再婚引发财产纠纷的担心也有一定道理，老年人因离婚引发的财产纠纷亦较为普遍。因此，在本章我们以老年人婚姻中常见的财产纠纷为例，帮助老年人了解并区分夫妻个人财产与夫妻共同财产、个人债务与夫妻共同债务，提升老年人的法律风险意识。

有些老年人可能会认为，既然再婚风险那么大，那么选择非婚同居是不是就可以避免这些风险呢？事实上，这种非婚同居因双方未登记结婚，不享有夫妻的互相扶养、继承等权利，也不承担相应的义务，缺乏法律上的保障，一旦“散伙”更易产生经济纠纷。

因此，我们建议老年人再婚前应该积极与子女做有效沟通，如果决定再婚，可考虑通过签订婚姻财产协议对双方名下婚前财产、夫妻共同财产的归属作出约定，通过公证或者律师见证等方式，与子女就分家析产、赡养等问题上达成有效的、可行的协议；可以通过立遗嘱等方式解决自己百年之后的继承问题。如果老年人不结婚只同居亦应对相应财产的归属作出书面约定。只有这样才能在保证婚姻自由的同时，减少财产争议，安度晚年。

长者无忧

老年权益保护法律指南

专题四　父母子女间的财产关系

杨秋琴　国浩律师（青岛）事务所合伙人
赵祥霞　国浩律师（青岛）事务所律师
孟玉涵　国浩律师（青岛）事务所律师

一、父母借钱给子女购房，子女主张是赠与怎么办？

小刘和小梁相识于校园，二人都在北京的大学读书，都不是北京本地人。毕业后，两人共同选择留在北京闯荡。考虑到双方的积蓄有限，二人决定先结婚再继续奋斗。

2018 年，婚后的两人终于有了可以购买保障房的机会，鉴于手头资金仍然不足，在小梁知情的情况下，由小刘单独向母亲刘阿姨出具了欠条，借款购买房屋并对房屋进行装修，先后共计借款 32 万元。

房子有了，感情却散了。2022 年 10 月，小刘和小梁因感情不和开始分居。2022 年，小梁起诉至法院要求离婚。小刘向母亲刘阿姨诉苦时，刘阿姨突然意识到当时借给小夫妻的 32 万元至今还没还，要是婚离了，小梁更不可能会还钱了！因此，在两人的离婚案件审理期间，刘阿姨拿着欠条将小刘和小梁共同诉至法院，要求共同归还借款 32 万元。刘阿姨的主张能得到法院的支持吗？

法律问题

父母为子女出资购房的款项是赠与还是借款？

律师说法

父母为子女出资购房的款项性质，一直以来便存在较大争议。生活中，碍于情面或者受传统习俗的影响，父母一般不会和子女签订借款协议，导致在子女婚变时引发了巨大的纠纷。对于父母出资的这部分款项的性质，目前的司法实践中主要持有两种观点，即一种认为是借款，另一种认为属于赠与。两种观点各有其道理和依据，所以实践中也要依据实际情况来作出判断。比如，如果父母一方在给予款项时明确表明是借款，并且要求子女夫妻双方均在借条上签名确认，那么在发生纠纷时，依据钱款给予时的真实意思表示，应该认定为借款为宜；如果父母一方在转账时明确表示是赠与，不用归还，只是在子女一方与配偶发生矛盾时，才主张当时的钱款是借贷，但又没有其他相应的证据作为佐证，此时一般应认定为赠与为宜。当然，如果钱款主要源于夫妻一方的父母，即使不作为借贷处理，子女离婚对房产进行分割时，也要考虑到一方父母的出资及对房屋的贡献大小。

本案中，法院经过审理认为，在现实生活中，基于彼此间密切的人身财产关系，父母的借贷往往没有借条，父母的赠与也往往没有明确的表示。父母子女间的亲缘关系决定了父母出资为赠与的可能性高于借贷。从中国现实国情来看，子女缺乏经济能力，无力独自负担买房费用，父母基于对子女的亲情，往往自愿出资为子女购置房屋。绝大多数父母出资的目的是要解决或改善子女的居住条件，希望让子女生活得更加幸福，而不是日后要回这笔出资。这也更符合父母出资时的真实意思表示①。如果父母有关借贷的举证不充分，则应认定该出资为赠与行为。刘阿姨在向小刘转款时未对款项性质作出约定，故刘阿姨仅持有小刘单方出具的借条，不能证明其与小刘、小梁夫妻之间形成借贷合意，不足以证明涉案款项系借贷，故该款项性质应为赠与。

随着离婚率的逐年攀高，很多父母会担心在帮助子女支付房款后，因为子女婚姻的解体，自己大半生的积蓄付之东流，所以很多父母在支付房款的当时

---

① 参见上海市第一中级人民法院：《父母为已婚子女购房，出资款性质如何认定？丨实务纪要》，载澎湃新闻客户端2022年10月6日，https://m.thepaper.cn/baijiahao_20222709。

可能也确实有借款的意思表示。但是受传统文化和伦理价值观念的影响，碍于情面又不会把借款手续办理得十分完整，这就导致虽然有借贷的意思表示，但是又缺乏充分的证据支持，再加上父母、子女的特殊关系，这种时候被认定为赠与的概率就非常大。

因此，笔者要借此案例提醒各位老年读者朋友，如果您也有这方面的顾虑，那么在出资为子女购房时，尤其涉及大额款项转账时，为避免日后产生争议，父母最好与子女及时签订书面的借款合同，由借款的夫妻双方在借款合同中共同签字确认，并在转账时备注上款项性质及用途。

法条链接

《最高人民法院关于审理民间借贷案件适用法律若干问题的规定》

第16条　原告仅依据金融机构的转账凭证提起民间借贷诉讼，被告抗辩转账系偿还双方之前借款或者其他债务的，被告应当对其主张提供证据证明。被告提供相应证据证明其主张后，原告仍应就借贷关系的成立承担举证责任。

《最高人民法院关于适用〈中华人民共和国民法典〉婚姻家庭编的解释（一）》

第29条第2款　当事人结婚后，父母为双方购置房屋出资的，依照约定处理；没有约定或者约定不明确的，按照民法典第一千零六十二条第一款第四项规定的原则处理。

二、老人将房屋过户到儿子名下，房屋实际归谁所有？

王大爷与妻子婚后共同购买了一处坐落于 A 区的房产，登记在夫妻双方名下。后二人协议离婚，双方约定该房屋归王大爷所有，并将房屋过户登记至王大爷个人名下。

A 区小学一直是所有家长望子成龙、望女成凤的地方，家长们都希望在 A 区落户，好让自己的孩子能在 A 区小学读书，住在 B 区的王大爷儿子小王也是这样的家长之一。孙子幼儿园毕业后，儿子小王就和王大爷商量着把 A 区房屋暂时过户到小王名下，让孙子能顺利到 A 区小学念书，但是房屋产权实际归王大爷所有。

为避免今后因该学区房产权发生纠纷，双方签订了《协议书》，约定：为了使孙子能在 A 区小学读书，小王请求王大爷将 A 区房屋过户给小王，等孙子报上名后，小王承诺再将此房过户给王大爷。

《协议书》签订后，王大爷以“买卖”的形式将房屋过户给了小王，但小王并未支付对价，且房子仍然一如往常，还是由王大爷一人居住，日常的水电煤以及物业管理费等，均由王大爷缴纳。孙子入学后，父子俩并没有立即把房产证上的名字换回来，王大爷想着反正房子也是自己在实际居住使用，也并没有在意。

后来，每次王大爷提起房屋更名的事情，小王都会找借口推脱。转眼间，孙子已经三年级了。本来王大爷并不想把父子关系闹得太僵，但其不经意间得知小王在外欠下了不少钱，现在这房子可是在小王名下，万一有朝一日房子被小王的债主起诉查封，自己将来还有养老的地方吗？王大爷越想越觉得不对，于是一纸诉状将小王诉至法院，要求确认房屋所有权归自己所有，小王协助自己办理过户登记手续。

法律问题

当房屋实际所有人与登记权利人不一致时，如何认定房屋所有权人？

律师说法

在这个案例中，从以下三个方面可以分析得出房屋的实际权利人是王大爷，小王只是代为持有：

1. 王大爷是 A 区房屋的实际出资人；

2. 根据王大爷和小王签订的《协议书》，同时结合房屋过户时间、小王儿子入学时间及入学政策来看，王大爷将房屋所有权变更登记至小王名下，其真正目的是解决孙子的上学问题，是出于借用房子的目的，而非真的将房屋赠与小王，且小王亦未支付任何对价，所以双方之间不构成房屋买卖关系；

3. 在房屋过户到小王名下之后，王大爷仍然对案涉房屋进行居住、管理并支付相关水费、电费、电视费、煤气费。

因此，王大爷是该套房屋的实际权利人。目前小王儿子已完成入学报名，《协议书》约定的过户条件已经成就，王大爷要求确认房屋归其所有并由小王协助过户的主张依法应予支持。

在现实生活中，像王大爷这样会与子女签协议明确代持关系的例子屈指可数，由此在子女婚变或子女发生债务纠纷时往往处于被动的地位，明明是自己的房子，却只能眼睁睁地看着它落入他人之手。假设本案中没有《协议书》的存在，结果很有可能就是王大爷的房子会被小王的债权人拍卖，王大爷一生的积蓄都将付之东流。所以，如果只是将资产交由子女或孙子女代为持有，则一定不能嫌麻烦，一份代持协议就可以规避大多数风险。

法条链接

《中华人民共和国民法典》

第 143 条　具备下列条件的民事法律行为有效：

（一）行为人具有相应的民事行为能力；

（二）意思表示真实；

（三）不违反法律、行政法规的强制性规定，不违背公序良俗。

第 217 条　不动产权属证书是权利人享有该不动产物权的证明。不动产权属证书记载的事项，应当与不动产登记簿一致；记载不一致的，除有证据证明不动产登记簿确有错误外，以不动产登记簿为准。

三、购买房屋时登记在未成年子女名下，是赠与还是代持？

赵大爷和周阿姨夫妻俩于1996年登记结婚，1997年生育一子赵小乐。婚后，夫妻二人购买了两套房屋，分别登记在赵大爷和周阿姨名下。2007年，赵大爷和周阿姨买了第三套房子，为了避税，便以当时只有10岁的儿子赵小乐的名义与开发商签订房屋买卖合同，房屋登记在赵小乐名下，但购房款由夫妻二人全额缴纳。

后赵大爷与周阿姨感情破裂，2017年，周阿姨起诉离婚。在诉讼过程中，周阿姨要求分割儿子赵小乐名下房屋，但赵大爷认为房子是给儿子买的，不同意分割。法院认为房屋登记在赵小乐名下，如果分割房屋有可能涉及除赵大爷和周阿姨以外的其他人的权益，故不宜在离婚诉讼中对该房屋进行分割，双方可另案解决。

离婚判决生效后，周阿姨便又以赵大爷为被告，已经成年的赵小乐作为第三人诉至法院要求分割房屋。赵大爷和儿子赵小乐均认为房子是赠与赵小乐的，但周阿姨却认为，这套房屋购买于其与赵大爷婚姻关系存续期间，应属夫妻共同财产，购房目的是养老，购房时因自己和赵大爷名下有其他房屋，所以为了避税才登记在当时尚未成年的儿子名下，并没有将该房屋赠与儿子赵小乐的意思表示，且目前该套房屋由自己居住使用。现在既然自己与赵大爷离婚，就应该对所有的夫妻共同财产进行分割，当然应该包括登记在儿子赵小乐名下的这套房屋。

法律问题

购买房屋时登记在未成年子女名下，是赠与还是代持？

律师说法

婚姻关系存续期间，夫妻双方以共同财产购买房屋并将房屋登记至未成年子女的名下，一般来说有两种情况：一是赠与子女作为其个人财产；二是为了规避限购政策，或为了规避税费，本意并非赠与子女。但往往由于没有留下书面的证据，一旦婚变，夫妻双方与子女就房屋的权属问题便会产生纠纷，形成案例中的局面。

对于夫妻双方将房屋登记在未成年子女名下的情形，司法实践中主要有以下三种观点：

第一种观点认为，根据《民法典》第 217 条的规定，不动产权属证书是权利人享有该不动产物权的证明。如果夫妻将购买的房屋登记在未成年子女名下，那就意味着将购买的房屋赠与未成年人，离婚时应作为未成年人的财产处理，夫妻双方无权予以分割。

第二种观点认为，不能仅仅按照产权登记的情况将房屋一概认定为未成年人的财产，还应审查夫妻双方的真实意思表示。在双方均无充分证据的情形下，法院通常会基于没有明确赠与的意思表示，且未成年子女没有经济能力为由，认定房屋实际归夫妻双方所有。

第三种观点认为，房屋属于家庭共有财产，归夫妻双方及未成年子女共同所有。

本案中，法院经审理后认为，虽然依据法律规定，不动产权属证书是权利人享有该不动产物权的证明，但实际生活中，夫妻双方共同出资购买房屋后，可能基于各种因素的考虑而将房屋的产权登记在未成年子女名下，但这样并不意味着该房屋的真实产权人即为未成年子女，而应审查夫妻双方在购买房屋时的真实意思表示。具体到本案中赵小乐名下的这套房屋，并无任何证据显示诉讼双方有将该案涉房产赠与赵小乐的共同意思表示，且周阿姨在离婚诉讼程序中也要求将案涉房产按夫妻共同财产进行分割，而赵小乐亦未提供充足证据证明二人存在赠与案涉房产的共同意思表示。故从案涉房产的出资情况及二人的陈述等来分析，诉讼双方自始至终并未形成将该房产赠与赵小乐的合意，本案房产的真正权利人并非赵小乐，而应该是赵大爷与周阿姨。换言之，登记在赵小乐名下的这套房屋是夫妻双方的共同财产，现在周阿姨要求在离婚时对属于自己的财产进行分割应当得到法律的支持和保护。

因此，我们认为，对于房产登记在子女（尤其是未成年子女）名下的情形，不能仅仅按照产权登记的情况将房屋一概认定为未成年人的财产，还应审查夫妻双方的真实意思表示。在双方均无充分证据的情形下，法院通常会以没有明确赠与的意思表示，且未成年子女没有经济能力为由，认定房屋实际归夫妻双方所有，案例中的法院所持有的便是该种观点。当然，为了避免不必要的纠纷，当父母在购买房屋并意图将其登记在未成年子女名下时，应慎重考虑、谨慎决定。

法条链接

《中华人民共和国民法典》

第 143 条　具备下列条件的民事法律行为有效：

（一）行为人具有相应的民事行为能力；

（二）意思表示真实；

（三）不违反法律、行政法规的强制性规定，不违背公序良俗。

第 217 条　不动产权属证书是权利人享有该不动产物权的证明。不动产权属证书记载的事项，应当与不动产登记簿一致；记载不一致的，除有证据证明不动产登记簿确有错误外，以不动产登记簿为准。

四、房屋赠与人未完成变更登记便去世，受赠人能否要求继承人履行赠与合同？

齐大爷和肖阿姨在婚姻关系存续期间共同出资购买了两套房屋，一人名下登记了一套。二人离婚时，约定各自名下的房屋归各自所有。因当时两个孩子还未成年，故同时约定女儿小美由肖阿姨抚养，儿子小刚由齐大爷抚养。

2018 年，齐大爷办理了赠与公证，将自己名下的这套房产赠与儿子小刚。不过自从赠与公证办完之后，齐大爷就觉得，儿子小刚对自己大不如从前，远远没有尽到赡养义务，所以迟迟没有去办理过户。齐大爷认为，只要自己不去办理过户，房子就依然还是自己的，等将来看儿子的表现再说。

然而一年后齐大爷突然得疾病去世，没来得及留下任何遗嘱。小美和哥哥小刚商量就齐大爷名下的房产去办理继承过户，小刚提出自己早就和父亲签订了赠与合同，并且还进行了公证，房子应当过户到自己一人名下。小美感觉很奇怪，自己从未听父亲提起过此事，并且就算齐大爷前两年确实把房子赠与了小刚，但这么长时间没去办理过户，显然是根本不想履行赠与义务了。况且之前和父亲通话时，也听父亲多次提起了小刚不孝顺的事情，这就更加说明齐大爷并不想将房子留给小刚，原来的赠与公证应该无效。

双方各执一词，究竟这套房子该归谁所有呢？

法律问题

老人将房屋赠与他人后没有办理登记过户便去世，受赠人能否要求继承人继续履行赠与合同？

律师说法

在分析受赠人能否要求继承人继续履行赠与合同时，首先需要判断赠与合同的效力。齐大爷和小刚签订的赠与合同是在意识清晰情况下的真实意思表示，且办理了赠与公证，根据《民法典》的规定，赠与合同合法有效。

齐大爷为什么会认为只要没办理过户，房子就依然归自己所有？那是因为根据《民法典》第 658 条第 1 款的规定："赠与人在赠与财产的权利转移之前可以撤销赠与。"也就是说，齐大爷认为在房子过户给小刚之前，自己是可以随时反悔，撤销赠与的。但是，齐大爷只看到了这条法律的前半段，忽视了后半段，那就是"经过公证的赠与合同或者依法不得撤销的具有救灾、扶贫、助残等公益、道德义务性质的赠与合同，不适用前款规定"。假如齐大爷和小刚之间签订的是普通的赠与合同，那么齐大爷的想法没什么问题，这是齐大爷享有的"任意撤销权"。但齐大爷和小刚签订的赠与合同经过了公证，根据法律规定，便不能随意撤销了。

但是，也并不是说只要赠与合同经过公证，就一定不能撤销。根据《民法典》第 663 条的规定，受赠人对赠与人有扶养义务而不履行的，赠与人可以撤销赠与。案例中的小刚作为儿子如果没有履行对齐大爷的赡养义务，是符合撤销情形的，故即便齐大爷和小刚之间签订的赠与合同经过公证，齐大爷依然有权要求撤销合同。但撤销权的行使需要以诉讼的方式进行，齐大爷在世期间并没有起诉要求撤销赠与合同。

现在齐大爷去世后，小美作为他的法定继承人，能否代为行使呢？根据《民法典》第 664 条的规定，赠与人的继承人只能在一种情况下撤销赠与，即"因受赠人的违法行为致使赠与人死亡或者丧失民事行为能力"。由此可知，只有当小刚的违法行为致使齐大爷死亡或者丧失民事行为能力时，小美才可以撤销赠与,本案显然不符合该种情形,小美无权撤销赠与,受赠人小刚有权要求继续履行合同。

法条链接

《中华人民共和国民法典》

第658条 赠与人在赠与财产的权利转移之前可以撤销赠与。

经过公证的赠与合同或者依法不得撤销的具有救灾、扶贫、助残等公益、道德义务性质的赠与合同,不适用前款规定。

第663条 受赠人有下列情形之一的,赠与人可以撤销赠与:

(一)严重侵害赠与人或者赠与人近亲属的合法权益;

(二)对赠与人有扶养义务而不履行;

(三)不履行赠与合同约定的义务。

赠与人的撤销权,自知道或者应当知道撤销事由之日起一年内行使。

第664条第1款 因受赠人的违法行为致使赠与人死亡或者丧失民事行为能力的,赠与人的继承人或者法定代理人可以撤销赠与。

五、老人将钱款交由子女保管，子女主张是赠与怎么办？

丽丽的公婆（王大爷、刘阿姨）常年在外地做生意，老公小王也经常在外地出差，因此家中两个正在上学的孩子均由丽丽一人在老家照顾。但小王是个非常体贴的丈夫，工作期间的收入除了生活费外，其余均转给丽丽用于家庭支出。

王大爷和刘阿姨的经营收入都通过刘阿姨的微信收款，但两人担心微信账户不安全，同时又不会操作银行账户，于是商量着把银行卡放在丽丽处保管，由刘阿姨把经营收入通过微信转账给丽丽，再由丽丽存到刘阿姨的银行卡里。同时，刘阿姨担心孙子的日常开销不够，允许丽丽为了家庭日常生活需要支取部分款项。

2020 年，刘阿姨将经营收入通过微信陆续转账给丽丽，合计 34 万元，并叮嘱丽丽把微信收到的钱都存到刘阿姨的银行卡里。

年底时，忙活了一整年的王大爷和刘阿姨回到老家，刘阿姨要了银行卡后到银行一查，谁知卡里竟然只有 5 万元！丽丽却很自然地解释道，自己为孩子补课花费 5 万元，购买保险花费 9 万元，但其他的钱却都不知所终。

刘阿姨认为，自己当时只是委托丽丽保管钱款，之所以说可以为了家庭日常消费支出部分款项，那是担心丽丽带着两个孩子过得不好。现在 29 万元却不翼而飞，5 万元的补课费明显不合常理，并且买保险也不是必需的支出。刘阿姨一问小王，得知小王这一年间给丽丽转了 40 多万元，根本不需要再用刘阿姨的钱来维持家庭生活需要。于是一纸诉状将丽丽诉至法院，要求丽丽返还

29万元。丽丽在庭审上辩称这些钱并不是交给自己保管，而是直接赠与自己的，而且其中的大部分款项都用在孩子身上。

法律问题

老人将钱款交由子女保管，子女主张是赠与怎么办？

律师说法

日常生活中，经常能见到夫妻一方将存款交由另一方保管的情形。随着网络科技的发展，老人将钱款交由子女保管的案例也越来越多。或是为了理财，或是由于自己不会操作，便像案例中的王大爷、刘阿姨一样，把银行卡交给了儿媳代为保管。但由于双方没有签订书面的《保管合同》，所以并没有直接的证据表明刘阿姨通过微信转账的性质是保管还是赠与。

审理本案的法院认为，丽丽并没有提供证据证明自己的主张，且转账金额较大，远超过当地消费支出水平，因此对丽丽的辩解理由不予支持。王大爷、刘阿姨作为丽丽的公婆，将自己的银行卡委托丽丽进行保管，但同时将银行卡密码告知丽丽并允许其为了家庭生活需要可支取款项，因此，本案中既存在委托合同关系也包含赠与的内容。整体来说，丽丽作为儿媳对案涉款项可以因为生活需要或子女教育需要进行合理支取，但不能毫无节制，更不能私藏和隐匿。在此种情况下，各方所提供的证据均不足以证明家庭实际支出，考虑到丽丽无工资收入且需抚养教育未成年子女，同时也考虑到王大爷、刘阿姨年事已高，未来需留有部分存款作为必要的生活保障，结合小王在2020年至2021年也曾将部分收入汇给丽丽作为家庭支出，故最终判决丽丽向王大爷、刘阿姨返还20万元。

为防止子女长期霸占钱款拒不返还，或擅自挪用钱款，或将“保管”辩称为“赠与”，老人在将钱款交由子女保管时，最好与子女签订书面的《保管合同》，或通过其他形式留下“保管”的证据，不要让养老钱装进别人的口袋。

法条链接

《中华人民共和国民法典》

第888条第1款　保管合同是保管人保管寄存人交付的保管物，并返还该物的合同。

第897条　保管期内，因保管人保管不善造成保管物毁损、灭失的，保管人应当承担赔偿责任。但是，无偿保管人证明自己没有故意或者重大过失的，不承担赔偿责任。

六、老人将房屋过户给子女，名为买卖实为赠与有哪些风险？

王大爷育有一儿一女，儿子小王和女儿秀秀。小王在自己成家之后就一直定居国外，从不和王大爷联系，王大爷的日常起居都由秀秀照顾。

随着年纪增长，王大爷感到越发力不从心，想着立下一份遗嘱，将自己的老房子留给秀秀，也是对秀秀多年孝心的补偿。但王大爷一方面有些忌讳遗嘱，另一方面又担心将来儿子小王因为遗嘱的事情和秀秀起了冲突，这是他不愿意看到的。思前想后，王大爷最终决定在世时就将房屋赠与秀秀，这样就不会有那么多担忧了。

同时，王大爷又从老朋友那里听说，用买卖的方式办理过户手续，比用赠与的方式，能少交很多税费。于是，王大爷和秀秀来到房产局，在工作人员的协助下，以买卖的方式办理了房屋过户手续。

法律问题

1. 假如房屋过户后，秀秀离婚了，其配偶能否要求分割这套房子？

2. 假如房屋过户后，王大爷去世了，小王能否要求秀秀向其支付一半的房屋价款？

律师说法

首先，律师需要提醒大家，对于房屋过户的方式——赠与、买卖、继承，究竟哪种更节省税费，需要结合每个地方的政策及房屋的市场价格具体问题具体分析，并不是所有情况下都是买卖的方式更加省税。

父母采取买卖的方式将房屋过户给子女，在生活中非常常见。这种做法可能确实是节省了一笔税费，但与此同时带来的风险，也一直潜伏着。

对于上述第一个问题，假如秀秀后来离婚了，秀秀的老公能否以这套房子是夫妻共同财产，从而要求分割呢？根据法律规定，夫妻一方婚后购买的房产，属于夫妻共同财产，除非有证据证明是使用自己婚前财产所购买。如果秀秀和王大爷主张双方确实存在买卖关系，则房屋属于秀秀及其配偶的夫妻共同财产，相应地，二人也因此负有向王大爷支付合理对价的义务；如果王大爷和秀秀披露这套房屋“名为买卖实为赠与”，那么根据法律规定，夫妻在婚姻关系存续期间受赠的财产，也属于夫妻共同财产，除非王大爷曾在赠与房屋时明确表明房屋仅赠与秀秀一人，与其配偶无关。

对于上述第二个问题，因秀秀是通过买卖的方式取得房屋，现有证据无法证明王大爷和秀秀之间存在赠与的合意，则秀秀极有可能因此被法院认为负有向王大爷支付房屋价款的义务，王大爷对秀秀享有债权。王大爷去世后，小王作为王大爷的法定继承人，有权对王大爷的合法债权进行继承并要求债务人秀秀偿还。鉴于秀秀也是继承人之一，故小王有权要求秀秀支付一半房屋价款。

从上述案例可以看出，父母以买卖的方式将房屋过户给子女，仍然可能无法规避相应的风险，甚至可能因此而导致更多的纠纷。因此，律师建议，如果一定要通过买卖的方式过户房产，则双方应当另行签订一份协议表明其真实意思表示为赠与。如果仅赠与给子女一方，不赠与给其配偶，则应当一并在协议中写清楚。

法条链接

《中华人民共和国民法典》

第1062条 夫妻在婚姻关系存续期间所得的下列财产,为夫妻的共同财产,归夫妻共同所有:

(一)工资、奖金、劳务报酬;

(二)生产、经营、投资的收益;

(三)知识产权的收益;

(四)继承或者受赠的财产,但是本法第一千零六十三条第三项规定的除外;

(五)其他应当归共同所有的财产。

夫妻对共同财产,有平等的处理权。

第1122条 遗产是自然人死亡时遗留的个人合法财产。

依照法律规定或者根据其性质不得继承的遗产,不得继承。

七、老人为孙子全款买房，网签备案后还能撤销赠与吗？

自从有了孙子之后，吴大爷心里是乐开了花，就在最近，吴大爷拿出自己攒了大半辈子的积蓄，准备买套房写在孙子乐乐名下。因为乐乐还未成年，所以由吴大爷的儿子小吴和儿媳小爽在购房合同上签字，并办理了网签备案登记手续，房款由吴大爷一人支付。

可这房买了之后，吴大爷越发觉得小吴两口子不对劲儿，每次叫他们上家里吃饭，总是只有儿子小吴带着孙子一块儿过去，儿媳小爽从来没有出现过，有时候连孙子也看不见，这究竟是怎么回事？

一顿盘问之下，小吴终于说出实情。原来，小吴和小爽已经离婚好几个月了，乐乐由小爽抚养，双方约定每周探望一次，所以没法每次来家吃饭都带着孩子。

这一听可把吴大爷给气得不轻，离婚这么大的事情，居然瞒了自己这么久！如果早知道二人已经离婚，并且乐乐还由儿媳抚养，自己当初怎么可能会买房子给孙子！虽然已经网签备案了，但还没有办理最终的房产证，吴大爷找到开发商要求办理房屋更名，但却被告知只有乐乐同意才能办理，而乐乐因为是未成年人，所以需要其母亲小爽的配合，而小爽已经明确拒绝了，吴大爷还有其他办法来挽回自己的损失吗？

法律问题

赠与房屋在网签备案后，办理房屋产权证前，赠与人可以撤销赠与吗？王大爷该如何行使撤销权呢？

律师说法

1. 吴大爷是否可以撤销对孙子的赠与？

根据法律规定，赠与人在赠与财产的权利转移之前可以撤销赠与，但经过公证的赠与合同或者具有救灾、扶贫、助残等公益、道德义务性质的赠与除外。其中“赠与财产的权利转移”，如果赠与财产是房产的话，则以不动产登记过户的时间为准。虽然王大爷买给孙子乐乐的房子办理了网签备案，但商品房网签备案不具有物权变动的效力，房屋的权利尚未发生转移，吴大爷有权行使任意撤销权。

从另一个角度来看，吴大爷之所以买房赠与孙子，也是希望儿子和儿媳家庭和睦，现在二人背着自己离婚，孙子的抚养权也给到了儿媳，如果房子继续放在孙子名下，孙子成年之前如需对房屋进行处分，还需要经过监护人之一的前儿媳小爽的同意，而小爽已经跟儿子小吴离婚，两人的共同立场也会发生变化，届时势必会产生纠葛，影响房屋权利的处分。基于此，吴大爷的赠与目的已经无法实现，所以吴大爷要求撤销赠与具有法律依据。

2. 吴大爷该如何行使撤销权来维护自己的权利？

首先，吴大爷可以与儿子小吴和前儿媳小爽进行协商，在各方达成一致的前提下，前往开发商处进行更名备案。

其次，在协商不成的情形下，吴大爷可以通过诉讼的方式行使撤销权，将孙子乐乐及开发商列为被告，要求撤销赠与，并协助办理注销网签备案手续。而因为乐乐尚系未成年人，小吴和小爽作为乐乐的父母，可以法定代理人的身份参与到诉讼中来。

法条链接

《中华人民共和国民法典》

第658条　赠与人在赠与财产的权利转移之前可以撤销赠与。

经过公证的赠与合同或者依法不得撤销的具有救灾、扶贫、助残等公益、道德义务性质的赠与合同，不适用前款规定。

八、子女用父母名义购买的房改房，房屋所有权属于父母还是子女？

小明和妻子萌萌结婚之后，一直同小明的父亲毛大爷三人居住在毛大爷单位分的一套公租房里。后来国家进行房改，可以低于市场价将公租房买下来。毛大爷手头积蓄不多，小明和萌萌一合计，反正将来房子也是二人一直居住，不如两人就直接全款出资买下来。于是小明和萌萌用夫妻共同财产，借用毛大爷的名义，购买了这套房改房。但由于政策的限制，房屋只能登记在毛大爷的名下。

房屋落户后没两年时间，小明和萌萌因感情破裂欲离婚，萌萌要求分割登记在公公毛大爷名下的房改房。但小明和父亲毛大爷都认为房子既然登记在毛大爷名下，那就是毛大爷的，萌萌无权分割。

法律问题

子女用父母名义出资购买的房改房，房屋所有权属于父母还是子女？

律师说法

1. 什么是房改房？

房改房是国家以优惠的价格将公房的产权部分或全部出售给职工，属于职工享受的一种福利待遇。依照福利政策所购买的房改房，往往与职工的职务、级别、工作年限等挂钩,购买价格远远低于房屋的市场价值。以成本价或标准价购房的资格,每个家庭只能享受一次。

2. 登记在父母名下的房改房,离婚时如何进行分割?

婚姻关系存续期间,双方用夫妻共同财产出资购买以一方父母名义参加房改的房屋,因房屋原本属于一方父母承租的公房,如果认定为夫妻共同财产,显然会损害一方父母的财产权益,与国家有关房改政策精神也不相符。①

根据《最高人民法院关于适用〈中华人民共和国民法典〉婚姻家庭编的解释(一)》第 79 条的规定,萌萌是无权要求分割房子的,房屋的产权依法属于毛大爷所有,至于萌萌和小明在婚内为购买这套房子所支出的费用,则属于萌萌和小明出借给毛大爷的借款,应当由毛大爷进行偿还。这样,既保护了房屋权利人的利益,也兼顾了出资一方的合法利益。

法条链接

《最高人民法院关于适用〈中华人民共和国民法典〉婚姻家庭编的解释(一)》

第 79 条　婚姻关系存续期间,双方用夫妻共同财产出资购买以一方父母名义参加房改的房屋,登记在一方父母名下,离婚时另一方主张按照夫妻共同财产对该房屋进行分割的,人民法院不予支持。购买该房屋时的出资,可以作为债权处理。

① 参见杜万华、程新文、吴晓芳:《〈关于适用婚姻法若干问题的解释(三)〉的理解与适用》,载《人民司法》2011 年第 17 期。

九、子女出资购房产权登记在父母名下，子女是否享有所有权？

宋大爷和老伴常年在乡下居住，而两人的独生子小宋为了更好地发展，则在外地城市安家，有时候好几年才能回一次乡下看望父母。因为不能陪伴在父母左右，小宋一直觉得十分内疚，所以提过好几次要把宋大爷夫妇接到城里一起住。但夫妻俩在乡下住习惯了，而且不想麻烦儿子，所以一次又一次婉拒了。

宋大爷的老伴去世后，年事已高的宋大爷已经没法独自一人在乡下生活了，小宋觉得，这次一定得把父亲接到自己身边照顾，于是和妻子玉玲商量。玉玲是个通情达理且孝顺的人，二话不说就同意了。但玉玲担心和老人一起住会引发矛盾，所以想了个对策，就是夫妻二人出些钱，再加上宋大爷自己的存款，给宋大爷在同小区里买个面积小点儿的房子，也算是这么多年没有陪在宋大爷身边的一份补偿。于是，宋大爷出资 50 万元，小宋和玉玲夫妻俩出资 30 万元，房屋购买后登记在宋大爷名下，由宋大爷一人居住。

没曾想到房子买了后没几年，房价水涨船高，宋大爷的房子从原先的 80 万元升值到了 150 万元，但小宋和玉玲却因夫妻感情破裂打算离婚。在协议离婚时，玉玲认为宋大爷房子的购房款里有自己和小宋当初共同出资的 30 万元，现在房子涨价了，当初的 30 万元如今对应的房屋价值已经是 56 万多元了，所以小宋和宋大爷应该将 56 万元中的一半分给自己，否则就不同意离婚。而宋大爷和小宋都认为，房子的所有权从一开始就是宋大爷一人的，当初夫妻俩出的 30 万元只是为了尽赡养义务，并不是借给宋大爷的，更不应享有对应的房屋份额。

三方争执不断，始终难以达成一致意见，最终诉至法院。

法律问题

子女为父母购房出资，房屋登记在父母名下，子女是否享有房屋所有权份额？

律师说法

生活中，父母为子女出资购房的案例有很多，而子女为父母购房出资的情形也不在少数。不动产权属证书是权利人享有不动产物权的证明，登记为父母的，原则上应视为父母的房产。子女的出资，基于父母与子女的特殊身份关系，且成年子女对父母的赡养义务，除非有明确证据证明是借款，否则一般会认定为对父母的赠与。

所以，如果子女只是想借用父母的名义购买房屋，或者基于其他因素的考虑不得不将房屋登记在父母名下，建议子女一方与父母就此事形成较为明确的意思表示，如签订代持协议、录音或者以信息方式固定意思表示等，否则将来发生纠纷，举证上存在极大的难度，真正的意思表示没有办法得到证明，个人的合法权益未必能得到最大的维护和支持。

本案中，宋大爷购买房屋时，儿子小宋和妻子玉玲共同转账给王大爷的30万元，在法律上存在三种可能的认定，分别是借款、赠与和出资。

如果玉玲主张是借款，那么就要提供借条或者当时各方都有借款的意思表示的证据，如若不能，一般不会被认定为借款，而且如果主张借款，一般也只能要求归还本金，即本案中玉玲要求分割的是30万元的一半，即15万元。但是我们看到，玉玲主张分割的金额是28万元，明显将房屋的增值考虑到其中了，由此可见，玉玲主张该30万元的性质不是借款，而是出资，只有出资的情况下才可以要求分割出资及其对应增值。

从小宋和父亲宋大爷的角度来看，肯定会主张是赠与，如果赠与成立的话，宋大爷则不需要向玉玲进行任何支付。当然,无论是做哪一种主张,从法院审理的角度来看,都要看到相应的证据,而不是凭口头陈述就作出认定,根据“谁主张,谁举证”的原则,作出主张的一方要对自己的主张负有证明责任,如果提供的证据不足,便需要承担相应的不利后果。

因此,无论目的是赠与,还是出资,抑或借贷,在进行相关行为时最好能对当时的真实意思表示进行固定,以免一方或双方事后反悔,带来不利法律后果。

十、子女大额转账给父母，会被子女配偶追回吗？

周全和妻子娜娜因为收入高，所以一直过着小资生活。作为周大爷和刘阿姨的独生子，周全对二老很是孝顺，小到柴米油盐，大到买首饰买车负责医疗开销，两人的生活费用全由周全一人支付。刘阿姨生日时，周全花5万元买了个玉镯子送给刘阿姨，后来为了改善父母的居住环境，又花了十几万元对两人居住的房子装修了一番。

后来周全和娜娜因为感情破裂打起了离婚官司，没想到这个官司把周大爷和刘阿姨也牵扯了进去。娜娜声称周全婚内多次未经其同意给周大爷和刘阿姨二人大额转账，其中买镯子的钱、装修的钱，还有过节费等均被丽丽扣上了“转移夫妻共同财产”的帽子，要求分割这些财产。周大爷和刘阿姨非常疑惑，这些钱都是儿子周全自己挣来的，给他们是为了孝敬老人，怎么就成了转移夫妻共同财产呢？

法律问题

子女婚内向父母大额转账，会被子女配偶追回吗？

律师说法

根据法律规定，夫妻对共同财产，有平等的处理权。如果一方婚内超出家庭日常生活需要大额转账且未经过另一方同意，可能会被认定为“转移”夫妻共同财产。但并非所有的大额转账都会被认定为转移财产，而是需要结合转账的时间、金额、性质、频率，以及个人生活水平的高低等因素来共同确定。对于娜娜提出的主张，周全应当举证合理说明财产的去向是给父母买首饰及装修房屋，系为了尽赡养义务，法院则会结合周全的个人消费水平，是否经常给父母大额转账，以及娜娜之前是否知情等因素进行综合认定。

因此，子女如确需向父母大额转账，且该大额转账是用于赡养老人、支付医疗费用、购买礼物等，需要做到以下两点：

第一，最好能让配偶知情。比如通过子女配偶的账户进行转账，或通过短信、微信等方式证明配偶对此知晓且同意。

第二，明确所转账钱款的性质。如果确实想要赠与父母较大数额的金钱，最好父母和子女之间对于钱款的性质进行明确，比如父母生日，子女转账用于购买名贵礼物；或者子女为父母改善住房，大额转账用于父母购房；等等。这些既可以通过书面的协议或者微信、短信沟通的书面方式呈现出来，也可以转账的同时予以备注确认。

法条链接

《中华人民共和国民法典》

第 1066 条 婚姻关系存续期间，有下列情形之一的，夫妻一方可以向人民法院请求分割共同财产：

（一）一方有隐藏、转移、变卖、毁损、挥霍夫妻共同财产或者伪造夫妻共同债务等严重损害夫妻共同财产利益的行为；

（二）一方负有法定扶养义务的人患重大疾病需要医治，另一方不同意支付相关医疗费用。

专题小结

金钱和感情的关系是微妙的,我们常说别用金钱来衡量感情,但感情却常因为金钱的关系变得或生疏或亲密,或冷淡或热情,无论是友情、爱情,还是亲情。

因读书、结婚、买房、创业、理财等各类原因,老年人和子女,还有孙子女、外孙子女之间往往会存在频繁的经济往来。但碍于情面,双方通常不会就经济往来的性质留下书面的证据。这些财产的转移方式究竟是买卖?是赠与?是借款?还是代持?当父母婚变、子女婚变,或因继承、拆迁、赡养等导致父母与子女、子女配偶之间发生矛盾,或因债权人的加入导致原属于自己的财产面临拍卖风险时,如何认定上述财产的权利归属成为司法实践的难点。

本章从父母向子女的财产流动及子女向父母的财产流动两个方向,通过案例探讨父母与子女产生财产争议的情形,分析老年人与子女之间可能存在的财产风险,对老年人财产保护、家庭财产区分等提出相关建议。

在父母向子女的财产流动里,笔者向大家介绍了父母为子女出资买房、父母房屋由子女代为持有、父母赠与子女房产但以买卖的方式办理过户、父母将财产交由子女保管等相关的案例,其中最容易产生争议的当属父母为子女购房出资。当前的高房价给很多家庭带来了巨大的购房压力,对于初入社会、积蓄不多的年轻人,购置一套房屋往往需要举全家之力。父母也都是有能力的掏全款,能力不足的也尽量帮忙付首付或者装修款。其中不乏有些父母为了解决子女的婚姻问题,甚至对外借钱来给孩子买房,本身却没有还款能力,期望着孩子将来挣钱把借款还上。但是在中国的家庭,如果父母和子女之间转账往来都要签协议的话,会显得过于生分,所以无论这个钱实际上是赠与孩子,还是借给孩子,一般都不会留下书面的证据。而正是由于没有留下书面的证据,才导致后来种种矛盾的不断发生。鉴于目前法院对于没有证据证明的情况下,父母转账的性质属于借款还是赠与尚无定论,建议老年人在向子女转账时,尽量运用好“转账留言”,备注上转账的性质及用途,防止不必要的争议。

俗话说,你养我长大,我陪你变老。除父母向子女的财产流动外,子女向父母的财产流动,大多是和赡养相关。笔者简要梳理了三个案例,提醒大家在接收财产时,也要注意防范风险。

总而言之,无论是父母向子女的财产流动,还是子女向父母的财产流动,都要谨慎对待财产往来,注意留存书面证据,别让金钱伤害了亲情。

专题五　遗嘱与继承

胡冬云　国浩律师（上海）事务所合伙人

一、由别人替自己代持的财产是否可以写进遗嘱？

张大爷和王阿姨都已经将近耄耋之年，膝下只有一个女儿张小花，已经工作成家。张大爷和王阿姨商量后，打算写一份遗嘱，对夫妻俩名下的财产做个处理。为防止自己写的遗嘱有太多法律漏洞，导致将来百年后遗嘱效力存在问题，女儿张小花的继承权得不到保障，两人考虑了很久，决定去向律师咨询下到底怎么写才能有效。这一天，二人来到朋友推荐的一家非常知名的大律所，说明了自己的要求，律所在该领域非常资深的郭律师和郝律师接待了二位老人。在与律师的沟通中，张大爷提到了早年有一笔对外的投资，因为不方便直接放在自己名下，所以就委托了自己的老战友龙大爷代持，现在公司经营效益很好，每年都有分红、收益，这些龙大爷都分文未取，全部给到了自己，张大爷为了感谢龙大爷，每到节假日都会带着礼物去看望龙大爷。二人因为是老战友关系，互相十分信任，也没有签过任何代持协议，就是口头上的约定。这种情况下，张大爷能不能直接在遗嘱中处分这部分股权呢？

法律问题

自己的财产让别人代持，可以在遗嘱中直接处分这部分财产吗？

律师说法

遗产是自然人去世时候遗留下来的全部个人合法财产。财产所有人可以在生前立遗嘱对这些财产进行处分。但是有一个根本的前提,立遗嘱人处分的财产必须是自己合法享有的。换句话来说,立遗嘱人只能处分自己的财产,处分别人的财产是无效的。

具体到张大爷写在遗嘱里的这部分股权,虽然张大爷和代持人龙大爷都认可,但是二人之间并没有任何书面的代持协议,而且年代久远,张大爷当年的出资也是以现金形式给到龙大爷的,除了张大爷和龙大爷之间的口头约定,根本没有任何证据足以证明龙大爷名下的股权是替张大爷代持的。当然,从张大爷的角度来说,他认为这是自己的财产,可以在遗嘱中进行处理。但是一旦张大爷去世,女儿张小花拿着这份遗嘱执行起来就很麻烦了。首先,股权不在张大爷名下,张小花要先找到龙大爷,如果龙大爷完全承认,公司其他股东也同意,那么张小花可以继承股权成为公司股东。如果龙大爷不承认,或者龙大爷也已经去世,他的子女完全不清楚龙大爷与张大爷之间的代持关系,而认为龙大爷名下的股权就是龙大爷本人的遗产,这时候张小花想重新拿回这部分股权,就需要向法院提起确权诉讼,确认这一部分股权是其父亲的遗产。如果法院判定这部分股权是张大爷所有,龙大爷只是代持,那么张小花也可以继承。但是依据目前的情况来看,张小花手里除了这份遗嘱,没有其他任何可以证明代持关系存在的证据,所以只要龙大爷不认可,张小花基本没有任何胜算的可能。

所以借着这个案例,律师要提醒广大读者,如果确有必要需要他人代持资产,则一定要签署代持协议,并且留好相应的出资证明以及其他相关证据,否则会留下纠纷隐患。

二、抚恤金、死亡赔偿金属于遗产吗？

张小花车祸去世，因为是在出差过程中，所以后期领了一笔抚恤金和死亡赔偿金，金额合计约有 30 万元。因为张小花是意外去世的，生前也没有想到立遗嘱，所以其现在的继承人有丈夫赵勤奋、父亲张大爷和母亲王阿姨，以及女儿赵朵朵。如果这笔抚恤金属于遗产，那么就是四个人按照份额均等继承；如果不属于遗产，这笔款项的性质是什么？又该怎么进行处理分割呢？

法律问题

抚恤金、死亡赔偿金属于遗产吗？如果不属于，要怎么分割处理？

律师说法

要判断抚恤金是不是属于遗产，首先就要明确遗产的范围是什么。根据我们国家法律的规定，遗产是指被继承人死亡时遗留的个人合法财产。抚恤金和死亡赔偿金显然不是被继承人遗留下来的财产，是因为被继承人的死亡，相关机构给予死者亲属的一种物质上的补偿和精神上的慰藉。当然，这里的亲属范围有所限定，不是所有的亲属，而是指直系亲属，一般包括父母、子女、配偶等。所以学术界和司法界普遍的观点是认为死亡赔偿金和抚恤金是不属于遗产范畴的。

既然不属于遗产，这笔款项又要怎么处理呢？对此普遍的做法是，虽然不是遗产，是一种补偿性质的给付，但是现实中可以参照遗产分割的方式进行处理。比如在本案中,这30万元,也可以参照遗产的分割方式由各继承人取得,即由张小花的四个法定继承人均等进行分割。

法条链接

《中华人民共和国民法典》

第1122条第1款 遗产是自然人死亡时遗留的个人合法财产。

三、被继承人生前的对外债务，继承人有义务替其偿还吗？

张小花去世一个多月之后的一天，有一位自称是张小花同事的吴女士找到张小花的老公赵勤奋，说张小花生前曾向她借过一笔钱，金额为 10 万元，还有一张手写的借条。赵勤奋一看，确实是妻子张小花的笔迹。落款时间是 2 年前的某一天。并且这位吴女士还提供了她给张小花的银行转账记录，有一笔 10 万元的银行转账，备注是“借款”。而根据张小花的银行明细，她在收到转账的当天就将这笔款项用现金取了出来。赵勤奋从来没有听妻子说起过这笔款项，赵勤奋问了张大爷和王阿姨，两人也都表示不知情。所以这 笔钱的去向也成了谜团。但不管如何，吴女士确实借给了张小花 10 万元，张小花也确实收到了这笔款项，虽然张小花人已经去世了，但是现在债主找上门了，也提供了相应的证据，家人是不是有义务替张小花将这笔债务向吴女士进行偿还呢？

法律问题

1. 张小花已经去世，其生前欠的债务还需要归还吗？
2. 如果张小花没有留下遗产，家人还需要替她偿还债务吗？

律师说法

这两个问题其实存在一定的重合和关联，张小花的家人是不是有义务替张小花还债取决于张小花留下的遗产能不能覆盖对外的债务。具体可能存在以下几种情形：

第一种情形，如果张小花留下的遗产大于债务，比如张小花留下了100万元的遗产，那么继承人自然是要先替张小花偿还掉这10万元债务，然后从遗产中扣除这10万元后，剩余的90万元遗产再在继承人之间进行分割。

第二种情形，如果张小花的遗产只有7万元，那么继承人只需要在张小花遗产的范围内进行偿还，遗产之外多出的3万元则没有义务替其偿还。

第三种情形，如果张小花没有留下任何遗产，只有对外债务10万元，那么家人也没有义务替她偿还。

当然，对于以上第二种情形和第三种情形，家人可以自愿替张小花对债务进行清偿。

根据法律的规定，分割遗产，应当清偿被继承人依法应当缴纳的税款和债务。但是，也有一种例外情形，如果继承人中有缺乏劳动能力又没有生活来源的，必须为其保留必要的遗产。假如说，张小花去世后，继承人只有父母和女儿赵朵朵，这几个人都是缺乏劳动能力又没有生活来源的人，所以这时候如果对外的债务高于遗产，那么遗产也不是全部拿去清偿债务，而是要保留适当的部分给前述继承人用于基本生活。

法条链接

《中华人民共和国民法典》

第1159条　分割遗产，应当清偿被继承人依法应当缴纳的税款和债务；但是，应当为缺乏劳动能力又没有生活来源的继承人保留必要的遗产。

四、继子女能否继承继父母的遗产？

张大爷在与王阿姨结婚之前有过一段短暂的婚姻，其间与前妻育有一子张小龙，后来因为感情不和，张小龙2岁的时候，张大爷就与前妻离婚了，孩子也一直跟随前妻生活。除了每个月按时给孩子付抚养费，张大爷与前妻基本没有任何联系，只是每年寒暑假的时候，张小龙会来到张大爷与王阿姨的家中共同住上2周左右的时间。张小龙从小就不爱学习，经常与社会上的小混混来往，成年之后更是因为参与打架斗殴进过监狱，张大爷屡次劝诫他也不听，所以张大爷对其很失望，一怒之下就不打算给其留任何遗产，以免将来他拿了财产更加肆无忌惮到处惹事。王阿姨作为张小龙的继母，虽然与其接触的时间很少，但在短暂的相处中关系还不错，张小龙对这个继母也还是比较尊重的。现在王阿姨跟张大爷的想法是一样的，张小龙这个性格和脾气确实不适合手上有太多财产，但是她又听说，张小龙是张大爷的儿子，是要继承遗产的，不仅如此，张小龙作为继子，也可以继承自己这个继母的遗产。所以王阿姨想知道法律对此究竟是怎么规定的？张大爷和自己的继承人到底都有谁？

法律问题

1. 作为继子的张小龙是否有权将来继承继母王阿姨的遗产？

2. 如果张大爷和王阿姨都立了遗嘱把财产给到女儿张小花，张小龙还有继承权吗？

律师说法

1. 作为继子的张小龙是否有权继承继母王阿姨的遗产？

根据法律的规定，继承人的范围中包含了父母、配偶、子女、兄弟姐妹、祖父母、外祖父母。其中，父母包括生父母、养父母和有扶养关系的继父母，子女包括婚生子女、非婚生子女、养子女和有扶养关系的继子女。可以看出，不同于其他形式继承人的表述，对于继父母和继子女均有所限定，即必须是“有扶养关系的”继父母或者继子女才可以互相继承对方的遗产。所以，能否继承对方遗产的关键在于是否形成了法律上的扶养关系，而怎样才算是形成扶养关系呢？

根据民法典司法解释的相关规定，通常认为要形成法律上规定的扶养关系，一般应该是从未成年时期继子女就与继父母共同生活，并且必须是长期稳定的共同生活，继父母承担了继子女的日常生活和教育费用等，如果继子女已经成年，还要对继父母尽到相应的赡养义务。

这个要求的本质就是倡导一种完全融入、与家人一样的生活环境与氛围。从公平原则来解释，继子女与继父母之间相互享有继承权，源于继父母对未成年继子女的抚养关系，以及继子女对继父母的赡养关系。如果继子女在随继父母一起生活时已经成年，且继子女在继父母需要赡养时也没有对其进行赡养，相互之间就缺乏经济供养作为纽带，没有形成扶养关系，也就不存在相互享有继承权的情况。

回到本案，张小龙只是每年寒暑假过来与王阿姨住上一两周，并没有与王阿姨长期稳定地共同生活，张小龙成年后，也未对王阿姨尽到任何的赡养义务，王阿姨生病住院都是女儿张小花全程负责照顾护理。这种情况下，张小龙与王阿姨只是名义上的继子女与继父母关系，双方之间既不存在血缘上的纽带，也没有形成任何现实中的类似于父母与子女之间的稳固连接，所以不是法律规定的可以获得继承权的形成扶养关系的继子女与继父母关系。

换言之，即使王阿姨没有立遗嘱排除张小龙，他也没有权利主张对王阿姨遗产的继承。

2. 遗嘱继承优先于法定继承。

当然，有一点需要提醒读者朋友，如果张大爷和王阿姨都已经立有了遗嘱，载明去世后财产全部留给女儿张小花，那么即使是张小龙与王阿姨形成扶养关系，也没有继承遗产的权利。因为根据我国《民法典》继承编的规定，继承的形式有两种，即法定继承和遗嘱继承。遗嘱继承就是被继承人自己生前立遗嘱，去世后按照遗嘱来进行继承。法定继承是在没有遗嘱的情形下发生的继承形式，此时因为没有遗嘱，就只能按照法定的继承顺序进行继承。由此可见，遗嘱继承要优先于法定继承。

法条链接

《中华人民共和国民法典》

第1123条 继承开始后，按照法定继承办理；有遗嘱的，按照遗嘱继承或者遗赠办理；有遗赠扶养协议的，按照协议办理。

第1127条 遗产按照下列顺序继承：

（一）第一顺序：配偶、子女、父母；

（二）第二顺序：兄弟姐妹、祖父母、外祖父母。

继承开始后，由第一顺序继承人继承，第二顺序继承人不继承；没有第一顺序继承人继承的，由第二顺序继承人继承。

本编所称子女，包括婚生子女、非婚生子女、养子女和有扶养关系的继子女。

本编所称父母，包括生父母、养父母和有扶养关系的继父母。

本编所称兄弟姐妹，包括同父母的兄弟姐妹、同父异母或者同母异父的兄弟姐妹、养兄弟姐妹、有扶养关系的继兄弟姐妹。

五、子女去世后，孙子女/外孙子女可以代替父母继承遗产吗？

赵朵朵是张小花的女儿，也是张大爷和王阿姨的外孙女，一直很受二老的喜爱。在一次出差过程中，张小花不幸车祸去世。张大爷和王阿姨悲痛万分。考虑到女婿赵勤奋工作很忙，也经常出差，怕他照顾不好外孙女赵朵朵，张大爷和王阿姨就直接将赵朵朵接过来和自己一起居住，事无巨细细心照顾。因为女儿张小花已经去世了，所以二老就想把自己的遗产将来给孙女赵朵朵来继承。在老年人权益保护讲座中，他们听到有律师说到代位继承，说是女儿去世了外孙女可以直接代替母亲继承外公外婆的遗产。张大爷和王阿姨决定找个律师咨询清楚，到底是不是遗嘱上写给女儿的遗产，将来就直接全部由外孙女赵朵朵来继承了？如果是的话，那么就不必再重新立一份遗嘱了；如果不是，二老决定再写一份遗嘱，写明财产都留给外孙女赵朵朵，这样更保险。

于是，张大爷和王阿姨再次找到了律师，说出了自己心中的疑问。

法律问题

子女去世后，孙子女/外孙子女可以继承祖父母/外祖父母的遗产吗？

律师说法

本案中的这种情况就是代位继承,是指被继承人的子女先于被继承人死亡的,可以由被继承人的子女的直系晚辈血亲代位继承。但是,代位继承是只发生在法定继承情形下的,即代位继承不适用于遗嘱继承的情形。

本案中,张大爷和王阿姨已经立下了一份"夫妻共同遗嘱",等二老全部过世之后,将遗产都留给女儿张小花,但是张小花在二老之前去世了,对此张大爷和王阿姨最简单易行的做法就是直接重新订立一份遗嘱,将所有财产留给赵朵朵。如果二人嫌麻烦不想再重新起草一份遗嘱,那么将来张大爷和王阿姨去世后,本该张小花继承的遗产并不会直接由赵朵朵来代替母亲继承,而是因为遗嘱中确定的遗嘱受益人不存在了,张大爷和王阿姨名下的全部遗产将直接转为法定继承。这个时候,可能会出现以下两种情形:

1. 如果先去世的是张大爷,那么根据遗嘱的约定,其名下的遗产全部留给王阿姨,等到王阿姨去世的时候,王阿姨只有张小花一个法定继承人,那么赵朵朵可以依法继承王阿姨留下来的全部遗产,这个是没有问题的,也符合张大爷和王阿姨的初衷。

2. 如果先去世的是王阿姨,同样,王阿姨的遗产都会留给张大爷。等张大爷去世的时候,问题就出现了,因为张大爷不只有张小花一个女儿,还有一个与前妻所生的儿子张小龙。因为遗嘱继承不成立,就要变成法定继承,张小花和张小龙都有权利继承张大爷的遗产,原则上是均等分割,即一人一半,即赵朵朵只能继承张大爷的一半遗产,另一半还是要被不务正业的儿子张小龙拿去,这就绝对不是张大爷和王阿姨希望看到的。

所以,考虑到老人的实际家庭情况,律师建议二老再重新立一份遗嘱,直接将全部遗产赠与外孙女赵朵朵,因为赵朵朵并不是法定继承人,所以这一遗嘱在性质上属于遗赠。有一点还需要赵朵朵将来注意的就是,赵朵朵作为受遗赠人需要在知道受遗赠的60日内,作出接受或放弃遗赠的表示,到期没有作出表示的,就视为不接受遗赠。

法条链接

《中华人民共和国民法典》

第1124条 继承开始后，继承人放弃继承的，应当在遗产处理前，以书面形式作出放弃继承的表示；没有表示的，视为接受继承。

受遗赠人应当在知道受遗赠后六十日内，作出接受或者放弃受遗赠的表示；到期没有表示的，视为放弃受遗赠。

第1128条 被继承人的子女先于被继承人死亡的，由被继承人的子女的直系晚辈血亲代位继承。

被继承人的兄弟姐妹先于被继承人死亡的，由被继承人的兄弟姐妹的子女代位继承。

代位继承人一般只能继承被代位继承人有权继承的遗产份额。

六、女儿去世后，女婿有权继承岳父母的遗产吗？

张小花出车祸去世后，因为女婿赵勤奋工作很忙，外孙女赵朵朵年龄尚幼，所以赵朵朵一直跟随张小花的父母张大爷和王阿姨生活。几年后因为赵朵朵要就近上学，就搬回了父亲赵勤奋的家，张大爷和王阿姨为了照顾外孙女也一起跟过来了，这样张大爷和王阿姨就长期跟女婿赵勤奋住在了一个屋檐下，这一住就是好多年。经过长时间的相处之后，张大爷和王阿姨发现赵勤奋为人相当不错，除性格比较内向外，对他们老两口十分尊重和照顾。张大爷身体不太好，有一段时间腰扭了，躺了一个多月，赵勤奋怕张大爷一直躺在床上心情苦闷，整天想着法子逗老人开心，给老人买喜欢吃的东西，有空就陪老人聊天，还找了一些民间偏方，就是为了让张大爷早日治愈。张大爷和王阿姨老两口看在眼里，记在心里，十分感动，尤其是外孙女赵朵朵已经年龄大了不需要照顾之后，赵勤奋还是不放心二老自己回去住，强烈挽留两位老人留下来一起生活。

在长期的共同生活中，张大爷和王阿姨也与女婿赵勤奋产生了深厚的感情，彼此都把对方当成自己的家人。随着年纪的增大，张大爷有时候也与王阿姨商量，想着女婿对自己这么好，是不是也可以让他继承一部分遗产呢？

法律问题

1. 丧偶女婿对岳父母有没有赡养的义务？

2. 丧偶女婿对岳父母的遗产享有继承权吗？

律师说法

1. 丧偶女婿对岳父母有没有赡养的义务？

张小花已经去世，作为女婿的赵勤奋对张小花的父母并没有法律上的赡养义务。因为赵勤奋与岳父母之间只是姻亲关系，二者之间最开始建立关系的纽带就是张小花，现在张小花已经去世，但是因为女儿赵朵朵的存在，赵勤奋跟张大爷和王阿姨之间又另外形成了一个纽带关系，但相对薄弱很多。所以根据法律的规定，赵勤奋对张大爷和王阿姨并没有法定的赡养义务，如果自愿履行赡养义务，那也是赵勤奋的个人选择，并不具有法律约束力。

2. 丧偶女婿对岳父母的遗产有没有继承权？

虽然丧偶女婿对岳父母没有法定的赡养义务，但是如果自愿履行了赡养义务，并且为老人养老送终，可以作为第一顺位的继承人来参与继承取得遗产。

具体到这个案例中，如果赵勤奋自愿将岳父母接在身边一起共同生活，并且将来能给岳父母两位老人养老送终，那么赵勤奋也是可以作为第一顺位的继承人的，即在法定继承中，赵勤奋有权作为继承人来继承一定的遗产。当然，这是在法定继承的情形下，张大爷和王阿姨也可以通过遗嘱的方式，直接写明哪一部分财产将来给女婿赵勤奋继承。

法条链接

《中华人民共和国民法典》

第1129条 丧偶儿媳对公婆，丧偶女婿对岳父母，尽了主要赡养义务的，作为第一顺序继承人。

七、子女在父母生前没有尽到赡养义务，是否还有权继承父母的遗产？

马大爷的老伴已经去世多年，有一个儿子马小刚和一个女儿马小丽。马小刚娶了媳妇之后就直接搬出去住了，常年也不回来看望马大爷，马大爷平时生病都是女儿马小丽照顾和陪着去医院看病。有一年，马大爷心脏病犯了在医院躺了一个多月，也是女儿马小丽和其丈夫全程照顾。其间，马大爷一度病危，马小丽给哥哥马小刚打电话让他过来陪护父亲，马小刚不仅不肯过来照顾老人，还骂了马小丽一顿，让她不要打扰自己工作。住院的费用也都是马小丽一人承担的。

出院后，马小丽不放心父亲一个人在家生活，直接将马大爷接到了自己家一起共同生活。以后的几年间，马小刚对马大爷仍然不闻不问，从来不打电话不联系不关心老人身体健康和日常生活。马大爷曾向当地居民委员会投诉过儿子马小刚，居民委员会每次联系马小刚都被其直接挂断电话或者声称马大爷的事情与自己无关。马大爷很是气愤，数次声称要与马小刚脱离父子关系。

几年后，马大爷去世了，马小刚突然上门来找马小丽要求分割遗产，说是马大爷生前住的老房子拆迁了，分了一大笔拆迁安置费，这个属于遗产，自己作为儿子至少应该拿一半。马小丽对哥哥的行为非常愤怒，但又无计可施，马小刚因为马小丽不同意，还直接向法院提起了诉讼，要求继承马大爷的遗产。请问，马小刚有权取得马大爷的遗产吗？

法律问题

父母生前没有尽到赡养义务的子女，有权要求继承父母的遗产吗？

律师说法

在马大爷的整个晚年生活中，要么是自己独自居住，要么是跟女儿马小丽一起共同生活。其间，作为儿子的马小刚一直对马大爷不闻不问，生病的时候没有尽过任何作为子女的照顾义务，日常也没有去看望过马大爷，没有尽过任何赡养义务，甚至连马大爷的后事也都是女儿马小丽和女婿共同办理的。

从法律上来看，马小刚的行为已经构成了"遗弃"。遗弃是指家庭成员负有赡养、抚养、扶养义务的一方，对需要赡养、抚养、扶养的另一方，不履行其应尽的义务的违法行为。马小刚作为马大爷的儿子，不仅没有对老人尽到养老送终的赡养义务，在与老人共同生活期间，也经常对老人打骂不断。根据我国法律的规定，这属于典型的遗弃行为，对于马大爷的遗产，自然也无权要求继承。得知马小刚向法院起诉要求分割遗产后，马大爷的邻居街坊们以及居民委员会均向马小丽表态，愿意在法院开庭的时候到庭作证，证明马小刚作为马大爷的儿子从来没有尽到赡养义务。

基于上述理由，马小刚的行为已经构成法律规定的丧失继承权的情形之一的"遗弃被继承人……"所以马小刚无权继承马大爷的遗产，马小丽作为女儿则可以全部继承马大爷的遗产。

当然，这个案例中，马小刚的行为已经达到了较为严重的程度，如果只是偶尔不予照顾和赡养，之后又改正了，对老人履行了赡养义务，或者被继承人生前明确表示宽恕了这一行为，又或者被继承人仍然立下遗嘱将该子女列为遗嘱继承人，那么从尊重被继承人个人意思的角度出发，我们也仍然认为该子女享有遗产的继承权。

法条链接

《中华人民共和国民法典》

第1125条　继承人有下列行为之一的，丧失继承权：

（一）故意杀害被继承人；

（二）为争夺遗产而杀害其他继承人；

（三）遗弃被继承人，或者虐待被继承人情节严重；

（四）伪造、篡改、隐匿或者销毁遗嘱，情节严重；

（五）以欺诈、胁迫手段迫使或者妨碍被继承人设立、变更或者撤回遗嘱，情节严重。

继承人有前款第三项至第五项行为，确有悔改表现，被继承人表示宽恕或者事后在遗嘱中将其列为继承人的，该继承人不丧失受遗赠权。

受遗赠人有本条第一款规定行为的，丧失受遗赠权。

八、未出生的胎儿，有没有权利继承遗产？

赵东是钱多多的丈夫，也是赵大强与刘小红夫妻的独生子。赵东与钱多多是经朋友介绍认识的，认识不久就闪婚了，感情非常好。但是赵东的父母对钱多多很不满意，觉得钱多多文化程度低，家里的经济状况也不是很好，配不上自己的儿子，即使二人已经结婚，还是对钱多多诸多挑剔。很快，钱多多怀孕了，但是赵东却因车祸意外去世了，赵东的父母对于儿子的离世悲痛万分，同时也迁怒到儿媳妇钱多多。因为是意外离世，赵东没有留下遗嘱，遗产就是赵东名下的一套房子，还有若干银行存款等。赵东的继承人只有父母和妻子钱多多，但是钱多多肚子里还有一个未出生的孩子。赵东父母当然希望这个孩子能生下来，这样也是儿子留给自己老两口的血脉，但是他们又觉得钱多多还年轻，以后肯定是要再婚的，带个孩子对她来说是一种负担，现在孩子才一个多月，她完全有可能会把孩子打掉。因此当有人提出来，分割遗产的时候要给这个未出生的孩子保留一定份额时，赵东的母亲刘小红坚决表示了反对意见。

法律问题

未出生的胎儿，有没有权利继承遗产？

律师说法

赵东母亲的反对意见不能成立。因为给未出生的胎儿保留一定的继承份额,是法律明确规定的。

虽然胎儿还在母体中,未分娩,但是还是存在相当大的概率分娩出生,一旦落地就是法律意义上的自然人。作为被继承人的子女,是血脉至亲,也是毫无争议的法律规定的第一顺位的继承人,与其他第一顺位继承人平等享有遗产的继承权,任何人不得侵害与剥夺其合法的继承权。

赵东去世后,其法定的继承人不仅有父母、妻子,其未出生的子女(胎儿)的遗产继承权利受到我国法律的特殊保护,原则上应该按照人数均等分割,即每人享有四分之一的遗产份额。但是,如果胎儿娩出后是死体的,或者妻子钱多多打掉孩子,那么留给胎儿的份额会作为赵东的遗产在其继承人之间进行法定继承,即这四分之一份额,由赵东的父母和妻子钱多多三人均等分割。

由此可见,赵东的母亲没有权利反对给胎儿留有遗产份额。但是,在胎儿出生前,可以先把为胎儿保留的遗产份额保留在自己手中,如果将来孩子出生了,就给到孩子;如果孩子没能出生,该份额可以再进行法定继承,即从这一部分份额中再给儿媳钱多多三分之一即可。

法条链接

《中华人民共和国民法典》

第1155条 遗产分割时,应当保留胎儿的继承份额。胎儿娩出时是死体的,保留的份额按照法定继承办理。

九、什么是遗产必留份？

赵美丽与前夫育有一子周帅帅，离婚后周帅帅便一直跟随赵美丽的前夫共同生活。赵美丽自己做生意这几年攒了不少积蓄，在生意过程中遇到了张大强，因为张大强一直对自己照顾有加，赵美丽就与张大强登记结婚了。但是刚结婚没多久，张大强即因为车祸导致下半身瘫痪，只能卧床生活，张大强婚前攒下的积蓄在长期的治疗后已经所剩无几，所有的生活来源都是依靠妻子赵美丽。非常不幸的是，赵美丽也罹患了癌症，将不久于人世。得知这个噩耗后，赵美丽就立下了一份遗嘱，将自己婚前做生意攒下的财产全部留给了儿子周帅帅。赵美丽写的这份遗嘱是否符合法律规定呢？

法律问题

张大强既没有经济来源也没有劳动能力，赵美丽的遗嘱中，是不是必须给自己的配偶张大强留下一定的遗产份额呢？

律师说法

遗嘱继承，顾名思义，就是立遗嘱人可以根据自己的意愿决定将遗产留给谁，是立遗嘱人个人意志的体现，也是民法意思自治精神的体现。但是，遗产的继承不能仅凭个人喜好，也要考虑社会的整体和谐和家庭关系的综合情况，在尊重个人意思自治的前提下，要兼顾社会和谐和公平原则。即立遗嘱人在立遗嘱时，应当为缺乏劳动能力又没有生活来源的继承人保留必要的遗产份额。否则，该依靠遗嘱人生活的继承人将在遗嘱人去世后丧失生活来源，处于一种无人供养的状态，生活陷入困境，引发社会不良影响。

本案中面临的就是这样一种状况，赵美丽的现任配偶张大强，因为车祸瘫痪，已经丧失劳动能力，也没有其他任何收入来源，完全依赖于赵美丽的供养而维持基本的生活生存。周帅帅只是张大强的继子，且与张大强没有共同生活也没有形成法定的继子与继父之间的扶养关系，所以对张大强并没有法定的赡养义务。如果赵美丽将所有遗产都给了儿子，而不给张大强留下任何财产，一旦赵美丽去世，张大强将完全处于无依无靠的状态，且丧失劳动能力没有任何经济来源，最终只能向社区或者社会养老机构求助，增加社会的负担。

鉴于以上情况，赵美丽必须依照法律的规定给丈夫张大强留下足额的遗产以供其生活需要。换言之，如果赵美丽没有在遗嘱中给张大强留有遗产，那么一旦遗嘱生效，张大强作为丧失劳动能力又没有经济来源的一方，是可以向法院起诉，要求依法取得部分遗产的。而法院对于张大强的这一合法诉求，也会依法予以支持，判定其最终取得部分遗产以维持其基本的生活。

法条链接

《中华人民共和国民法典》

第 1141 条　遗嘱应当为缺乏劳动能力又没有生活来源的继承人保留必要的遗产份额。

十、遗产不想留给子女的配偶怎么办?

张大爷和王阿姨都已经退休,将近古稀之年。经过这些年的勤俭持家和年轻时候不怕吃苦的奋斗精神,积蓄了一定的资产。正是因为早年的艰苦打拼,张大爷的身体落下了不少毛病。老夫妻俩只有一个女儿张小花,已经结婚多年,但是近年来跟女婿赵勤奋的感情不是很好,经常因为孩子的教育问题和一些家庭琐事发生各种争吵。因为近年来不断听到离婚率增高的新闻,二老很担心自己百年后,辛苦打拼下来的财产还要让女婿分走,每次一想到这个,张大爷和王阿姨就觉得寝食难安。同时,王阿姨还有自己的顾虑,老伴身体不太好,万一要是先走一步,那么属于他的财产是不是马上就要进行分割?二人只有一套房子,如果老伴先走了,这个房子就分割掉了,自己以后住哪里?有什么办法可以解除二老的后顾之忧呢?

法律问题

1. 遗产能不能只给自己的女儿不给女婿?
2. 如果夫妻一方先去世,是不是就要与子女对遗产进行分割?

律师说法

本案中,张大爷和王阿姨的顾虑,也是很多老年夫妻都会面临的问题。既担心财产给到孩子后,孩子的婚姻不稳定,离婚时面临被他人分走的局面;又担心夫妻中的某一方先走了,子女马上要求对遗产进行继承分割,另一方的权益因此不能得到有效的保障。

对于第一个问题，律师的建议是可以立一份遗嘱，遗嘱中明确约定，女儿继承的遗产归其个人所有，不属于夫妻共同财产。这样，就排除了女婿赵勤奋的继承权，即使张小花将来发生任何婚姻风险，也不需要将从父母那里继承得到的遗产拿出来进行分割。同样，因为继承来的这部分遗产不属于夫妻共同财产，所以女婿赵勤奋也没有权利主张分割。

对于第二个问题，律师的建议是张大爷和王阿姨可以立一份共同遗嘱，或者每人单独立一份遗嘱，然后在遗嘱中约定清楚，如果夫妻中任一人先去世了，先去世一方的遗产均由配偶另一方来全部继承。直至双方全部去世，全部的财产再由女儿张小花来继承。

这样的约定，一方面可以避免一方去世后就要对其遗产进行分割带来的诸多不便，比如王阿姨担心的房子问题，如果张大爷先去世，房子的一半份额就属于遗产，因为张大爷只有妻子王阿姨和女儿张小花两个继承人，所以张小花取得房子四分之一的份额，王阿姨取得房子四分之三的份额。如果张小花急需用钱坚持要将房屋卖掉，而王阿姨又因为这是自己唯一的住所坚决不同意，那么母女之间就会发生纠纷，甚至可能对簿公堂。张阿姨虽然持有房屋四分之三的权利份额，但毕竟不是完全的所有权人，还是存有一定的风险。另一方面也避免了过早将遗产交到子女手中，子女对剩下的一方老人不尽赡养义务，从而缺少对其行为的有效制约手段。基于此，最好的办法就是等双方都去世后，再将遗产交由子女来进行继承，更为稳妥。

法条链接

《中华人民共和国民法典》

第 1063 条　下列财产为夫妻一方的个人财产：

（一）一方的婚前财产；

（二）一方因受到人身损害获得的赔偿或者补偿；

（三）遗嘱或者赠与合同中确定只归一方的财产；

（四）一方专用的生活用品；

（五）其他应当归一方的财产。

十一、打印遗嘱需要注意什么？

前面说到张大爷和王阿姨打算立一份遗嘱，写明自己名下的财产只给女儿张小花。自从听说可以立遗嘱解决问题后，张大爷夫妻俩非常开心和欣慰，觉得困扰自己很久的问题一下子得到了解决，两个人商量后马上就着手开始立遗嘱。因为二人年纪都大了，视力不是很好，所以就把女儿张小花叫回了家，跟女儿说明了自己的顾虑，让女儿帮忙代写一份遗嘱。张小花对父母的用心十分感动，为了打消父母的顾虑和担心，她愿意帮忙书写。因为内容比较多，于是就让张大爷和王阿姨在旁边口述，张小花在电脑上打字，打完给父母读了一遍，张大爷和王阿姨又提出新的修改意见，经过反复修改和调整字句表达，最终搞了大半天才写好。张小花去到外面的打印室将写好的遗嘱打印了一份，总共有三页纸，直接拿回家给了父母。张大爷和王阿姨在最后一页分别签名写了日期，因为怕年纪大了记性不好弄丢了这份重要文件，还准备过几天去买个保险柜专门用来存放。

第二天两人去街上家具店买保险柜的时候，碰到了原来的老邻居周阿姨，因为是老朋友互相非常信任，王阿姨就把签署遗嘱的情况告诉了周阿姨。周阿姨一直在社区工作，对法律知识有所了解，听完之后，就对王阿姨说这个遗嘱是无效的。张大爷和王阿姨非常震惊，自己和女儿辛苦半天制作的这一份遗嘱，自己也都签名了，怎么会是无效的呢？

法律问题

打印遗嘱怎么签署才是有效的?

律师说法

本案中,张大爷和王阿姨签署的这一份遗嘱就是打印遗嘱,打印遗嘱有非常严格的形式要求。周阿姨的说法是对的,张大爷和王阿姨签署的这份遗嘱确实存在很多法律上的漏洞,这些漏洞也会直接影响遗嘱的有效性,漏洞具体表现如下:

第一,没有在遗嘱的每一页签名和注明年、月、日。

张大爷和王阿姨立的这份遗嘱从形式上来看属于打印遗嘱,而打印遗嘱除了立遗嘱人之外,还需要两名以上的见证人,同时立遗嘱人和遗嘱见证人都必须在遗嘱的每一页签名和注明年、月、日。而张大爷和王阿姨立的这份遗嘱,只在最后一页签名和注明日期了,其余的页上都没有相应的签名和签署日期,不符合法律规定的形式要求。

第二,张小花是遗嘱继承人,不能作为遗嘱见证人。

法律上对于遗嘱见证人也有形式上的要求,不能是遗嘱继承人,也不能是与遗嘱继承人存在利害关系的人,目的就是防止利害关系人对立遗嘱人的自由意志造成干扰或不当影响,致使遗嘱不能成为遗嘱人的真实意思反映。这个案例中,张小花是张大爷和王阿姨的女儿,是其遗嘱的继承人和直接受益人,其作为见证人的身份参与订立遗嘱的过程,严重违反了法律的规定。在整个订立遗嘱的过程中,张小花不仅不可以作为见证人,甚至最好全程都不出现,方能最大限度保证遗嘱人的个人真实意愿不受干扰。

第三,遗嘱见证人必须至少有两位。

这一点就很显而易见了,张大爷和王阿姨订立遗嘱的过程中,一直都只有一位遗嘱见证人,而这一位还不是符合法律要求的见证人。

由此可见,根据我国法律的相关规定,打印遗嘱的订立必须要满足一定的形式,否则因为形式的不完善和不足之处,将可能会直接导致遗嘱的无效,从而导致遗嘱人的真实意思落空和无法得到执行。前面张大爷和王阿姨费尽心思立的这一份遗嘱，就因为诸多形式要件的欠缺，将直接导致遗嘱本身无效，张大爷和王阿姨的一番苦心也付之东流。

其实，如果张大爷和王阿姨需要立一份合法有效的遗嘱，最简单的方法就是，要么直接去公证处立一份公证遗嘱，要么咨询专业律师，在律师的指导下完成遗嘱的订立，这样方能保证遗嘱形式的合法有效，也才能保证遗嘱人的意愿得到最大限度的尊重和落实。

法条链接

《中华人民共和国民法典》

第1136条 打印遗嘱应当有两个以上见证人在场见证。遗嘱人和见证人应当在遗嘱每一页签名，注明年、月、日。

第1140条 下列人员不能作为遗嘱见证人：

（一）无民事行为能力人、限制民事行为能力人以及其他不具有见证能力的人；

（二）继承人、受遗赠人；

（三）与继承人、受遗赠人有利害关系的人。

十二、订立录音录像遗嘱和口头遗嘱时需要注意什么？

罗阿姨年纪很大，且没受过系统的文化教育，一直想要订立一份遗嘱，但是苦于自己不会书写和签名，所以一直没有如愿。有一天，她在菜场买菜的时候碰到了老邻居王阿姨，两人做邻居数十年，互相十分了解家里的情况，感情十分深厚。自从双方都从老房子里搬出去后，平时忙着帮儿女带孩子，也没有多少时间在一起相聚聊天，这次碰上，买菜后两人就在隔壁找了个茶馆想要好好聊聊。罗阿姨就跟王阿姨说到了遗嘱的事情，王阿姨就把自己与老伴订立遗嘱的过程告诉了罗阿姨，并且将自己上次咨询的律师介绍给了罗阿姨，让她去找律师咨询下，安慰罗阿姨说肯定有办法的。罗阿姨按照王阿姨给的律师事务所地址和电话联系上了律师，将自己的情况告诉了律师，希望他能给自己出个主意。同时也表示自己是不是可以立个口头遗嘱。

法律问题

1. 法律认可的遗嘱形式有哪些？
2. 录音录像遗嘱和口头遗嘱怎么订立？

律师说法

在我们国家，法律明确规定和承认的遗嘱形式现在有六种，分别是自书遗嘱、代书遗嘱、打印遗嘱、公证遗嘱、录音录像遗嘱和口头遗嘱。

为了便于大家了解，下面对各种遗嘱的形式和签署时需要具备的条件和形式要求进行逐一的说明和解释：

第一，自书遗嘱。

自书遗嘱由遗嘱人自己亲笔书写遗嘱内容，签名，写明年、月、日。这个在现实中最简便易行，只要有意愿，且立遗嘱人具有书写能力和表达能力，就可以随时随地完成。

第二，代书遗嘱。

代书遗嘱则相对复杂一些，要求应当有两个以上见证人在场见证，由其中一个人代书，并由遗嘱人、代书人和其他见证人签名，注明年、月、日。因为代书遗嘱的内容不是遗嘱人本人书写的，所以为了确保该遗嘱是其真实意思的反映，必须要由至少两名以上的见证人在场见证，同时遗嘱书写完成后，还要求遗嘱人、见证人、代书人都要在每一页上签名并签署日期。

第三，打印遗嘱。

打印遗嘱也需要两个以上见证人在场见证，遗嘱人和见证人也需要在每一页上签名，注明年、月、日。这个要求与代书遗嘱基本是一致的。

第四，公证遗嘱。

公证遗嘱也很简单，就是遗嘱人去到公证机构由公证人员见证签署的遗嘱。公证机构的工作人员会现场通过询问笔录、录音录像等形式，根据立遗嘱人的个人真实意愿最终出具相应的遗嘱公证书等文件。

第五，录音录像遗嘱。

需要两个以上见证人在场见证。遗嘱人和见证人应当在录音录像中记录自己的姓名或者肖像，以及年、月、日。这不是一份书面形式的遗嘱，而是以录音录像形式呈现出来的遗嘱，因为没有书写的痕迹，所以形式上的要求也很重要。

第六，口头遗嘱。

至于罗阿姨说的口头遗嘱，虽然也是法律规定的遗嘱形式的一种，但是因为没有任何痕迹留下来，所以法律对其的要求也是非常严格的。必须在十分危急的情况下，才可以立口头遗嘱。口头遗嘱也应该有两个以上见证人在场见证。而且危急情况一旦消除，遗嘱人能够选择书面或者录音录像形式立遗嘱的，之前所立的口头遗嘱无效。通过法律的规定我们可以看到，口头遗嘱是万不得已情况下的一种救济形式，并不是法律倡导的遗嘱形式，只能在特殊情况下使用，一旦危急情况解除，则需要根据法律的要求重新制定遗嘱，之前的口头遗嘱只是特殊情况下的产物，自然也随之丧失法律效力。

基于上述理由，口头遗嘱只适用于特定情况，特定情况一旦消除，口头遗嘱也随之失效，所以罗阿姨要立口头遗嘱的要求是没法实现的。罗阿姨完全没有必要在意不会书写这一问题，可以说，除了口头遗嘱和自书遗嘱，其他几种遗嘱形式她都可以选择使用。

法条链接

《中华人民共和国民法典》

第1133条第1、2款　自然人可以依照本法规定立遗嘱处分个人财产，并可以指定遗嘱执行人。

自然人可以立遗嘱将个人财产指定由法定继承人中的一人或者数人继承。

第1134条　自书遗嘱由遗嘱人亲笔书写，签名，注明年、月、日。

第1135条　代书遗嘱应当有两个以上见证人在场见证，由其中一人代书，并由遗嘱人、代书人和其他见证人签名，注明年、月、日。

第1136条　打印遗嘱应当有两个以上见证人在场见证。遗嘱人和见证人应当在遗嘱每一页签名，注明年、月、日。

第1137条　以录音录像形式立的遗嘱，应当有两个以上见证人在场见证。遗嘱人和见证人应当在录音录像中记录其姓名或者肖像，以及年、月、日。

第1138条　遗嘱人在危急情况下，可以立口头遗嘱。口头遗嘱应当有两个以上见证人在场见证。危急情况消除后，遗嘱人能够以书面或者录音录像形式立遗嘱的，所立的口头遗嘱无效。

第1139条　公证遗嘱由遗嘱人经公证机构办理。

第1142条　遗嘱人可以撤回、变更自己所立的遗嘱。

立遗嘱后，遗嘱人实施与遗嘱内容相反的民事法律行为的，视为对遗嘱相关内容的撤回。

立有数份遗嘱，内容相抵触的，以最后的遗嘱为准。

十三、担任遗嘱见证人需要满足什么条件？

刘大爷与李阿姨都已是古稀之年，有一子一女，子女均已成年并且成家。刘大爷和李阿姨名下有不少资产，包括早年创立的公司、若干房产，以及这些年的一些艺术收藏品，这些收藏品中既有价值很高的艺术品，也有价值不大但是很有趣味的工艺品。其中，儿子刘小明在自己家公司上班，经过多年的锤炼，现在已经可以独当一面，刘大爷打算下一步就让儿子接管公司。女儿刘小红早年一直在国外攻读艺术类学位，现在是一个自由职业者，只对艺术相关的事业感兴趣，而且从小就对自己的各种收藏品感兴趣，父女俩经常一起去看各种展览，也会经常去一些市井的旧货市场淘宝，所以刘大爷打算将毕生的收藏都留给女儿刘小红。

未免将来去世后，儿子和女儿会因为财产分割的问题发生不必要的纠纷，刘大爷和李阿姨商量后决定订立一份遗嘱，但是又怕效力不足，所以想找人做个现场见证。刘大爷想找自己的好朋友，但是又听人说对于见证人有很严格的要求，就担心万一不符合法律要求，影响了遗嘱的效力。在朋友的介绍下，刘大爷找到了专业的律师咨询求助，希望能够稳妥地处理好遗嘱订立一事。

法律问题

1. 订立遗嘱是不是必须要有见证人在场？

2. 担任遗嘱见证人需要满足什么条件？

律师说法

律师听了刘大爷的问题后，对其关心的问题一一作了解答。

首先，订立一份遗嘱不是一定需要见证人在场的，比如自书遗嘱，完全可以自己手写，书写现场不需要见证人，所以也不存在没有遗嘱见证人就会影响遗嘱效力的说法。另外，刘大爷也可以选择公证遗嘱，也不涉及见证人的挑选问题。除了上述两种遗嘱之外，代书遗嘱、打印遗嘱、录音录像遗嘱和口头遗嘱都是需要见证人的。

其次，不是所有的人都可以成为遗嘱见证人的，有些人因为特定的因素就不宜成为见证人，具体包括以下几类人群：

1. 无民事行为能力人、限制民事行为能力人以及其他不具有见证能力的人；

2. 继承人、受遗赠人；

3. 与继承人、受遗赠人有利害关系的人。

以上这三条限制，第一条是要求该见证人必须有基本的民事行为能力，这是一项民事法律行为合法有效的基本条件；第二条和第三条的本质是一致的，即该见证人不能与遗嘱本身存在直接的利害关系，因为可能会影响立遗嘱人的真实意思表示，干扰其自由意志的表达。继承人和受遗赠人是直接的受益人，自然是与遗嘱存在直接利害关系的，至于与继承人、受遗赠人有利害关系的人，这个利害关系可能是正向的，也可能是反向的。比如这个案例中，若刘大爷想把财产全部留给儿子继承，则让自己的女儿来做遗嘱见证人，显然也是不符合要求的。但是，刘大爷要找自己的好朋友来做遗嘱见证人，并不违反上述法律禁止性规定，所以是符合法律规定要求的适格见证人。

法条链接

《中华人民共和国民法典》

第1140条　下列人员不能作为遗嘱见证人：

（一）无民事行为能力人、限制民事行为能力人以及其他不具有见证能力的人；

（二）继承人、受遗赠人；

（三）与继承人、受遗赠人有利害关系的人。

《最高人民法院关于适用〈中华人民共和国民法典〉继承编的解释（一）》

第24条 继承人、受遗赠人的债权人、债务人，共同经营的合伙人，也应当视为与继承人、受遗赠人有利害关系，不能作为遗嘱的见证人。

十四、存在多份遗嘱的情况下，以哪一份效力为准？

张大爷和王阿姨老夫妻俩打算将自己百年后的财产除了给外孙女赵朵朵外，也留给女婿赵勤奋一部分。因为原来的遗嘱内容是将财产都留给赵朵朵，所以需要重新立一份遗嘱。听社区的工作人员说，可以直接去公证处立遗嘱，而且 70 岁以上老年人还免费，张大爷和王阿姨觉得这个更方便，效力也更有保证。于是就联系了当地的公证处，约了时间重新去立了一份遗嘱。

几年后，张大爷听说原来不务正业的儿子张小龙这两年改邪归正了，开始在自己创业做点生意，而且经常对张大爷嘘寒问暖，张大爷经过几年的观察，发现儿子确实是改正了。毕竟是自己的亲生儿子，张大爷跟王阿姨商量，能不能也给张小龙留一点遗产。王阿姨是个心胸开阔并且非常通情达理的老人，就同意了，这次两人没去公证处，直接自己手写了一份遗嘱，两个人都签名并签了日期。

张大爷和王阿姨前前后后已经立了好几份遗嘱，两人有点担心，哪一份最有效？是不是公证处的遗嘱效力是最强的，如果是这样的话，自己后来写的这一份是不是就没有效力了呢？

除此之外，两人原来写在遗嘱中打算留给外孙女赵朵朵的一套房屋，后来因为需要用钱就挂牌出售了，现在房屋已经不存在了，这种情况又怎么办呢？

法律问题

1. 同时存在数份遗嘱的情况下,以哪一份为准?

2. 遗嘱中涉及的财产,遗嘱人生前已经处分或者已经灭失的,怎么办?

律师说法

这个案例中主要涉及两个方面的问题。

1. 存在数份遗嘱的情况下,以哪一份效力为准?

根据时间顺序,张大爷和王阿姨前后立过的遗嘱形式分别为打印遗嘱、公证遗嘱、自书遗嘱。打印遗嘱是有见证人帮忙打印并在场见证的遗嘱,公证遗嘱是在公证处由公证员见证的遗嘱,自书遗嘱是自己亲笔书写的遗嘱。这些遗嘱的形式和内容均符合法律的规定和要求,都是某一个阶段张大爷和王阿姨的真实意思表示。

根据《民法典》继承编的规定,立有数份遗嘱,内容相抵触的,以最后的遗嘱为准。由此可见,时间上排在最后的是张大爷和王阿姨的自书遗嘱,应该以这份遗嘱的内容为准。当然,如果张大爷和王阿姨之后还立有其他新的遗嘱,就以排在最后的遗嘱效力为准。

这一点也是《民法典》的最新规定,在原来的《继承法》中,几份遗嘱中只要有公证遗嘱的,就数公证遗嘱的效力最强,而无论其是不是时间最后。如果之前立的是公证遗嘱,要撤销这一份公证遗嘱,或者变更遗嘱内容,必须要再重新立一份公证遗嘱才可以。这一条规定其实对于立遗嘱人是非常不方便的,民法典继承编中对此从便民的角度作出了新的规定,无论被继承人名下有多少份遗嘱,一律以时间最后的那份遗嘱效力为准。

2. 遗嘱中涉及的财产,经立遗嘱人生前的处分,已经全部或者部分灭失的,如何处理?

张大爷和王阿姨原来写在遗嘱中的一套房屋,在遗嘱生效前已经出售,相应的售房款已经花费完毕,所以将来遗嘱生效的时候,该套房屋已经不存在,所以关于这一条的约定就丧失其效力。因为这就意味着遗嘱人用自己的行为撤回了对该项财产的处理。

法条链接

《中华人民共和国民法典》

第1142条 遗嘱人可以撤回、变更自己所立的遗嘱。

立遗嘱后，遗嘱人实施与遗嘱内容相反的民事法律行为的，视为对遗嘱相关内容的撤回。

立有数份遗嘱，内容相抵触的，以最后的遗嘱为准。

十五、遗嘱可以附条件吗？

张大爷和王阿姨唯一的女儿张小花去世后，张大爷和王阿姨为了照顾外孙女赵朵朵就搬去跟女婿赵勤奋以及外孙女一起共同生活了。在长期的相处中，双方之间产生了深厚的感情，张大爷和王阿姨想将一部分遗产留给女婿赵勤奋，而不是全部都留给外孙女赵朵朵。但是张大爷和王阿姨也有点担心，女婿毕竟不是自己的血脉至亲，现在对自己好，将来如果再婚可能就变化了，未必能给老两口养老送终。所以张大爷和王阿姨就想着是不是可以把这个要求写到遗嘱里面去，只要女婿完成了这个要求，遗产就继续按照指定的部分给他继承；如果女婿没有做到，就不让他继承，然后这一部分到时候还是全部留给外孙女赵朵朵。

两人思来想去，也不知道在法律上这种表述是否有法律效力。随着年龄的增长，这个心结越来越严重，最后两人还是决定去找律师咨询了解下，到底能不能在遗嘱中设置一些条件，如果女婿做不到遗嘱中所要求的条件，可不可以就不让他继承了？

法律问题

遗嘱中能不能设置一定的条件，条件完成后继承人才可以享有继承权？

律师说法

律师听了张大爷和王阿姨的表述后，先是给予了肯定的答复，这让张大爷和王阿姨松了一口气。立遗嘱人可以根据自己的实际情况和需求设置相应的条件，只有在条件成就时，继承人才可以根据遗嘱取得相应的遗产部分。这一做法也是符合法律规定的。也就是所谓的附条件的、附义务的遗嘱。但是条件和义务也不能随便约定。附条件的“条件”必须符合公序良俗，不得违反国家法律的强制性规定，不得干涉继承人的基本权利自由，不得损害国家、集体和他人的利益。

比如张大爷和王阿姨担心女婿赵勤奋有一天再婚，对自己不再尽到赡养义务，对外孙女赵朵朵不再像现在这么上心，所以在遗嘱里要求赵勤奋获得遗产的前提是不准再婚，一旦再婚就丧失继承权。这就是限制了赵勤奋的婚姻自由，婚姻自由属于公民的基本权利自由，不应该作为获得遗产的条件。

但是，如果张大爷和王阿姨写的是，赵勤奋只要照顾两位老人的晚年，对他们尽到赡养义务给他们养老送终，将其后事办理妥善，则可以继承相应遗产。那这个条件就是受到法律认可和保护的。只要赵勤奋按照遗嘱要求完成了这一义务，就有权获得相应的遗产。

总之，遗嘱可以附条件、附义务，但是“条件”和“义务”的设置必须符合法律的规定。只有在法律规定的范围内，才能实现立遗嘱人的目的；否则遗嘱生效后，该部分遗嘱丧失效力直接转为法定继承，遗嘱人和继承人的权利都会受到损害。

同时，律师也告诉张大爷和王阿姨，如果赵勤奋对二位老人尽到了赡养义务，其本身也是法律规定的第一顺位的继承人。当然，这个顺位的存在只在法定继承的时候有意义，即如果张大爷和王阿姨没有立遗嘱，而赵勤奋作为女婿也对二老尽到了赡养的义务，虽然妻子张小花已经去世，但是作为女婿的赵勤奋仍然可以作为第一顺位的继承人，来继承二老的遗产。如果张大爷和王阿姨立有遗嘱，那么这个第一顺位的继承权就被排除了，要优先以遗嘱中确定的意思为准。

法条链接

《中华人民共和国民法典》

第1129条 丧偶儿媳对公婆,丧偶女婿对岳父母,尽了主要赡养义务的,作为第一顺序继承人。

第1144条 遗嘱继承或者遗赠附有义务的,继承人或者受遗赠人应当履行义务。没有正当理由不履行义务的,经利害关系人或者有关组织请求,人民法院可以取消其接受附义务部分遗产的权利。

十六、遗嘱中处分了不属于自己所有的财产，是否遗嘱全部无效？

周大明和刘小红是夫妻，周小周是两人唯一的儿子。平时周大明与刘小红感情非常和睦，儿子周小周刚上小学，也正是天真活泼的年纪，整个家庭洋溢着幸福的气息。但是在一次单位的体检中，周大明被查出来患有癌症，悲伤之余，周大明决定暂时先不把这个消息告诉妻子刘小红，同时考虑到儿子还小，周大明开始计划遗产的分配和安排。周大明对家里的财产进行了罗列，一方面想要写一份遗嘱，以免自己去世后引起不必要的麻烦；另一方面想要对自己的财产状况进行详尽的梳理。妻子还年轻，肯定是要再婚的，自己也希望看到她将来幸福；然而儿子从此以后就没有父亲了，必须给儿子留一份保障，想到这里，周大明不禁潸然泪下。

周大明名下有一套和父母共有的房子，父母平时那么疼爱孙子，相信他们一定也愿意把这套房子给孙子，所以周大明直接将这套房子在遗嘱里面写明留给儿子周小周。同时，对于结婚后买的房子和现在家里的存款等，周大明也在遗嘱中写明，自己去世后，全都只留给儿子周小周一个人。不久之后，周大明的病情恶化，离开了人世。

法律问题

周大明立的遗嘱中，与父母共有的房子中有父母的份额，婚后买的房子和存款是与妻子刘小红共有的，而周大明擅自对这些财产中不属于自己的部分也做了处理，遗嘱还能有效吗？

律师说法

从周大明立的遗嘱中，我们可以看到，遗嘱中所涉及的财产主要是自己和父母共有的一套房屋、自己婚后买的房子和家里的全部存款。这些财产并不全部都是周大明个人所有的财产。与父母共有的房屋中，周大明只有一定的份额，其余都是父母的财产；婚后买的房子和家里的存款，都是与妻子刘小红共有的夫妻共同财产，周大明在其中也只有二分之一的份额。换言之，周大明处分的这些财产其中有很大部分不是他本人所有的。

那么，这份遗嘱还有没有效力呢？

根据我国法律的规定，立遗嘱人只能处分自己名下的合法财产，擅自处理他人名下的财产无效。所以对于这一份既处分了自己名下财产、又涉及他人名下财产处分的遗嘱，不能简单地归结为有效或无效，而应该细分来看，周大明对于自己名下财产处理的部分有效，而对于不属于其名下财产处理的部分则无效。简言之，整份遗嘱并不全部无效，而只是处分他人财产的这一部分无效。

1. 对于周大明与父母共有的房屋，属于周大明的只是登记在其名下的部分，例如，这个房屋产权证书中登记的是周大明与父母三人的姓名，则属于周大明的份额只能是三分之一。显然，周大明在遗嘱中能处分的也只是这三分之一的房屋份额，而不是考虑到父母疼爱孙子，就擅自代替父母将属于父母的房屋份额赠与儿子周小周。所以周大明直接将该套房屋的全部份额指定儿子周小周继承的做法无效，如果父母不同意，周小周能继承的就只有三分之一的份额。

2. 周大明与刘小红婚后购买的房子和家庭存款，都属于周大明和刘小红的夫妻共同财产，如果没有特别约定的话，按照均等分割的原则，周大明和刘小红应该各自取得一半。换言之，属于周大明的只是前述婚后购买房屋一半的份额和家庭存款的一半，另一半属于妻子刘小红，周大明同样没有权利予以处分。

简言之，周大明希望为尚年幼的儿子多保留财产，从而最大限度满足其将来生活需求，这个初衷是美好的，但是也要考虑财产的实际持有情况，否则作出的“处分”当然也是不具有法律效力的。

法条链接

《中华人民共和国民法典》

第1153条 夫妻共同所有的财产,除有约定的外,遗产分割时,应当先将共同所有的财产的一半分出为配偶所有,其余的为被继承人的遗产。

遗产在家庭共有财产之中的,遗产分割时,应当先分出他人的财产。

十七、受遗赠人接受遗赠，是否有时间要求？

刘大爷的老伴因病去世多年，刘大爷膝下无子，在老伴去世后便一直一个人生活。王小美是刘大爷姐姐的女儿，是刘大爷的外甥女。刘大爷一直很疼爱这个外甥女，两人关系十分亲密。刘大爷名下有一套房屋和若干银行存款，因为刘大爷晚年的生活一直是王小美照顾的，于是刘大爷就立了一份遗嘱，写明自己名下的所有财产在去世后都归外甥女王小美所有。多年后，刘大爷去世，临终前将遗嘱亲手交给了王小美。王小美知道刘大爷将财产都留给了自己，但是没有明确说明自己接受还是不接受。半年后，王小美突然接到法院的传票，原来刘大爷有一个姐姐和一个弟弟，现在刘大爷的弟弟起诉王小美，要求对刘大爷的遗产进行分割，理由是，王小美没有在 60 日内表态接受刘大爷的遗产，那么就应该由作为刘大爷第二顺位继承人的弟弟来进行继承。

法律问题

1. 王小美需要在 60 日内作出接受遗产的表示吗？
2. 如果逾期没有作出，会产生什么后果？
3. 刘大爷的弟弟是否有权要求继承刘大爷的遗产？

律师说法

在解答这三个问题之前，我们先要明确两个法律概念，继承人和受遗赠人。继承人根据法律的规定，包含以下人员：配偶、父母、子女、兄弟姐妹、祖父母、外祖父母。除此之外的其他人员，如果出现在遗嘱上，并被立遗嘱人指定继承自己名下的部分或全部遗产，其应该属于受遗赠人。

第一个问题，王小美需要在60日内作出接受刘大爷遗产的意思表示吗？

对于继承人和继承人之外的受遗赠人，法律上确实对其接受继承和受遗赠，有着截然不同的时间要求。作为继承人，如果要放弃继承，需要在继承开始后、遗产处理前，以书面形式作出放弃继承的表示，没有放弃表示的，就推定继承人是接受继承的，按照法定继承或者遗嘱继承中确定的份额分割遗产。

但是对于受遗赠人，则必须在知道自己受遗赠后60日内，作出接受或者放弃受遗赠的表示。这个表示不一定非要是书面形式，也可以是口头形式，但为了有迹可循，如果是口头形式的接受，至少应该在他人面前作出，使他人能够知悉受遗赠人的内心意思表示。

本案中，王小美不是刘大爷的法定继承人，根据法律规定，其作为受遗赠人，如果打算接受作为舅舅的刘大爷留给自己的遗产，就需要在知道自己受遗赠后的60日内作出接受的意思表示。

第二个问题，如果逾期没有接受，会有什么后果？

如果60日内都没有任何表示，将会产生一个非常严肃的法律后果，即法律上将视为该受赠人是放弃接受遗赠的。

第三个问题，刘大爷的弟弟有没有继承权？

如果王小美没有及时表示接受刘大爷的遗赠，那么视为其放弃遗产继承，刘大爷的遗产将由其法定继承人依法进行继承。刘大爷没有子女，父母和妻子也已经去世，此时，刘大爷的弟弟便是法定继承人之一，有权要求继承刘大爷的遗产。

回到这个案例里，我们可以看到，王小美并不属于法律上规定的继承人范围，但是因为王大爷在遗嘱上列明将自己名下的财产都留给王小美，她成为受遗赠人。王大爷在临终前将遗嘱交给了王小美，可见王小美此时已经获知自己是刘大爷遗产受益人的事实。可是王小美接过遗嘱后，并未说明自己是接受还是不接受遗赠，到刘大爷的弟弟起诉时，已经过去半年，王小美也没有任何书面文件或口头公开表达自己接受遗赠。根据法律的规定，王小美作为受遗赠人没有在法律规定的60日内表示接受遗赠，就视为放弃了对刘大爷遗产的继承。一旦王小美放弃遗产，那么这笔遗产就要按照法定继承来进行继承了，因为刘大爷第一顺位的继承人是缺位的，所以刘大爷的兄弟姐妹，也就是刘大爷的姐姐和弟弟都享有对遗产的继承权。

法条链接

《中华人民共和国民法典》

第1124条 继承开始后，继承人放弃继承的，应当在遗产处理前，以书面形式作出放弃继承的表示；没有表示的，视为接受继承。

受遗赠人应当在知道受遗赠后六十日内，作出接受或者放弃受遗赠的表示；到期没有表示的，视为放弃受遗赠。

十八、被继承人的生前债务，继承人之间怎么分担？

张大爷的老伴因病去世了，夫妻二人育有两个女儿，张小花和张小朵。张大爷随大女儿张小花一家一起共同生活，二女儿张小朵出国留学后即留在外国工作，很少回国。张大爷的外甥王大强跟张大爷住在一个小区，张大爷身体不太好，张小花工作又比较忙，所以经常是王大强陪着张大爷去医院，跑前跑后可谓尽心尽力。张大爷趁着神志清楚，就自己写了一份遗嘱，将自己名下的两套房子，一套大房子留给张小花，一套小房子留给王大强以感谢他多年来对自己的照顾。至于二女儿张小朵，张大爷觉得她多年来未尽到照顾自己这个父亲的责任，同时在国外的收入也很高，所以没有在遗嘱里写上张小朵的名字。

张大爷去世一段时间后，突然有个自称张大爷老战友的王大爷拿着一张借条出现了，说是张大爷早年向其借款 10 万元，至今还未归还。张小花辨认了借条的签名，确实是父亲张大爷的字迹。

另外，在整理张大爷遗产的时候，张小花和王大强发现，除遗嘱中写明的房屋外，张大爷名下还有银行存款 100 万元，这笔存款怎么处理，张大爷在遗嘱里并没有写。

法律问题

1. 有权继承张大爷遗产的人都有谁？

2. 张大爷对外的 10 万元债务应该由谁来进行归还？

律师说法

首先，谁有权继承张大爷的遗产？

本案中，张大爷留有一份遗嘱，将名下的两套房屋分别留给了女儿张小花和侄子王大强。显然，张小花是张大爷的遗嘱继承人，王大强是张大爷遗产的受遗赠人。

对于张大爷未写入遗嘱的100万元银行存款，两个女儿都是法定继承人。也就是说，张小朵虽然无权继承遗嘱上写明的财产，但是对于这100万元，她和姐姐张小花一样都是法定继承人，有权利要求对这100万元进行继承。

其次，张大爷对外欠下的10万元债务应该由谁来进行偿还？

从上一个问题的分析结果我们可以看出，虽然张小花、张小朵、王大强三个人对于张大爷的遗产都享有相应的权利，但是三个人在法律上的地位和称谓是完全不同的，张小花所获得的房屋是基于遗嘱继承，王大强所获得的房屋是基于受遗赠，而张小花、张小朵获得银行存款是基于法定继承。在这种情况下，王大爷的10万元对外债务应该优先从张大爷遗留下来的100万元存款中支出，剩下90万元再由张小花、张小朵来各半取得。

如果张大爷的债务不止10万元，而是200万元，那么将会出现新的局面，即首先要用这100万元去偿还借款，明显银行存款不足以完全偿还200万元的债务，还剩余100万元债务需要偿还。这个时候，该100万元债务就要由遗嘱继承人张小花和受遗赠人王大强来共同偿还。但是这个偿还也不是简单的对半承担，而是要根据张小花和王大强所获得的遗产的价值来按照比例进行承担。比如，张小花的房屋价值600万元，王大强的房屋价值400万元，那么这剩下的100万元债务，就由张小花和王大强按照6:4的比例承担，即张小花偿还60万元，王大强偿还40万元。

法条链接

《中华人民共和国民法典》

第1163条 既有法定继承又有遗嘱继承、遗赠的，由法定继承人清偿被继承人依法应当缴纳的税款和债务；超过法定继承遗产实际价值部分，由遗嘱继承人和受遗赠人按比例以所得遗产清偿。

十九、什么是遗产管理人？如何选定遗产管理人？

张大爷和王阿姨自从女儿张小花去世后，就把全部的时间和精力都投入外孙女赵朵朵身上。但是随着赵朵朵开始上初中，不需要张大爷和王阿姨事无巨细的照顾后，老两口就多了很多空闲时间。因为立遗嘱的原因，张大爷和王阿姨现在对法律方面的事务非常关心，认为懂点法律对老年人的生活十分有帮助，所以两人也经常去听一些社区组织的或者是其他机构安排的法律知识讲座。在最近一次的一场讲座中，他们听到一个新概念，就是遗产继承中要有遗产管理人。两人一合计，好像自己之前立的遗嘱中并没有规定谁是遗产管理人，那么是不是意味着遗嘱就失效了呢？还是说需要再立一份，必须指定一个遗产管理人的角色？

法律问题

1. 什么是遗产管理人？
2. 如何选定遗产管理人？
3. 遗产管理人的职责有哪些？

律师说法

遗产管理人正式写入法律，就是于2021年1月1日生效的《民法典》继承编中。《民法典》要求遗产继承开始后，要有一个遗产管理人的角色，但是并不是说遗嘱中一定要指明谁是遗产管理人。根据法律规定，继承开始后，遗嘱执行人就是遗产的管理人；如果遗嘱中没有指明遗嘱执行人，继承人应当及时推选遗产管理人；继承人没有推选的，由所有继承人共同担任遗产管理人。如果没有继承人或者继承人均放弃继承权，则由被继承人生前住所地的民政部门或者村民委员会担任遗产管理人。

由此可见，张大爷和王阿姨并不需要再重新立一份遗嘱来指明遗产管理人，如果原来的遗嘱中有遗嘱执行人，那么遗嘱执行人就自动是遗产管理人的角色；如果没有规定遗嘱执行人也没有关系，可以由继承人来推选遗产管理人或者共同担任遗产管理人。像张大爷和王阿姨的最后一份遗嘱中，女婿赵勤奋和外孙女赵朵朵是继承人，那么如果遗嘱生效时，赵朵朵还没有成年，可以由女婿赵勤奋来担任遗产管理人；如果届时赵朵朵已经成年，就可以跟父亲赵勤奋一起担任遗产管理人。

说到这里，很多人会问，这个遗产管理人到底在遗产继承中扮演什么角色呢？换言之，就是这个角色到底承担着什么样的职责和工作呢？

关于遗产管理人的责任，《民法典》第 1147 条中有着明确的规定："遗产管理人应当履行下列职责：(一)清理遗产并制作遗产清单；(二)向继承人报告遗产情况；(三)采取必要措施防止遗产毁损、灭失；(四)处理被继承人的债权债务；(五)按照遗嘱或者依照法律规定分割遗产；(六)实施与管理遗产有关的其他必要行为。"

法条链接

《中华人民共和国民法典》

第 1145 条 继承开始后，遗嘱执行人为遗产管理人；没有遗嘱执行人的，继承人应当及时推选遗产管理人；继承人未推选的，由继承人共同担任遗产管理人；没有继承人或者继承人均放弃继承的，由被继承人生前住所地的民政部门或者村民委员会担任遗产管理人。

第 1148 条 遗产管理人应当依法履行职责，因故意或者重大过失造成继承人、受遗赠人、债权人损害的，应当承担民事责任。

第 1149 条 遗产管理人可以依照法律规定或者按照约定获得报酬。

二十、继承人放弃继承或者不配合的情况下，债权人向谁主张还款？

李大爷是张大爷早年间的合作伙伴，后来李大爷自主创业，但是因为对市场把握不足和缺乏稳定的货物供应渠道，创业失败了，并且欠下了很多外债，其中就包括向张大爷借的100万元。因为创业失败，且需要偿还较多债务，李大爷一直心情忧郁，积劳成疾，不久之后就因病去世了，去世时仍然留下很多债务没有清偿。李大爷有两个儿子李大和李二，因为李大爷这些年一直在不停地还债，所以遗产就只有李大爷生前居住的一套房屋。考虑到父亲对外有很多债务，而且这些年父亲也不让他们参与还债，担心影响他们的正常生活，因此李大和李二两人商量后，决定放弃对房屋的继承权，同时对父亲对外的债务也不予处理。

张大爷听到李大爷去世的消息后，想到自己还有100万元的债权没有实现，就找到李大爷的两个儿子，但是两个儿子都说自己放弃继承了，同样父亲生前对外的债务因为父亲去世已经结束了。张大爷挂了电话感到很茫然，老朋友去世了，孩子们也都放弃继承了，那么自己的100万元就这样算了吗？

法律问题

1. 人去世了，生前的债务是否需要偿还？

2. 继承人放弃继承或者不配合的情况下，债权人由谁主张还款？

律师说法

1. 人去世了,债务并不当然消灭。

对于第一个问题,我们在本章的专题三部分已经做了详细的介绍,这里就不展开赘述了。总之一句话,人去世了,但是债务并不随之就结束了,继承人或者亲属等是否需要替其偿还,还是要取决于被继承人有没有遗产。遗产范围内的债务,谁继承遗产谁就需要偿还;超出遗产范围的债务,继承人没有偿还的法定义务。

2. 继承人均放弃继承的情况下,债权人向谁主张还款?

对于张大爷遇到的第二个问题,当下现实中还真不少。很多人在债务人去世后,向其子女主张清偿债务的时候,子女均告知已经放弃继承,之后便是不管不问不配合,导致债权人的合法权利不知道向谁主张,陷入两难境地:不主张的话,自己借出去的钱款就竹篮打水一场空了;主张的话,继承人都不配合,不知道该向谁主张。

这个问题在《民法典》出台后得到了解决,《民法典》要求遗产继承开始后必须选任遗产管理人,没有继承人或者继承人均放弃继承的,由被继承人生前住所地的民政部门或者村民委员会担任遗产管理人。

根据法律规定,遗产管理人的职责之一就是处理被继承人的债权债务。这个案例中,李大爷虽然去世了,但是李大爷名下还是有一套房屋的,折现后虽然不足以清偿所有的债务,但是至少可以偿还部分。现在两个儿子都放弃继承,且不愿意处理后续的事宜,张大爷也没有权限直接处理李大爷名下的这套房屋。因为李大爷的户籍在城市,所以张大爷就可以直接找到李大爷生前住所地的民政部门,要求民政部门担任其遗产管理人,负责处理相关的遗产事务,其中就包括对自己这笔债务的清偿。

如果民政部门怠于行使自己的职责,张大爷还可以向人民法院起诉要求其履行职责;甚至行使遗产管理人职责过程中,民政部门如果因为自己的原因导致债权人利益受损的,还要为此承担相应的民事责任。

法条链接

《中华人民共和国民法典》

第1145条　继承开始后，遗嘱执行人为遗产管理人；没有遗嘱执行人的，继承人应当及时推选遗产管理人；继承人未推选的，由继承人共同担任遗产管理人；没有继承人或者继承人均放弃继承的，由被继承人生前住所地的民政部门或者村民委员会担任遗产管理人。

二十一、如何签订遗赠扶养协议？

李大爷现年70岁，老伴很多年前就因病去世了，一辈子无儿无女，一直一个人生活。退休后，李大爷就经常跟老街坊老朋友们相约到处旅游、打牌、垂钓，日子过得非常充实。直到前两年，李大爷突然生了一场病，身体明显差了很多，痊愈后也经常觉得浑身没有力气，不仅再也不能像以前那样到处跑来跑去四处游玩了，有时候连照顾自己都力不从心，因此李大爷经常一个人闷闷不乐。

这一切，李大爷的邻居丁小明都看在眼里。丁小明搬来李大爷隔壁已经有好几年了，丁小明自己的父母去世得早，再加上丁小明的妻子罗小红是社区工作人员，所以两人经常对李大爷关心和照顾。因为李大爷退休前是中学老师，为人知识渊博，还很亲和，平时还能给丁小明的儿子丁当辅导功课，陪丁当完成学校的各项手工，所以丁当尤其喜欢这个李爷爷，每天一放学就钻到李大爷家里去，在李大爷的辅导下完成功课后共同玩耍。一到吃饭时间，丁小明就让儿子去叫李大爷来吃饭。周末全家出去旅游，也都叫上李大爷一起。李大爷与丁小明一家人相处得非常融洽。

几年下来，李大爷觉得丁小明两夫妻是真心对自己好，自己跟丁当之间更是跟亲爷孙一样感情深厚，于是李大爷就想跟丁小明夫妻签一份遗赠扶养协议。

法律问题

如何签订一份有效的遗赠扶养协议？

律师说法

1. 什么是遗赠扶养协议?

遗赠扶养协议,是指自然人与继承人以外的组织或者个人签订的协议。协议中约定,该组织或个人承担对该自然人生养死葬的义务,自然人将其全部或部分遗产遗赠给该组织或者个人。只要该组织或个人履行了协议中约定的生养死葬义务,就有依据协议获得前述遗赠财产的权利。反之,如果没有履行义务或者只履行部分义务,则丧失权利或者只有部分权利。

李大爷想要与丁小明签订的协议正是这样一份协议,李大爷可以在协议中要求丁小明一家必须为自己生养死葬,照顾好自己的晚年生活,只要丁小明尽到了自己的协议约定义务,就将自己名下的遗产全数赠与其一家。

本案中,李大爷妻子去世得早,又无儿无女,父母更是早已经去世,所以第一顺位的继承人都没有,至于李大爷的兄弟姐妹也都住得很远,而且平时与李大爷很少来往。现在李大爷孑然一身,并没有其他的法定继承人,但是在跟邻居丁小明一家的相处过程中,他感受到了对方对自己的关心,希望对方为自己养老送终,他愿意以自己全部的身家相赠来表达自己的谢意。李大爷希望以协议的形式明确下来,以免将来自己去世后自己的兄弟姐妹觊觎自己的遗产,给好心的丁小明一家造成不必要的纠纷和麻烦。基于此,李大爷完全符合了与丁小明签订遗赠扶养协议的客观条件,对于这种情况的单身老人而言,遗赠扶养协议可以说是一个非常不错的选择。

2. 如何签订遗赠扶养协议?

遗赠扶养协议的签署发生在自然人与其他组织或个人之间,这一份协议不同于一般协议之处在于,一方需要另一方来对自己生养死葬,不仅需要行动上的付出,也需要情感上的关怀;另一方为了回馈该一方对自己的付出,而以自己名下的财产相赠。同时,协议的最终履行完毕发生在该一方去世后。

(1)挑选合适人选。如前所言,生养死葬不仅需要行动上的照顾,还需要情感上的嘘寒问暖,所以老年人在有与他人签订遗赠扶养协议意向的时候,先要对该协议对象进行一定的观察,确定其是个相对可靠、忠实的人选,这样也为协议的履行提供了一定的保障基础。

(2)委托专业人士拟定遗赠扶养协议。该协议的约定内容以及双方之间权利义务关系的规定,对于老年人一方尤为重要,因为要把自己的晚年生活和一辈子的积蓄都全权托付给他人,所以必须有严格、严密的协议条款约定,促使双方按照约定履行义务、享受权利。

(3)签署遗赠扶养协议时最好能有见证人在场。见证人可以是律师,可以是亲属、朋友、邻居等,也可以是街道工作人员、居(村)民委员会工作人员等。见证人的存在,使协议的签署过程更加公开、透明,更能保护老年人一方的权利,也有利于他人对于相对方的监督,从而最大限度实现老年人安享晚年生活的目的。

法条链接

《中华人民共和国民法典》

第1158条 自然人可以与继承人以外的组织或者个人签订遗赠扶养协议。按照协议,该组织或者个人承担该自然人生养死葬的义务,享有受遗赠的权利。

二十二、遗赠扶养人履行完成义务后，被继承人子女不同意怎么办？

张大爷老伴去世得早，膝下只有一个儿子张小强，但是张小强不学无术，整天与一些狐朋狗友来往过密。张大爷多次劝诫儿子找个正当工作，做一个踏实肯干的青年，但张小强置之不理，继续与他的一帮酒肉朋友吃喝玩乐。张大爷年事已高，身体经常出现各种小毛病，儿子对此不管不问，倒是邻居周小东经常对自己嘘寒问暖。张大爷心里琢磨，指望儿子给自己养老送终是不可能了，于是在征得周小东同意的前提下，当着居民委员会工作人员的面，张大爷和周小东签了一份遗赠扶养协议。协议约定，周小东给张大爷生养死葬，张大爷同意在去世后将自己名下的所有存款相赠。

协议签订之后，周小东履行了自己在协议中约定的义务，负责照料张大爷的日常起居生活，张大爷生病的时候也都是周小东送饭递水，张小强也就偶尔出现一两次，完全没有尽到做儿子的责任。张大爷对周小东非常满意，临终前也将自己名下的全部存款都交到了周小东手里。但是张小强不同意这个安排，要求周小东归还张大爷的财产，说自己才是合法的继承人。

法律问题

张小强是否有权要求周小东归还张大爷的遗产？

律师说法

张大爷与周小东之间签有遗赠扶养协议，且双方自愿，并且在居民委员会工作人员的见证人下完成签署，协议生效。协议签订之后，周小东也按照协议的约定履行了自己作为扶养人的义务，其有权要求获得协议中约定的遗产。张小强虽然是张大爷的儿子，但是张大爷生前与周小东签订的遗赠扶养协议，赋予了周小东优先获得遗赠的权利，所以张小强无权继承该部分存款，更加无权要求周小东进行归还。

虽然张小强以法院起诉相要挟，但是周小东不仅持有与张大爷亲笔签名的协议，还提供了大量的票据，包括陪同老人去医院的停车费发票、医院看病缴纳的就医费用发票、日常给老人购买衣物等生活用品的发票等；而且居民委员会的工作人员和街坊邻居都可以作证，日常生活中确实是周小东在照顾老人，而作为儿子的张小强基本上不踏入老人的住所半步。基于这一事实，张小强的起诉显然不会得到法院的支持。

同样，如果周小东没有按照遗赠扶养协议中的约定履行义务，签完协议之后就对张大爷不闻不问，那就等于以自己的行动表明了不履行约定，则无权要求张大爷以存款相赠。

法条链接

《中华人民共和国民法典》

第1158条 自然人可以与继承人以外的组织或者个人签订遗赠扶养协议。按照协议，该组织或者个人承担该自然人生养死葬的义务，享有受遗赠的权利。

二十三、遗产中的房屋，继承人怎么分割？

丁大爷已经80岁高龄，有两个儿子丁一和丁二，但是丁一和丁二关系并不和睦。为了避免麻烦，丁大爷生前就立好了遗嘱，约定自己去世后留下的财产由两个儿子分别继承一半，谁也不许因为遗产继承的事情伤了兄弟之间的和气。几年后丁大爷去世了，丁一和丁二果然因为遗产分割发生了纠纷。

对于丁大爷生前居住的房屋，虽然丁大爷规定了一人一半，但是因为这个房子是学区房，丁一和丁二都想要，谁也不愿意把房子让给另一方。除此之外，丁大爷生前还有另外一套房屋，这套房屋是其与弟弟丁强一起买的，房屋也登记在丁大爷和丁强两个人名下，两人各占一半份额。现在丁大爷去世了，丁一和丁二都不想要这个房子，就直接找到丁强，让其把房子的一半折价款给兄弟二人，然后把房子过户到丁强一人名下，但是丁强明确表示其没有能力支付折价款。所以，虽然父亲留了遗嘱，确定了均等分割遗产的原则，但是兄弟二人对于如何继承分割丁大爷生前名下的房屋还是存在很大的争议。

法律问题

遗产中不能直接分割的财产，应该如何进行继承？

律师说法

遗产的范围十分广泛，只要不违背法律规定，可以继承的财产都可以成为遗产。如果丁大爷的遗嘱中，直接写明去世后自己名下的房屋给谁，另一个取得存款或者其他等价财产，那么两个儿子直接按照遗嘱中的内容进行分割就可以了。但是丁大爷没有写明，只是笼统说明房子两个儿子一人一半，这就势必涉及如何对房屋进行分割。

因为房屋是不动产，权利人要在房产交易部门进行相应的权利登记，与现金存款的处理有极大的不同。可以说，遗产分割中最容易分割的就是现金存款，有多少余额直接分割就可以，比如丁大爷去世后，名下的银行账户中有余额100万元，则两个儿子一人一半即各自继承50万元即可。而房屋的分割则相对复杂很多。

对房屋作为遗产进行分割，一般有以下三种方式：

第一种，如果继承人均主张房屋的所有权，则继承人均可登记成为所有权人，按照应继承份额比例按份共有；

第二种，如果一方主张所有权，另一方不主张，则一方可取得房屋的全部所有权，并按市场价值支付另一方对应的折价款；

第三种，如果继承人均不主张房屋所有权，则继承人可按照应继承份额比例按份共有登记为所有权人，之后将房屋出售，出售款按份额进行分配。

同样，丁大爷与弟弟丁强共有的一套房屋，对于其中属于丁大爷遗产份额部分的分割，也可以参照以上三种方式进行。

法条链接

《中华人民共和国民法典》

第1156条 遗产分割应当有利于生产和生活需要，不损害遗产的效用。不宜分割的遗产，可以采取折价、适当补偿或者共有等方法处理。

二十四、被继承人去世后，继承人可以直接去银行取出其生前的存款吗？

周大爷因病去世前留下了一份遗嘱，其中写明自己名下的房屋和银行存款100万元都由自己的妻子姚阿姨和儿子周小雷继承。办理好周大爷的后事后，周小雷和母亲一起来到银行，了解到周大爷在银行确实有一笔存款100万元，因为该钱款数额巨大，无法通过在ATM机直接取现的方式取走。因此二人向柜台工作人员说明情况，并提供了周大爷的死亡证明、遗嘱、二人与周大爷亲属关系的相关证明，但是银行仍然拒绝了姚阿姨和周小雷取款的申请，要求其必须出示继承权公证书等相关文件，否则无权取款。

周小雷觉得已经向银行提供了能证明自己和母亲取款正当性的全部文件，而银行的不配合就是为难自己，于是一怒之下直接向法院起诉了该家银行。请问银行的做法正确吗？周小雷的起诉会得到法院的支持吗？

法律问题

继承人可以直接去银行取出被继承人生前的存款吗？

律师说法

被继承人去世后，如果其名下有存款，要想取得该存款，一般有以下两种途径：

途径一：在各个继承人之间对于遗产分配数额没有争议，或者说达成一致意见的情况下，所有继承人可以来到公证处办理一份继承公证，明确大家对于遗产分割的数额和方式，在取得公证处的公证书后，可根据该公证书前往银行办理取款。

途径二：各个继承人之间如果对于遗产分配数额存在争议，可以向人民法院起诉，最后经法院审理查明后，根据法院出具的生效判决书或者调解书前往银行办理取款业务。

从以上两种取款途径可以看出，如果被继承人已经去世，继承人是不可以直接去银行柜台取款的，要么持有公证处出具的继承公证书，要么持有人民法院的生效判决书或者调解书。不过也存在例外情况，大部分银行对比较小额（一般指人民币 1 万元以下）的银行存款的取款政策相对较为宽松，继承人如果持有银行卡并知道银行卡密码，可以直接在 ATM 机操作取款，无须经过柜台人员处理。当然，前提是被继承人的银行账户没有被冻结。

本案中，如果周大爷把遗产都留给了老伴姚阿姨，但是儿子周小雷为了偿还赌债，从家中强行拿走了周大爷的银行储蓄卡并且知道密码，姚阿姨为了保护自己的财产避免儿子挥霍，提前来到银行告知工作人员周大爷已经去世的消息，并出具死亡证明等文件，银行将会对周大爷名下的银行账户进行冻结。这种情况下，即使是持有银行卡并知晓密码，也无法在 ATM 机取出任何款项。

回到本案中，虽然周大爷的继承人只有周小雷和母亲姚阿姨，两人均本人来到银行现场，还提供了相关的身份关系证明以及周大爷的遗嘱等，但是对于作为金融机构的银行而言，其职能是提供个人或企业的相关金融业务，不具有对遗嘱真实性审核的资质和义务，同样对于前来要求取款的姚阿姨和周小雷的身份，其也不具有审查的义务。因此，为避免公民合法财产遭到不法侵害，银行只能根据法院、公证处等有权机关出具的有效文书来确认继承人的身份、财产权属等。虽然对于姚阿姨和周小雷来说，可能确实增加了一些取款手续上的不便，但从宏观角度来说，银行的这一要求也更加反映了其谨慎的态度，有利于保护绝大多数人的财产利益和财产安全。

法条链接

《中国人民银行、最高人民法院、最高人民检察院等关于查询、停止支付和没收个人在银行的存款以及存款人死亡后的存款过户或支付手续的联合通知》

二、关于存款人死亡后的存款过户或支付手续

存款人死亡后的存款提取、过户手续问题涉及的内容比较复杂,应慎重处理。

(一)存款人死亡后,合法继承人为证明自己的身份和有权提取该项存款,应向当地公证处(尚未设立公证处的地方向县、市人民法院,下同)申请办理继承权证明书,银行凭以办理过户或支付手续。如该项存款的继承权发生争执时,应由人民法院判处。银行凭人民法院的判决书、裁定书或调解书办理过户或支付手续。

《中国银保险监会办公厅、中国人民银行办公厅关于简化提取已故存款人小额存款相关事宜的通知》

二、适用本通知规定办理已故存款人小额存款提取业务应当同时符合下列条件:

(一)已故存款人在同一法人银行业金融机构的账户余额合计不超过1万元人民币(或等值外币,不含未结利息);

(二)提取申请人为已故存款人的配偶、子女、父母,或者公证遗嘱指定的继承人、受遗赠人;

(三)提取申请人同意一次性提取已故存款人存款及利息,并在提取后注销已故存款人账户。

银行业金融机构可以上调本条第(一)项规定的账户限额,但最高不超过5万元人民币(或等值外币,不含未结利息)。

外币存款按照提取当天国家外汇管理局公布的汇率中间价折算。

专题小结

草木有一枯一荣，人有生老病死，这是人与自然均无可回避的自然规律。但是不同于自然界的其他生物，人类在其一生中，通过自己的奋斗，往往积累了一定的财富，当其离世时，这笔遗留下来的财富如何进行分割，便是我们要面临和解决的继承问题。

这一章中，我们通过一个个鲜活的小案例，向各位揭示了什么是继承、遗产的范围是什么、继承人的资格如何取得、继承的方式有哪些，以及继承中可能存在的一些问题。

我们首先要解决的问题是遗产的范围。一旦被继承人去世，继承便开始了，到底哪些是遗产需要拿出来进行分割，这是首要的前提。比如夫妻一方去世，要先把属于对方的夫妻共同财产部分析产出去，剩下的属于该一方的财产才能作为遗产；再如，被继承人生前对外享有债权，这个债权也应该纳入遗产的范畴；又如，被继承人临终前赠送给别人的财物，是否还可以作为遗产要求对方返还？诸如此类，所以要先厘清遗产的范围是什么，否则后续的分割便无从谈起。

遗产的范围确定之后，便是确定继承人的人选，即谁有资格来享有被继承人的财产权益。这就要区分是否有遗嘱的情形，如果被继承人留有遗嘱，那么就按照被继承人在遗嘱中确定的分配方式进行分配；如果没有遗嘱，那就是法定继承。法定继承的话一般来说在父母、配偶、子女之间按照人数均等分割，这些都是法律规定排在第一顺位的继承人，只有在这些人都不存在的情形下，才会由第二顺位的继承人来继承遗产，即兄弟姐妹、祖父母、外祖父母。当然，如果被继承人的子女先于自己去世,可以由子女的子女来代位继承祖父母或者外祖父母的遗产。

前面刚讲到继承人的确定要视有无遗嘱的情形来进行确认,遗嘱的重要性可见一斑。因为遗嘱的生效是发生在立遗嘱人去世后,所以为防止立遗嘱人的真实意思被篡改,我国法律对遗嘱的形式和内容均有严格的要求,如果不符合法律的规定和要求,一份遗嘱的有效性很可能会受到挑战和质疑。当遗嘱存在问题导致其效力受到质疑甚至被否定的时候,继承人的资格将会受到极大挑战甚至丧失。

目前,法律规定的遗嘱形式主要有六种:自书遗嘱、代书遗嘱、打印遗嘱、录音录像遗嘱、公证遗嘱和口头遗嘱。各种遗嘱之间没有优先之分,如果同时存在多份遗嘱,则以最后时间的那一份为准。有一点需要注意的是,口头遗嘱只在情况紧急时候方可使用,事后如果紧急情况消除,需要重新订立遗嘱。这几种遗嘱都有严格的形式要求,所以想要立一份遗嘱,就要明确立遗嘱的规则和要求,否则万一遗嘱被认定无效,那么立遗嘱人的真实意思表示就不能得以实现,也无法按照其生前心愿对名下财产进行处分,与其立遗嘱时候的初衷背道而驰。

《民法典》新增设了"遗产管理人"的制度,可见在当下遗产管理人这一角色的重要性。现实中,如果被继承人生前有指定遗产管理人,则由指定人选担任遗产管理人;如无指定,可以由继承人共同担任或者推举遗产管理人,对遗产管理人人选存在争议的,可以由法院指定。遗产管理人角色一旦确定,便由其对被继承人的继承事务进行全面参与管理,包括清点遗产、确定遗产范围,制定遗产清单,确认对外债务和债权,用遗产对债务进行清偿,代表继承人向外部债务人追偿或提起诉讼以收回债权等,而对于外部债权人来说,遗产管理人的存在也为其提供了便利。

除继承外,公民还可以根据自己的意愿在生前与他人签署遗赠扶养协议,约定由他人对自己生前照顾扶养、身故后安排丧葬等,去世后即将自己名下的全部或者部分财产赠与扶养人。这一协议必须是协议人的真实意思表示,不得存在任何欺诈、胁迫,且同意扶养一方必须严格按照协议履行自己对于另一方的生养死葬义务。需要特别注意的一点是,遗赠扶养协议的受赠人实际上是履行了一项合同义务，所以在分配遗产时，遗赠扶养协议优先于遗嘱继承和法定继承。

随着全民普法教育的普及和民众法律意识的提升，死亡作为一个无法回避的话题，已经不再像之前那么被人讳莫如深，大家已经开始理性看待这个问题。既然无法避免，那么能多了解相关法律知识，能在生前多做筹划和准备减少不必要的纠纷，按照自己的意志对名下财产作出相应的处分，不仅是公民法律意识的觉醒，也是个人意志体现的一种延伸与保护！

专题六　高净值人士财富管理

周　涛　国浩律师（大连）事务所合伙人
隋永华　国浩律师（大连）事务所合伙人
姜凯阳　国浩律师（大连）事务所律师
李清晨　国浩律师（大连）事务所律师助理

一、如何运用《婚前协议》保护家族企业？

冯总年轻时几经打拼，拥有了一家管理咨询公司，资产上千万元。因为年轻时过于重视事业，与夫人聚少离多，最终分手，因此，冯总格外重视唯一的儿子小冯。如今，冯总已近耳顺之年，公司也好、资产也好，迟早要由儿子小冯来继承。同时，冯总老当益壮，还交往着一个女朋友，已经到了谈婚论嫁的地步，但是，小冯却怎么也高兴不起来。原来冯总的女朋友小李家境一般，还有一个弟弟。小冯心想，我爸都这个年纪了，草草结婚，万一以后又要分手或者出了什么意外，一辈子攒下来的财富不都给外人了吗？思前想后，小冯找到了律师，在律师的建议下，冯总与小李签署了《婚前财产协议》，约定双方婚前的财产及利益为双方各自拥有的财产，不因婚姻关系的存续而转化为夫妻共同财产，对管理咨询公司的股权归属、收益等也作出了相应的约定。

婚后，冯总与小李因日常琐事发生了争吵，最终冯总选择了离婚。好在二人签署了《婚前财产协议》，管理咨询公司的运营未受到二人离婚的任何影响，冯总也无须分割巨额的财产。因为在《离婚协议》中，冯总也为小李提供了一份较为丰厚的财产，二人和平分手。

法律问题

为了家族企业，《婚前财产协议》要不要签？如何签署？

律师说法

1.《婚前财产协议》签署的必要性。

在中国的传统文化中，似乎非常忌讳一家人去“谈钱”，觉得是对感情及信任的亵渎。但大量案例证明，对于家族财富及家族企业的传承而言，签署《婚前财产协议》是十分必要的。具体而言，对于涉及家庭财富悬殊或个人收入差距较大、家庭成员复杂、再婚、涉外婚姻、夫妻财产 AA 制等情况的家庭格外建议签署《婚前财产协议》。站在小冯的角度上讲，冯总年事已高，如果没有《婚前财产协议》的约束，结婚便意味着夫妻均对公司股权享有共同的收益权，如果夫妻关系恶化，就会影响公司持续经营并导致冯总的千万元资产受到损失。例如，2019 年，亚马逊创始人与妻子麦肯齐离婚，离婚后，麦肯齐成为全球第三大女富豪。比尔·盖茨离婚后，其妻子梅琳达也分得价值近 24 亿美元的股票。而特斯拉创始人马斯克则选择与其历任妻子提前签订《婚前财产协议》，著名演员莱莉两度与马斯克离婚，在其第一次离婚时只分得 420 万美元和一辆特斯拉汽车，而第二次离婚时分得 1800 万美元，这使马斯克的离婚对特斯拉的运营未产生较大影响。

2. 如何签署一份有效的《婚前财产协议》？

通过上述介绍，相信大家对《婚前财产协议》的重要性拥有了一定的认识，那么签署《婚前财产协议》时要注意什么呢？

在签署《婚前财产协议》的过程中，主张签署协议的一方要做到先情后礼，通过试探、说服、协商、安抚等方式在不破坏双方感情的前提下签署一份内容完备的《婚前财产协议》。

一份内容完备的《婚前财产协议》应对双方财产的所有制以及具体的范围加以约定，如房产的具体坐落、不动产权证号码以及涉及公司的信息等。同时，还可以对婚后财产的所有制作出相应约定。《婚前财产协议》签订并生效后，可以作为离婚时确定财产权属及债务承担的依据。

法条链接

《中华人民共和国民法典》

第1065条　男女双方可以约定婚姻关系存续期间所得的财产以及婚前财产归各自所有、共同所有或者部分各自所有、部分共同所有。约定应当采用书面形式。没有约定或者约定不明确的，适用本法第一千零六十二条、第一千零六十三条的规定。

夫妻对婚姻关系存续期间所得的财产以及婚前财产的约定，对双方具有法律约束力。

夫妻对婚姻关系存续期间所得的财产约定归各自所有，夫或者妻一方对外所负的债务，相对人知道该约定的，以夫或者妻一方的个人财产清偿。

二、如何规避子女婚姻对家族财产所带来的负面影响?

张总栉风沐雨数十载,一手创立了大厦房地产公司,是该公司的实际控制人,同时拥有多家建设公司、装饰公司、机电公司等,身家高达数亿元。10 年前,张总的独生女张宇与王富贵结婚,张总为爱女准备了丰厚的嫁妆,包括一家装饰公司 10% 的股权以及 5 套住房等。

张宇结婚后,张总对女儿、女婿都十分满意,于是将一家公司交给王富贵打理,并将自己持有的多家公司的股权转给了张宇。同时,张总还借用张宇的账号进行投资,先后向张宇账户打入近 2 亿元的投资款。

2014 年,为了迎接张总外孙小王的出生,张宇夫妻二人双双移民加拿大,为了给张宇夫妻和小王提供更好的生活条件,张总多年来持续补贴张宇一家,累计向张宇转账 4000 余万元。

本来一切都向着美好发展,但最近张宇和王富贵的婚姻出现了裂痕,面临离婚的境地。在离婚谈判的过程中,张总发现这些年来张宇、王富贵二人积累了大量的财富,虽然这些财产的积累跟王富贵几乎毫无关系,但王富贵坚决要求按照夫妻共同财产分配。粗略一算,单单张宇持有股权公司的未分配利润就达数千万元,加上张宇婚前持有股权的增值部分、房产和现金总价值高达上亿元。显然,张总并不打算让二人平分上述财产,于是找到了律师,希望从法律上得到支持。目前,二人的离婚谈判还在进行中。

法律问题

对于高净值人士,子女婚姻有何风险?如何运用法律工具与金融工具加以防范?

律师说法

对于高净值人士而言,子女婚姻是一件大事,值得高兴和祝福,但也面临着不小的风险。如何把财富给到自己子女手中而不会因婚变等情况让外人受益是一个让不少人头疼的难题。

高净值人士往往都是地区内有头有脸的人物,其子女结婚自然不能太寒酸,如案例中张总大手一挥就送出了 5 套住房及价值不菲的股权,婚后还给予了大量现金等。我们将在接下来一一分析,帮助高净值人士最大限度地保卫自己辛苦积攒下的财富。

1. 关于房产。对于赠与的房产,尽可能在婚前全款购入,且房产证上只写明自己子女的名字。如此一来,房产便成为子女的婚前财产,即使在离婚时也可以免受分割的风险。当然,这也需要注意避免婚后子女将配偶的名字加到房产证上而将婚前个人财产变成夫妻共同财产的情形发生。

2. 关于子女一方持有的股权。对于婚前持有的股权,不要想当然地认为完全是子女个人财产。根据法律规定,夫妻在婚姻关系存续期间生产、经营、投资的收益,包括一方以个人财产投资取得的收益归夫妻共同所有,即婚前股权在婚后的增值,婚后增资部分及婚前股权在婚后分红收益属于夫妻共同财产。婚后持有的家族企业股权如果遇到婚变很有可能被分割,因此,针对这一部分应签订婚前或婚内财产协议,从而起到隔离的作用。

3. 关于父母在子女婚后赠与子女一方的财产。在子女结婚后,如果想通过现金转账资助子女应注意以下几点:一是在转账时应在附注中特别明确只赠与子女而不涉及他人,或者与子女签订赠与协议。二是子女应办理一张专门接收转账的银行账户,该账户不可存入其他夫妻共同财产,以免造成混同。或者运用后文将介绍的为子女设立家族信托等方式对补贴支持子女的现金钱款进行风险隔离。

法条链接

《中华人民共和国民法典》

第 1062 条 夫妻在婚姻关系存续期间所得的下列财产,为夫妻的共同财产,归夫妻共同所有:

(一)工资、奖金、劳务报酬;

(二)生产、经营、投资的收益;

(三)知识产权的收益;

(四)继承或者受赠的财产,但是本法第一千零六十三条第三项规定的除外;

(五)其他应当归共同所有的财产。

夫妻对共同财产,有平等的处理权。

第 1063 条 下列财产为夫妻一方的个人财产:

(一)一方的婚前财产;

(二)一方因受到人身损害获得的赔偿或者补偿;

(三)遗嘱或者赠与合同中确定只归一方的财产;

(四)一方专用的生活用品;

(五)其他应当归一方的财产。

三、家企混同会带来什么风险？

蔡总年轻时和妻子付女士经商失败，于是投资了妻弟付总的小吃部，小吃部逐步发展成了连锁餐饮公司。该餐饮公司的股权份额中，蔡总与付女士共同持股 50%，妻弟付总持股 50%。后蔡总与付女士离婚，但并未影响餐饮公司的经营，经过多年的努力和付出，蔡总终于将当年的小吃部、小公司打造成了驰名餐饮品牌，离 IPO 仅一步之遥。但正是这一步之遥发生了意外。随着公司越做越大，蔡总引入了职业经理人协助公司治理。在治理过程中，蔡总认为公司家族化的管理模式大大影响了公司的发展，于是打算拿付总开刀，将付总彻底在公司边缘化。可付总也不是好惹的，他联合姐姐付女士展开反击，一方面付总向法院起诉行使股东知情权，另一方面付女士从公司财务处拿去若干财务资料，进而发现蔡总在处理公关事件时擅自将公司资金转移至自己账户的证据，最终使蔡总锒铛入狱。

蔡总入狱后，付总把持公司大小事务，但由于能力不足，公司经营日益困难，付总的财务状况也大不如前。为了维持个人消费需要，付总经常要求将公司经营款打入其个人账户。因资金周转问题，公司拖欠供应商数百万元货款，被供应商诉至法庭，付总被判承担连带责任。

法律问题

公司是我的，公司财产就是我的个人财产吗？

律师说法

很多高净值人士认为公司是我一手打拼下来的，公司管理层大多也都是一家人，公司资产自然是我个人的资产，我花我自己的钱怎么会出问题呢？实际上，这种行为没有任何法律支持，会导致家庭财产和公司财产的混同，一旦出事就有可能面临万劫不复的风险。

案例中，蔡总锒铛入狱，付总需要自掏腰包承担公司债务，都是因为二人没能做到家企分离。

对于蔡总而言，错误的股权配置就为自己入狱埋下了伏笔。从小吃部到驰名餐饮集团，公司发展的每一步都是由蔡总主导的，可以说没有蔡总就没有如今的公司，但蔡总却选择了最糟糕的股权配置——五五平分，看似是一家人一团和气，但当出现争执时，蔡总缺少对公司的绝对控制权，大大增加了内斗的风险。这就要求高净值人士在制定股权架构之初，便明确家人是家人、股东是股东，企业控制权需要牢牢掌握在自己手中。此外，蔡总还犯下了许多高净值人士都会犯下的错误——家企财务不分。在公司发展壮大过程中，一定的公关费用是必要的，但又不好在账面上体现，蔡总选择的方式是自掏腰包，之后要求公司财务通过种种方式为其报销，最终落下把柄，涉嫌刑事犯罪，惹来牢狱之灾。

对于付总而言也同样如此，蔡总入狱后付总独掌公司大权，本是春风得意之时，付总却没能抓住这个好时机，反而犯下和蔡总同样的错误，将个人、家庭的收入支出和公司的收入支出混为一谈，以至于财产混同，不得不以个人、家庭财产承担无限责任。

本案中，无论对于蔡总、付总、付女士还是公司，都没有赢家。蔡总妻离子散，锒铛入狱；子女因母亲与舅舅联手将父亲送入监狱对付女士产生怨恨，关系破裂；付总一度掌握公司大权却能力不足，又染指公司财产，不得不面临巨额债务；而公司则错失发展的大好时机，就此一蹶不振。背后的原因值得企业主们反思、借鉴。

法条链接

《中华人民共和国公司法》

第21条　公司股东应当遵守法律、行政法规和公司章程,依法行使股东权利,不得滥用股东权利损害公司或者其他股东的利益。

公司股东滥用股东权利给公司或者其他股东造成损失的,应当承担赔偿责任。

第23条第1款　公司股东滥用公司法人独立地位和股东有限责任,逃避债务,严重损害公司债权人利益的,应当对公司债务承担连带责任。

四、信托与大额保单是否可以完全隔离风险？

邓先生经营一家科技公司，如今已经拥有上千亿元的身价。随着公司逐渐步入正轨，邓先生越来越考虑其财富的保值与传承。邓先生家庭情况较为复杂，除了和杨女士育有一子邓 A 外，邓先生同时还与周女士育有非婚生子邓 B。杨女士一直都不知道邓 B 的存在。邓先生一直在头疼，如何能将一碗水端平，给邓 B 足够优越的生活，同时也能在自己百年之后为邓 B 留下一笔可观的财富呢？

在一次饭局中，邓先生向自己的生意伙伴透露了他的想法，生意伙伴向他推荐了信托和大额保单。一方面，设立信托，以周女士作为委托人、邓 B 作为受益人，通过信托向邓 B 每月给付一定的生活费；另一方面，购买一份寿险，指定邓 B 为受益人，在邓先生去世后，邓 B 也可以收到一份可观的身故保险金。同时，信托和寿险还能隔离风险，即使邓先生生意上出现了什么意外，这两笔钱也不至于被强制执行。谁承想天有不测风云，邓先生的企业陷入了一场诉讼，邓先生被判承担连带责任，其购买的大额保单的现金价值及利息等财产性权益被法院予以冻结并强制扣划。与此同时，通过该份保单，杨女士也知道了邓 B 的存在，一气之下，杨女士以不当得利为由将周女士诉至法院，法院裁定冻结了邓先生的信托财产，但信托可以继续正常向邓 B 支付生活费。这一系列裁判让邓先生陷入沉思，为什么信托、大额保单没能起到隔离风险的作用呢？

法律问题

大额保单和信托的风险隔离功能在法律上如何体现？

律师说法

很多保险行业从业者在向客户推荐产品时经常提到的一句话就是保险具有风险隔离的作用。具体而言，保险不能被视为债务人的财产而被法院强制执行。但这句话并不绝对，在做财产规划时，绝不能抱有想当然的心理。

最高人民法院认为①，商业保险产品属于可以进行查封、扣押、冻结的财产权利。意外伤害、残疾保障类人身保险产品虽然具有一定的人身保障功能，但其根本目的和功能是经济补偿，其本质上属于一项财产性权益，具有一定的储蓄性和有价性，除被执行人及其所扶养家属的生活必需品等豁免财产外，人民法院有权对该项财产利益进行强制执行。人身保险的保单现金价值系投保人交纳的、为了支付以后年度风险之用的费用，与保险事项发生后，保险公司应当支付的保险金不同，并不具有人身依附性的专属性，也不是被执行人及其所扶养家属所必需的生活物品和生活费用。根据投保人签订的保险合同的内容，以及《保险法》第 15 条的规定，在保险金给付之前，投保人对该保单现金价值享有确定的所有权。人民法院对该保单的现金价值及利息等财产性权益予以冻结并强制扣划并无不当。

而对于信托财产而言，其具有独立性，《信托法》明确规定除第 17 条规定的特殊情况外，信托财产不可被强制执行。本案中，人民法院也只是冻结了信托财产，而邓 B 的信托利益分配实际上是不受影响的。当然，本案中还存在的一个问题是邓先生设立信托的资金来源。《信托法》要求有效的信托必须有确定的信托财产，并且该信托财产必须是委托人合法所有的财产。如果邓先生设立信托的资金源于与杨女士的夫妻共同财产，那么该信托的效力便存疑，自然不能起到风险隔离的作用了。

① 最高人民法院执行裁定书，(2020)最高法执复 71 号。

法条链接

《中华人民共和国保险法》

第15条 除本法另有规定或者保险合同另有约定外,保险合同成立后,投保人可以解除合同,保险人不得解除合同。

第47条 投保人解除合同的,保险人应当自收到解除合同通知之日起三十日内,按照合同约定退还保险单的现金价值。

《中华人民共和国信托法》

第17条 除因下列情形之一外,对信托财产不得强制执行:

(一)设立信托前债权人已对该信托财产享有优先受偿的权利,并依法行使该权利的;

(二)受托人处理信托事务所产生债务,债权人要求清偿该债务的;

(三)信托财产本身应担负的税款;

(四)法律规定的其他情形。

对于违反前款规定而强制执行信托财产,委托人、受托人或者受益人有权向人民法院提出异议。

五、如何运用保险金信托筹划隔代传承？

杨女士年轻时与丈夫共同经营一家企业，经过多年的打拼，企业欣欣向荣。但杨女士丈夫老崔因操劳过度，积劳成疾，最终于2017年撒手人寰。这件事以后，杨女士对经营企业逐渐心灰意冷，再加上自己的身体状况也不太好，于是将企业转让了出去，获得转让款几千万元。

杨女士与老崔育有一子崔先生，对于杨女士而言，现阶段主要关注的是将其与老崔几十年来攒下来的资产传承给子孙后代，但崔先生的情况也不太乐观。2015年，崔先生在一次体检中被发现患有甲状腺癌和淋巴癌，虽然当时就进行了手术，对肿瘤进行了切除，但近几年来体检的结果都不太理想。

家族第三代的情况更为复杂，崔先生前妻为人刻薄，性格飞扬跋扈，在崔先生养病期间被发现婚内出轨，二人于2018年协议离婚。崔先生与前妻育有两女，大女儿崔美丽10周岁，由前妻抚养；小女儿崔漂亮刚刚4周岁，由崔先生抚养。在每一个孙女出生时，杨女士都以崔先生的名义为其购买了大额保单。2021年，崔先生新结识了一位女友，最近正在筹备婚礼。

杨女士一直琢磨，如何将她的财富平稳传承到二代、三代，而不被外人染指呢？

法律问题

高净值人士如何平稳完成财富传承？什么是保险金信托？

律师说法

财富传承对于高净值人士而言，无疑是一件大事，稍有不慎，轻则导致家族内部动荡，亲人间对峙法庭，重则一辈子积蓄下来的财富到头来竹篮打水一场空。

本案中，杨女士以崔先生的名义为两位孙女都购买的大额保单，就是运用了非常好的传承工具。国内常见的大额保单类型包括年金保险、终身寿险等，因保险具有低门槛（可分期投入）、高杠杆（终身寿险具有高杠杆）以及融资功能（保单现金价值可贷款融资）等优势，一直被许多高净值人士所喜爱。在财富传承过程中，大额保单具有私密性，只需指定受益人，不需要写进遗嘱，不需要其他继承人知晓就可完成传承，进而能够避免大量家庭争端。

由于杨女士与儿子崔先生均身体欠佳，杨女士担忧如果自己和儿子都不在了，儿子前妻是两个孙女的法定监护人，大额保险金就需要由儿子前妻保管，这会存在诸多风险。因此，她希望有一种工具既可以保证不用儿子前妻保管大额保险金，又可以保证不影响两个孙女使用。律师建议将大额保单做成保险金信托以更加周全地进行传承。

保险金信托是指以保险金或保单受益权作为信托财产，由委托人和信托机构签订信托合同，当达到保险合同约定的赔偿或给付条件时，保险公司将保险金交付于受托人，由受托人依信托合同约定的方式管理、运用信托财产，并按信托协议约定，将信托资产及运作收益交付信托受益人。上述内容可归纳为"保险＋信托"模式，因为委托人作用显著，处于有利地位，能够掌控这个保险金信托的操作流程，降低了委托人的投资疑虑，使其成为市场上的主流产品。保险金信托综合了保险与信托的优势，具有起步亲民（保额或总保费达 100 万元）、费用优惠、操作简便、管理专业等优势。案例中，如果崔先生在女儿未成年前离世，大额保费很有可能落入其前妻手中，这显然是杨女士和崔先生都难以接受的。但如果设立了保险金信托，保险金并不会直接给付到两个女儿，而是由受托人通过杨女士/崔先生指定的方式运作，既能保证女儿的优越生活，也不会让大量财产流入外人手中。

法条链接

《中华人民共和国保险法》

第42条第1款　被保险人死亡后，有下列情形之一的，保险金作为被保险人的遗产，由保险人依照《中华人民共和国继承法》的规定履行给付保险金的义务：

（一）没有指定受益人，或者受益人指定不明无法确定的；

（二）受益人先于被保险人死亡，没有其他受益人的；

（三）受益人依法丧失受益权或者放弃受益权，没有其他受益人的。

六、多次婚姻多个子女，如何平衡下一代？

李总是某集团掌门人，30年前因性格不合与前妻离婚，二人婚内育有一子李一。李一儿时正是李总事业蒸蒸日上的时候，为了公司发展，李总经常出席各种应酬，平时也总加班，疏忽了对李一的陪伴；离婚期间，李总与前妻时常爆发争吵，导致李一的母亲整日以泪洗面，故离婚后，李一心中一直痛恨李总，并多年都与其不相往来。为了证明自己，多年来李一一直刻苦求学，几年前，李一赴美读博。

与前妻离婚后，李总结识了现任妻子。二人结婚后生下了女儿李二。李二各方面都非常优秀，毕业后就进入李总的公司，不到30岁就掌管了一家物业公司，李总对其十分满意，并计划将来把所有的企业都交给李二管理。近来，李总身体欠佳，时常会思念起多年未曾联系的李一，心中也觉得对李一有所亏欠，计划着在自己生前，留下一笔钱给李一，也算是作为父亲对孩子的关爱。但李总并不打算因为这件事引起家庭的不和睦，故不想让现任妻子与李二知晓此事。为了让他的传承计划顺利进行，李总找到了律师。

法律问题

如何为李一留下一笔财产，同时将公司顺利传承给李二呢？

律师说法

据统计，在财富由一代传承到二代的过程中，家族企业大都面临着巨大的财产缩水的风险。如果传承不慎，企业往往难以为继，与高净值人士最初的目标相距甚远。就李总而言，其除了财产传承问题外，还要考虑二代家庭成员间的微妙关系，既想为大儿子留下一定的财产，又想为小女儿接班铺路，同时不想让妻女知悉其为儿子留下财产的情况，其难度可见一斑。

对于为李一留一份财产，大多数人想到的第一个方式也是最普遍的方式就是赠与。在特定情况下，当事人会为了实现某种目标将某项财产作为礼物赠送给受益人，而使该项财产不再出现在遗嘱条款中。赠与是一种便于操作的传承方式，同时具有很强的定向性。但需要注意的是，为满足李总不让妻女知悉的愿望，也为了避免日后产生纷争，李总赠与的只能是他的个人财产，而不能动用夫妻共同财产。

另一种方式是保险/保险金信托，李总可以以自己的名义购买人寿保险，以李一作为受益人，如此一来，一旦李总离世，李一可以得到一份较为丰厚的保险金。但李总面临的问题是其年事已高，购买保险的成本较高，相对而言，这一方式更适合年富力强的高净值人士采用。

如何为李二铺路也是一大难题。其实对于李总而言，他面临的情况比大多数高净值人士都要乐观。李二各方面表现优秀，毕业后一直在家族企业工作并逐渐接管了部分企业，其既有接班的意愿，也有一定的能力。李总要考虑的问题在于如何让接班更加平稳。

首先，李总需要让李二逐渐掌握公司控制权。李二刚满 26 周岁，尚未结婚，因此需要考虑其未来婚姻状态对企业的影响。故李总目前应统筹其企业的持股状态，保证其个人对企业的控制权，同时委任李二在其公司的重要部门担任高管，并设立遗嘱，约定股权未来仅归李二一人所有。如李二结婚，则应在婚前签订《婚前财产协议》。

其次，李总应与李二一并对公司内部治理体系进行完善。公司的治理包括股东会、董事会、监事会、核心高管团队的运作模式，企业主的控制权以及高管团队的约束与激励。对于公司元老李二能否把控、李二接手后如何更新核心管理层都是需要提前规划的问题。

最后,李总也应做好李二接班失败的预案。对于李总这一类高净值人士而言,设立家族信托是一个较为合适的方案。家族信托是指信托公司接受单一个人或者家庭的委托,以家庭财富的保护、传承和管理为主要信托目的,提供财产规划、风险隔离、资产配置、子女教育、家族治理、公益(慈善)事业等定制化事务管理和金融服务的信托业务,具有风险隔离、传承规划、资产管理等多种功能。根据《信托法》第15条的规定,信托财产独立于委托人未设立信托的其他财产。因此,若李总设立家族信托,即便家族企业日后因为经营不善资不抵债,进入破产清算程序,其信托财产也不受影响。委托人的债权人无权对家族信托中的财产主张权利,这就为李二日后的优越生活进行了兜底,满足了高净值人士"提供家族稳定的财富收入、支持家族成员事业发展"的需求。

法条链接

《信托部关于加强规范资产管理业务过渡期内信托监管工作的通知》

二、严格落实《指导意见》要求

……家族信托是指信托公司接受单一个人或者家庭的委托,以家庭财富的保护、传承和管理为主要信托目的,提供财产规划、风险隔离、资产配置、子女教育、家族治理、公益(慈善)事业等定制化事务管理和金融服务的信托业务。家族信托财产金额或价值不低于1000万元,受益人应包括委托人在内的家庭成员,但委托人不得为惟一受益人。单纯以追求信托财产保值增值为主要信托目的,具有专户理财性质和资产管理属性的信托业务不属于家族信托。

《中华人民共和国信托法》

第47条 受益人不能清偿到期债务的,其信托受益权可以用于清偿债务,但法律、行政法规以及信托文件有限制性规定的除外。

七、分布在境外的遗产如何办理继承?

黄总是山东省某市的一名企业家,在当地经营着一家颇具规模的化工公司,每年营收相当不错。黄总先后经历了两段婚姻,与第一任妻子育有一儿一女,均已成家且都在家族公司担任要职;与第二任妻子也生育了一儿一女,儿子刚刚大学毕业后进入了省城的一家证券公司工作,女儿年龄尚小在美国读高中。现任妻子在公司担任财务总监。黄总的母亲早年过世,老父亲已近 90 岁高龄。

2020 年 9 月,黄总在出差的路上,突发心脏病去世,生前没有留下遗嘱。黄总名下除在中国的房产、股票等金融资产外,还持有境外的不少资产。化工公司的股权是由其在开曼群岛注册的一家公司,通过我国香港特区的公司持有的。他生前在我国香港特区和新加坡购买了多套房产,在我国香港特区和新加坡的多家银行开户并持有大量的外币资产。

黄总的家人在料理完他的后事后,开始联系律师咨询如何办理其身后巨额遗产的继承事宜。

法律问题

中国公民如何继承亲人在海外的遗产?

律师说法

1. 跨境遗产继承是一项非常复杂的法律事务。

随着我国改革开放,以及全球化浪潮的推进,富裕家庭资产跨境配置的情况越来越多。家庭资产分布在不同的国家或地区,必然受到财产所在地法律约束和管辖。对于跨境遗产的继承问题,至少需要履行以下步骤:(1)根据相应国家或地区的继承实体法律作出判断谁可以享有遗产;同时,(2)遗产要按照其分布的国家或地区按不同法律流程、步骤从被继承人名下"转至"继承人或遗产受益人名下。

如果继承人或遗产受益人之间对遗产分配不能协商一致,则需要在每一处遗产所在的国家或地区进行遗产诉讼。即使当事人在某一国法院赢取了所有遗产范围的胜诉,或者经历千辛万苦达成了法庭和解,但是由于司法管辖和遗产管理、遗产分配程序的不同,该胜诉判令或法庭和解令也无法得到遗产所在地的司法承认和执行,需要重新在遗产所地进行遗产分配程序或进行遗产诉讼。

笔者在十多年前即代理过一起涉及跨国财产继承的案件。刘女士持有中国护照,2004 年与一位澳籍男士 JASON 在上海涉外婚姻登记处登记结婚。一起生活了 4 年,未生育子女。2008 年上半年,JASON 突然患上了癌症。在回澳洲治疗期间,他通过律师完成了遗嘱的确立程序,遗嘱中明确:他名下的所有个人财产,包括在澳洲的酒庄、工厂,还有在上海松江的别墅、他的个人物品等,全部遗留给他的母亲,由他的母亲作为遗产管理人,负责清理他的债务,以及应付的税款等。一年以后,JASON 在澳洲去世。刘女士向当地法院以死者遗孀的身份起诉,要求遗产管理人应当向她分配一部分死者的遗产。最终法庭组织他们达成了"和解条款":由刘女士负责清除 JASON 生前在中国相关银行所负的债务,债务清偿完毕之后,上海松江区的别墅可以全部归刘女士一人所有,刘女士放弃对其他遗产主张的权利,JASON 的母亲有配合办理上海房产过户登记变更手续的义务。澳洲法院基于双方达成的"和解条款"作出了判令。但是,由于澳洲法院的判令不能在我国法院得到承认和执行,JASON 的父母也不配合刘女士在国内办理房产过户,案涉房产要全部过户到刘女士名下,需要在我国重新提起法律诉讼,但根据 JASON 所立遗嘱,我国法院是否会支持刘女士继承上海松江区别墅另外一半的产权份额存在不确定性。后来经过多方咨询和论证,刘女士还是选择在中国法院重新起诉,在经历半年之久的涉外送达程序之后,法院在对方未到庭的情况下缺席审理,参考澳洲法院的判令与“和解条款”,判决上海松江区的别墅中属于 JASON 的遗产份额归刘女士所有,并依据该份判决在房产交易中心完成了过户登记。

2. 涉港遗产继承的法律程序。

(1)涉及我国香港特区与内地之间遗产继承的问题,按各自的司法制度“平行”处理。

我国香港特区与内地适用不同的法律制度,属于不同的“法域”,两地之间“私法”领域之间的冲突,适用“国际私法冲突规范”进行处理。为了加强两地之间的司法协助,最高人民法院与香港特别行政区政府律政司签署了多项司法协助文件。在家庭法领域,《最高人民法院关于内地与香港特别行政区法院相互认可和执行婚姻家庭民事案件判决的安排》已于 2022 年 2 月 15 日生效并施行。但是,这个文件对于两地之间关于遗产继承案件民事判决互认与执行事项并没有涉及。因此,涉及两地之间遗产继承的问题,仍需按各自的司法制度“平行”处理。

(2)继承在我国香港特区的遗产,必须按照香港特区的遗产承办程序。

被继承人生前在香港特区的所有财产,如银行存款、股票或者房产,从被继承人死亡时开始就根据法律会被自动冻结并转为遗产,此时即使死者的配偶或者子女办理了相关身份证明文件证明自己与死者的关系,去香港特区银行要求领取死者的存款,或去相关机构办理房屋更名手续,也均不会得到相关机构支持。工作人员只会告知继承人需要去法庭申请遗产承办。

根据《遗嘱认证及遗产管理条例》(香港法规第 10 章),由遗产代理人(遗嘱执行人或遗产管理人)向香港高等法院遗产承办处申请遗产承办“授予书”,法院经审查后认为申请人符合遗产代理人资格的(而非确定谁是遗产的继承人或受益人),向申请人颁发“授予书”,申请人由此获得遗产代理人身份和职权的“官方批准命令”。遗产代理人不同于继承人或遗产受益人。根据香港特区法律规定,遗产的权益首先归属于遗产代理人,遗产代理人有权以所有人的身份对遗产进行任何处分，在法律上具有相当大的权利。与此同时，法律也要求遗产代理人承担很大的责任，他必须按照遗嘱或法律的规定对遗产进行处理，以实现遗产受益人的利益。若处理不当，遗产代理人即可能构成对受益人权益的侵害，从而须承担相应的法律责任。

(3)谁可以向香港高等法院遗产承办处申请授予书?

通常情况下，被继承人生前如果立有遗嘱，且遗嘱中指明遗嘱执行人，则应由其提出申请；如果死者没有留下遗嘱，或者虽然留下遗嘱但是没有指定遗嘱执行人或遗嘱执行人不能够或不愿意履行职责，则相关人士可向法庭申请授予书，法庭会按照法律规定的先后顺序，任命优先级高的且愿意承担遗产管理的人士作为遗产代理人。

根据《无争议遗嘱认证规则》(香港法规第10A章)第21条的规定，简单来说，可以提出申请遗产承办授予书的人士优先次序一般如下：(a)配偶；(b)死者的一名子女；(c)死者的父母；(d)死者的一名兄弟姐妹。一般来说，由享有较高优先权的人提出申请，如果其放弃或者已经去世，则享有较低优先权的人仍有权获得授予书，但必须向遗产承办处提出享有较高优先权的人去世或放弃权利的证明文件。

如遗产涉及未成年人权益及或终身权益，则遗产承办"授予书"必须发给不少于2名人士，但最多不超过4人。

(4)申请所需证据材料要求严格且繁杂。

申请遗产承办所要求的证据材料是比较苛刻的。在内地形成的文件，须内地涉外公证机构办理公证，外加外交部领事司认证。对交上去的材料遗产承办法官还会反复提出质问，申请人需要反复回答并补充相关的证据材料，或者作出合理解释。

由于内地居民向香港高等法院申请遗产承办授予书涉及香港特区、内地两地法律，被继承人家属一般需要委托香港特区与内地两地的律师，分工负责、相互配合办理相关的法律事务。一般情况下，简单来说包括以下：

①香港特区律师接受委托，查询被继承人在香港的遗产具体信息，协助申请人制作遗产清单；

②根据香港高等法院遗产承办处的相关要求，由香港特区律师列出需要在

内地收集提供的材料清单；

③内地律师协助收集证据材料，并由内地公证处办理公证，外交部办理认证；

④内地律师根据要求出具法律意见书并办理宣誓认证；

⑤香港特区律师根据规定填写申请书表格，并代理申请人向遗产承办处提出申请。

在没有任何争议的情况下，申请需要时长在6个月至1年之间，甚至几年。遗产代理人申请获得“授予书”之后，经过遗产公告等相应的程序，最后按照遗嘱或相关继承法的规定，向继承人或遗产受益人分配遗产。

通过以上简要分析，黄总过世之后，其名下在香港特区的房产、金融资产等办理继承的程序已经清楚。同时，对于注册登记在开曼群岛的其名下的公司股权、在新加坡的房产和银行金融资产的继承，由于新加坡、开曼群岛遗产继承的程序与中国香港类似，可以参考中国香港遗产继承程序，委托当地的律师与国内的律师相互配合，办理申请手续和资料的提交，最终实现所有遗产完成分配的目的。

八、自己不方便持股，由他人代持股权可以吗？

刘总目前经营着一家不错的企业，每年利润上千万元人民币。前些年儿子赴加拿大留学后在加定居，后来妻子也前往加拿大，只留下刘总在国内经营企业。企业由刘总百分之百控股，但出于种种需要，其大哥刘兄代持了部分股权。因为是兄弟，所以只是口头约定，并没有签署过纸面的代持协议。这两年，刘总和大哥关系不是十分融洽。同时，刘总自觉年事已高，精力大不如前，于是定下目标，到68岁就前往加拿大与妻儿团聚，享受生活。但一个很现实的问题摆在面前，国内的企业怎么办？由哥哥代持的股权会不会引发什么风险呢？

法律问题

委托他人代持股权，会面临什么法律风险？

律师说法

家庭成员间代持股权的情况较为普遍。由于种种原因，隐名股东可能不便于持股或持有全部股权，故委托自己的亲人代持。在实践过程中，由于家庭成员的亲密关系，这种代持往往都是通过口头约定完成的，不会签署正式的《代持协议》，这就导致一旦亲人间关系僵化或者发生意外，代持行为难以明确，容易产生纠纷。同时，代持股权无论对于代持人还是实际出资人而言，都存在一定的风险。

对于代持人而言，一方面，其需要在出资范围内对企业承担有限责任，即如果实际出资人未能实缴其应缴的注册资本数额,代持人名义上是承担着上述出资义务的;另一方面,一旦企业破产或者对债务无法清偿,代持人需在其认缴出资范围内承担相应的责任。

对于实际出资人而言,风险是同样存在的。一方面,若代持人有个人的对外债务,其债权人可以向法院申请冻结及强制执行代持人代持的股权,实际出资人的股权利益会受到影响;另一方面,代持期间,代持人拒绝将股权分红转交给实际出资人,双方即会产生纠纷。退一步讲,即使代持人方方面面都谨遵实际出资人的要求,完美履行代持义务,代持人一旦发生意外不幸离世,即会引发实际出资人与其继承人之间的纠纷。

在亲属间,除上述问题外,亲人间特殊的感情问题也会导致代持进一步复杂。正如前文所述,亲属间的代持大多为口头约定,代持人也不会要求相关费用,一切都取决于彼此的信任程度。但由于没有明确的约定,在代持出现问题的时候双方很难分辨责任,最终也会反噬彼此的感情。

故,对于亲属间的代持而言,应做到以下几点:一是尽可能支付一定的对价,如此一来,才能不受亲人间感情的束缚;二是通过书面形式对代持协议的内容进行明确的约定,必要时应告知双方其他亲属并让其确认,以防婚变或者死亡等事件的发生导致股权权属争议的风险。

法条链接

《最高人民法院关于适用〈中华人民共和国公司法〉若干问题的规定(三)》

第24条 有限责任公司的实际出资人与名义出资人订立合同,约定由实际出资人出资并享有投资权益,以名义出资人为名义股东,实际出资人与名义股东对该合同效力发生争议的,如无法律规定的无效情形,人民法院应当认定该合同有效。

前款规定的实际出资人与名义股东因投资权益的归属发生争议,实际出资人以其实际履行了出资义务为由向名义股东主张权利的,人民法院应予支持。名义股东以公司股东名册记载、公司登记机关登记为由否认实际出资人权利的,人民法院不予支持。

实际出资人未经公司其他股东半数以上同意，请求公司变更股东、签发出资证明书、记载于股东名册、记载于公司章程并办理公司登记机关登记的，人民法院不予支持。

《最高人民法院关于印发〈全国法院民商事审判工作会议纪要〉的通知》

第28条 实际出资人能够提供证据证明有限责任公司过半数的其他股东知道其实际出资的事实，且对其实际行使股东权利未曾提出异议的，对实际出资人提出的登记为公司股东的请求，人民法院依法予以支持。公司以实际出资人的请求不符合公司法司法解释(三)第24条的规定为由抗辩的，人民法院不予支持。

九、遗嘱信托如何助力财富传承？

赵总是改革开放后第一批下海创业的人，在商场摸爬滚打多年，涉足过多个行业和领域，如今经营、持股数家企业，在当地有着较大的影响力。虽然赵总目前精力还比较充沛，但随着年龄的增长，开始越来越多地考虑今后的企业接班问题和财富传承问题。赵总的儿子无心经营企业，女儿尚未成年，为了给家人未来的生活提供一些保障，也为了避免突发意外来不及准备，赵总希望提前做好一些安排。经过向有关人士咨询，赵总了解到信托可以作为财富风险隔离和传承的工具，但赵总认为现在自己还没有想好具体的安排，而且公司股权之类的财产自己肯定还要经营多年，现在放入信托可能会影响对公司未来的发展规划。在了解到赵总这些考虑后，律师建议赵总可以先采用遗嘱信托作为基础工具，既不影响赵总目前的资产状态，也能提前对重要事项作出安排，后续还能方便地与其他财富管理工具相配合。

法律问题

什么是遗嘱信托？遗嘱信托有什么作用？

律师说法

1. 什么是遗嘱信托？

遗嘱信托是相对生前信托而言，自然人通过设立遗嘱在其去世后用遗产设立的信托。生前信托一般由委托人和受托人通过签订信托合同等文件的方式设立，委托人和受托人可就信托的具体条款、内容进行充分协商沟通和确认。遗嘱信托，系信托设立人通过遗嘱方式，在立遗嘱人去世时成立。我国《民法典》第1133条第4款规定："自然人可以依法设立遗嘱信托。"为遗嘱信托的设立提供了法律依据。

2. 遗嘱信托的优势。

委托人生前设立信托，主要的方式是与受托人签订书面信托文件，信托文件最主要的形式被称作信托合同。而如果委托人在遗嘱中写明信托的有关内容，在其去世时遗嘱生效即可起到设立信托的效果。财富的管理、传承虽然有多种方式，合同信托也较为常见，但在众多法律和金融工具中，遗嘱信托有其独特优势。

其一，遗嘱信托具有极强的保密性。

设立合同信托，特别是设立家族（家庭）信托，一方面涉及委托人个人财产或者委托人家庭财产的变动，比如委托人需要将资产注入信托，由受托人管理，股权、不动产等需公示的财产的变动情况就会为外界所知晓；另一方面合同信托设立过程中必然有第三人的介入、参与和知情，比如必须与受托人协商并签订信托文件，涉及共有财产的还需要共有人如配偶的同意，在这个过程中，保密性大大降低。

其二，遗嘱信托设立程序较为简便。

设立合同信托，必须确定受托人并与受托人协商一致，往往需要签订一系列书面文件，如果是信托公司作为受托人，可能还需要满足信托公司的一些要求；如果涉及共有财产，需要征求共有人的同意；信托成立后，交付信托财产需要完成财产过户、税费清缴等程序，流程较为复杂。而遗嘱信托，只需要在普通遗嘱的基础上，加上信托相关的内容即可，无须与受托人协商或者征求其他人同意。遗嘱生效后，受托人承诺接受信托的，即须按立遗嘱人的要求进行管理和处分信托财产。

其三，遗嘱信托设立成本相对较低。

遗嘱信托是通过遗嘱达到信托设立的效果，因此设立人只需要写下遗嘱即可完成信托的设立，当然为保证遗嘱效力和信托成立要素的齐全，需要专业律师的协助或完成特定的程序。在遗嘱完成后，设立人可以随时修改或写下新的遗嘱,没有合同信托复杂的修改程序和高昂的成本。如果是合同信托,由于有信托合同等信托文件的存在,特别是信托生效后,除非信托文件有特别约定,否则设立人不能仅凭自己的意愿进行改变。在目前的税制环境下,股权等实物财产注入信托后,如果要更改有关安排,又可能会涉及新的税费承担。

其四,遗嘱信托内容灵活程度更高。

信托的内容在不违反法律规定的前提下可以自由决定,这也是信托灵活性的体现。但在合同信托中,信托的内容往往还需要受托人的同意,否则信托无法成立。在信托公司作为受托人时,还需要符合信托公司的某些风险控制要求。遗嘱信托虽然在遗嘱生效后也需要受托人"承诺",但委托人可以在遗嘱中指定自己信赖的自然人作为受托人。即使遗嘱中有部分内容是无效的,也不影响有效部分遗嘱信托的成立。遗嘱信托也没有财产规模、类型等方面的限制。

其五,遗嘱信托委托人生前对财产的控制不受影响。

遗嘱信托的基础是遗嘱,信托的效力首先取决于遗嘱的效力,遗嘱自立遗嘱人去世时生效。因此,遗嘱信托在委托人生前尚未生效,不能约束委托人,委托人仍可完全控制自己的全部财产,比如抵押自己的不动产进行融资。而在生前设立并生效的合同信托中,由于相关财产已经成为信托财产,委托人不能随意处置,否则信托可能因委托人的"过度控制"被"击穿"。生前信托虽然能较早起到一定的风险隔离作用,但是相应地委托人对财产的控制权也让渡出去了,可能会影响委托人对财产的灵活运用。

3. 遗嘱信托的设立方式。

遗嘱信托的基本载体是遗嘱,因此设立遗嘱信托最重要的是一份有效的遗嘱。有效的遗嘱首先要符合《民法典》中关于遗嘱的有关规定,如遗嘱必须采用法定的形式,最常见的有自书遗嘱、打印遗嘱、代书遗嘱、公证遗嘱等。

在一份有效遗嘱的基础上,还需要在遗嘱中写明信托的有关内容。一般至少应包括以下几点:(1)信托目的;(2)委托人、受托人的姓名或者名称;(3)受益人或者受益人范围;(4)信托财产的范围、种类及状况;(5)受益人取得信托利益的形式、方法。还可以写明信托期限、信托财产的管理方法、受托人的报酬、新受托人的选任方式、信托终止事由等事项。原则上上述内容越详细、越准确越好，一方面确保遗嘱信托不会因为内容瑕疵而效力受到影响；另一方面受托人也能更好地按照设立人的要求和心愿去执行。

实践中，遗嘱信托的设立可能会采取“合同 + 遗嘱”的方式，即除遗嘱外，设立人与受托人还会同时签署信托合同等信托文件，这些文件除进一步明确信托内容外，最重要的是取得受托人的确认与承诺。虽然受托人的承诺并非遗嘱信托设立时必须具备的要件，比如可以仅在遗嘱中写明受托人，待设立人去世、遗嘱生效后再通知受托人并由受托人作出承诺，但为了避免指定的受托人拒绝担任，建议设立人生前取得受托人的书面或口头的同意。

为了监督受托人，确保受托人能按照遗嘱信托的内容执行信托事务、分配信托利益，设立人还可以在遗嘱中指定信托保护人，由保护人监督受托人，如果受托人存在严重问题，保护人还可更换受托人。例如，在个案中，沈某设立家族信托，将自己与前夫的女儿设为信托受益人，同时将前夫及好友设为信托保护人，现在沈某女儿已经年满 35 周岁，取得了全部信托资产，遗嘱信托圆满地完成了使命。

4. 遗嘱信托的典型应用。

(1)家族事业传承。

张某是一家化工企业的大股东，个人主要资产包括股权、房产和存款。张某的儿子小张一直都在艺术行业工作，无心参与企业经营，张某虽然感到遗憾，但也知道小张没有经营管理的才干，只是张某割舍不下多年奋斗的事业，张某一直都在考虑企业的股权如何传承下去。

在这个案例中，张某的公司股权不能直接传承给儿子小张，但仍然希望小张是受益人，遗嘱信托便是一种很好的选择。张某可以在遗嘱中写明信托的相关内容，比如指定自己信得过、又有才干的其他亲属或朋友作为公司股权的受托人，由受托人持有股权并管理公司，但股权利益归自己儿子所有。这样安排的好处是，一方面张某的事业及公司的经营管理可以继续下去，而且小张仍然是实际受益人，受托人相当于张某给儿子聘请的职业经理人或者代理人；另一方面张某可以在信托中进一步写明在一定条件下信托终止，受托人将股权交还儿子，比如小张 35 岁时，或者小张具有相应的公司经营管理能力时，这个时候小张已经很成熟了，可以让小张自己决定如何处理。当然，公司股权的受托管理是一项非常复杂的工程，比如如何设置信托监督保护人等问题，均需要反复推演和慎重决定。

(2)未成年子女财产托管。

赵某是某企业的创始人，持有企业大部分股权。3 年前丈夫李某因为嗜赌成性、颓废丧志，赵某与其离婚，并取得了 2 岁女儿的抚养权。赵某平时工作压力较大，最近赵某朋友的意外离世给了赵某深深的打击，促使赵某开始思考怎么让女儿的未来更有保障。如果自己意外离世，相关财产虽然都可以留给女儿，但女儿还小，到时候恐怕李某会是女儿的监护人，赵某认为李某不够可靠。

在这个案例中，遗嘱信托可以为赵某提供一种解决方案。赵某主要担心的是女儿未成年时，如果自己发生意外，即使女儿继承了自己的全部资产，也可能会受到女儿监护人即其前夫的控制。按照法律规定，监护人有权处分被监护人的财产。如果把被监护人的财产放进信托，由信托控制被监护人财产的运用，监护人侵害被监护人利益的可能性就会大大降低，信托可以对监护人起到制约作用。赵某还可在遗嘱中明确待女儿成年或者达到一定年龄后，信托终止，受托人将信托财产全部交付给女儿。赵某可以将自己信得过的亲人或朋友设为遗嘱执行人和遗嘱信托的受托人。如果赵某完全无法放心由前夫李某作为女儿的监护人，还可以在遗嘱中一并指定自己信得过的亲人、朋友作为女儿的监护人。

(3)公益慈善。

陈某是某公司退休高管，有一定的个人积蓄，希望能为社会做一点贡献。陈某的儿子小陈常年生活在国外，收入也十分可观，陈某希望在自己百年之后将财产用于公益事业。

陈某的核心诉求是希望将来自己的遗产能够用于慈善事业，这是一个非常值得鼓励的想法。按照最简单的做法，陈某可以直接在遗嘱中写明在自己百年后由受捐赠人直接取得自己的遗产。但这样做能不能很好地达到陈某想要的效果，特别是在陈某资产较多或者有比较具体的捐赠安排时，简单的遗嘱不能承担重任，还需与信托结合。比如陈某希望将资产逐年投入某项公益事业，并希望能够对投入效果进行评估，再根据评估结果进行灵活调整，或者有些资产如房产需要在陈某去世之后变现，然后再用于慈善事业，这些都需要在陈某去世后有人为他执行,信托就是一个可行的选择。在遗嘱信托中,陈某可以详细说明自己的想法,然后由受托人按照陈某的意思去执行,这样即使陈某本人已经去世,但身后的慈善事业仍然有受托人为他打理,其慈善精神能够继续发扬光大。

(4)防止子女挥霍。

一些企业家、高净值人士自身能力极强,很多都是靠自己打拼取得了很高的成就,但是后代子女却不尽如人意,不仅不能推动家族事业更进一步,反而可能因为性格、嗜好等让企业家难以将接力棒交给他们。这个时候如果企业家将资产装入信托,子女就不能直接染指家族事业,一方面家族事业能够平稳传承,另一方面也不影响子女生活得到保障。比如,委托人可以在遗嘱信托里指定受益人定期定额领取信托利益,还可以设置激励或惩罚条款,不仅能够保障子孙后代的基本生活,还能引导他们奋发有为。信托不仅能防范家族外部风险,也能防范家族后代自身可能给家族带来的风险,对于不能挑起重担或者不愿挑起重担的后代来说,设立遗产信托而不是直接将遗产交到他们手里,既是对他们的保护,也是对家族长远传承的保护,相当于由委托人给家族财富传承上了一道保险。

(5)预防子女婚姻变化。

事业或者财富的传承,不仅要考虑子女,还要考虑子女的婚姻状况。在不做特别安排的情况下,子女的婚姻变化会一次次地冲击家族资产和事业。这是因为法定夫妻共同财产制下婚姻关系存续期间所得财产为两人共有,离婚时则需要分割,可能高达50%左右的资产都会被子女的配偶分走,一次婚变就可能导致家族资产遭受重创。为了从一开始就杜绝这种风险,除子女与其配偶签署婚前协议或者设立信托外,在上一代向子女传承时就可以直接将资产放入信托,子女不直接取得资产,从根源上避免了子女配偶可能分割家族资产的风险,进而也能避免子女婚姻掺杂了过多的财产因素以及由此可能引发的家族争斗。正是基于信托的上述优点,世界上多数富豪以及高净值人士都把信托作为其财产安排的重要一环。

法条链接

《中华人民共和国信托法》

第8条　设立信托，应当采取书面形式。

书面形式包括信托合同、遗嘱或者法律、行政法规规定的其他书面文件等。

采取信托合同形式设立信托的，信托合同签订时，信托成立。采取其他书面形式设立信托的，受托人承诺信托时，信托成立。

第9条　设立信托，其书面文件应当载明下列事项：

（一）信托目的；

（二）委托人、受托人的姓名或者名称、住所；

（三）受益人或者受益人范围；

（四）信托财产的范围、种类及状况；

（五）受益人取得信托利益的形式、方法。

除前款所列事项外，可以载明信托期限、信托财产的管理方法、受托人的报酬、新受托人的选任方式、信托终止事由等事项。

《中华人民共和国民法典》

第1133条　自然人可以依照本法规定立遗嘱处分个人财产，并可以指定遗嘱执行人。

自然人可以立遗嘱将个人财产指定由法定继承人中的一人或者数人继承。

自然人可以立遗嘱将个人财产赠与国家、集体或者法定继承人以外的组织、个人。

自然人可以依法设立遗嘱信托。

十、父母去世后，身患重疾的下一代怎么办？

小马是1992年出生的，刚出生的时候，长得胖墩墩的，非常可爱，马总非常喜爱他的宝贝儿子。可到儿子一岁的时候，马总发现儿子有行为异常，运动、感知都有障碍，马总疑惑儿子出现了什么毛病，于是到医院去诊断。

经诊断，小马是一名脑瘫患者。马总听后非常震惊，也十分痛苦。从确诊小马患病那一刻起，马总家的生活就完全混乱了。慢慢地，随着年龄增长，小马的病情越来越严重，智力低下、运动异常明显，显著区别于同龄的孩子，生活基本不能自理。

马总一直思考着怎样去照顾小马，尤其是在自己年老的时候，如何让小马继续保持身心健康，能够体面地生活。马总想过订立遗嘱给小马留下遗产、找人帮忙、通过福利院等组织来照顾小马。几经考虑之后，马总认为这些方案都不成熟，不能照顾小马的生活。小马的生活品质和尊严有可能在马总百年之后严重下降，这使马总惴惴不安，经常失眠。

后来经人介绍，马总了解到国内有些信托公司开展了特殊需要的服务信托，马总连忙联系，经过询问了解，最终确定为小马设立了特殊需要的服务信托。马总为设立该信托支付了启动资金30万元人民币，且日后可随时增加资金数额。（该案例根据国内真实案例改编而成）

法律问题

特殊需要信托的法律性质是什么？特殊需要信托的运作原理是什么？

律师说法

1. 特殊需要信托的法律性质。

正所谓特殊的信托，特殊的爱。特殊需要信托本质上是服务信托。中国银保监会于 2023 年 3 月 20 日通过了《关于规范信托公司信托业务分类的通知》，首次正式规定“特殊需要信托”，支持信托公司开展特殊需要信托。依据中国信托协会的官方解释，特殊需要信托，是指委托人基于对受托人的信任，将资金或财产转移给受托人，受托人按照委托人的意愿，以自己的名义为包含心智障碍者、失能失智老人以及其他全部或部分丧失以正常方式从事某种活动能力的特殊需要人群，管理及运用资产满足其日常生活、医疗、护理等信托文件规定的用途。

据统计，2018 年我国失智老年人有 1200 万人，占老年总人口的 5%。同时，自闭症、脑瘫及唐氏综合征等心智障碍者的人数也在 1200 万人左右。以上人群构成了本专题所说的特殊需要群体，即指由于身体、感官、心智及发育出现残障问题（包括精神疾病）以致在就业、社会、生活、教育等方面无法取得平等机会的社会成员。特殊需要群体占我国人口基数比例较大，这牵扯了千千万万的家庭，他们的生存及成长，目前还面临着许多的问题，社会应给予他们更多的关注和爱。

特殊需要信托正是为帮助这些特殊需要人群所设立的一种有效机制，其内涵是对社会救助的补充。在信托框架内，信托利益享有者即受益人为特殊需要人群，委托人应按照受益人的需求设立合乎其自身状况的信托，受托人根据该信托内容，以受益人利益最大化为目的进行服务，包括资金管理分配等，同时合理选择第三方医疗养护服务机构。另外，应建立符合特殊需要信托的监督、监管体系，以最终保障特殊需要群体及受益人的合法权益。用上述方式，可以解决这些特殊人群生活照料、医疗服务、护理等方面存在的困难和问题，也包括他们的兴趣、爱好和个人发展等需要，因此特殊需要信托是一种非常好的工具，应得到更加广泛的应用。

特殊需要信托比较灵活，开始投入的资金不是很高，约几十万元，随着需要的增加可以不断地增加财产数额，使受益人也即这些特殊需要人群有更多更好的保障。通常我们要考虑受益人大概30年到50年的生存需要，建议家长或者委托人对此给予更多的关注。同时，我们建议政府和社会给予特殊人群更多的帮助和关爱，比如在税收和实际政策方面，出台更多有利政策，鼓励各方参与主体积极投入，推动特殊需要信托的大力发展，使更多人受益。

2. 特殊需要信托的运作原理。

特殊需要信托，需要委托人将部分或全部资金或财产交付给信托公司及受托人，这部分被交出来的财产在法律上便属于受托人，不再归委托人所有，此时便体现了该部分财产的独立性。这部分财产虽然不再属于委托人所有，但仍然要按照委托人的意思、意志和意见，完全用于这些特殊需要群体、受益人，用于对他们的照顾和扶养。即使未来委托人出现经济困难、破产等意外因素，也不影响信托的运行，受益人仍然能够得到很好的照顾。

同时，根据信托合同的约定，信托公司应拨付给医疗机构、生活照料机构及评估监察机构相应费用，从而支撑起特殊需要信托，保证信托的工作机制畅通无阻，各机构间也可以互相支援和帮助，保证整个信托的有序运转。

很多人可能对设立特殊需要信托的资金数额有所疑问。笔者建议，如果对信托运营还不够了解，或者缺乏完全的信任，再或者资金周转困难无法开始便投入过多资金，委托人可以先拿出少部分资金设立信托账户，信托账户开通后，信托开始运行，委托人可以根据个人实际和自己的意愿，不断地将自有财产投入信托账户中，保证受益人的成长和生存环境。

即便有一天委托人不在了，他所留下的信托仍然可以很好地照顾受益人，使受益人能够继续享受有尊严的生活，这完全符合委托人的意愿，也提高了受益人的生存质量。

法条链接

《中华人民共和国信托法》

第2条 本法所称信托，是指委托人基于对受托人的信任，将其财产权委托给受托人，由受托人按委托人的意愿以自己的名义，为受益人的利益或者特定目的，进行管理或者处分的行为。

第6条　设立信托，必须有合法的信托目的。

第7条　设立信托，必须有确定的信托财产，并且该信托财产必须是委托人合法所有的财产。

本法所称财产包括合法的财产权利。

第15条　信托财产与委托人未设立信托的其他财产相区别。设立信托后，委托人死亡或者依法解散、被依法撤销、被宣告破产时，委托人是唯一受益人的，信托终止，信托财产作为其遗产或者清算财产；委托人不是唯一受益人的，信托存续，信托财产不作为其遗产或者清算财产；但作为共同受益人的委托人死亡或者依法解散、被依法撤销、被宣告破产时，其信托受益权作为其遗产或者清算财产。

第25条　受托人应当遵守信托文件的规定，为受益人的最大利益处理信托事务。

受托人管理信托财产，必须恪尽职守，履行诚实、信用、谨慎、有效管理的义务。

十一、退休后如何既能保障资产安全又能实现多种养老需求？

陈先生夫妇与朋友一起做外贸生意小有积蓄。目前，他们退休想建立养老信托，老两口的需求如下：首先要保证夫妻目前的生活品质，每年旅游费用30万元、生活支出70万元；其次要保证夫妻俩享受到高品质的医疗服务；最后将剩余资产作为未来传承资产。在进行了大量咨询后，陈先生夫妇最终选定了某信托公司的“养老”信托：提前约定养老分配及传承方案，并指定信托受益人享有信托受益权及养老服务权益的信托模式——拥有高端养老服务机构库，涵盖养老社区、高端医疗、居家改造、临终关怀、意定监护五位一体的高品质养老服务平台。能够同时实现资产隔离、投资管理、传承分配、养老消费款项受托支付等目的，陈先生夫妇感到非常满意。

法律问题

什么是养老信托？

律师说法

当下，随着全民富裕和个人持有财产不断增长，老年人的需求越来越高也越来越多样化，如何既能保障资产安全又能实现需求的多样化是很重要的现实问题和法律问题。养老信托的出现较好地解决了这一难题。

养老信托包括服务信托、理财、保险等内容。

首先,老年人将自有财产交付给信托公司,该财产独立于老年人,同时也独立于信托公司的其他资产,这是法律所规定的。

其次,交付的财产一部分定期分配解决老年人的日常消费,另一部分做低风险投资,由信托公司完成,做到资产保值增值。

最后,因养老信托归属于服务信托,可以根据老年人的需要提供定制化的服务,满足老人多种多样需求,包括医疗、社区服务、临终关怀等。

法条链接

《中华人民共和国信托法》

第14条 受托人因承诺信托而取得的财产是信托财产。

受托人因信托财产的管理运用、处分或者其他情形而取得的财产,也归入信托财产。

法律、行政法规禁止流通的财产,不得作为信托财产。

法律、行政法规限制流通的财产,依法经有关主管部门批准后,可以作为信托财产。

第15条 信托财产与委托人未设立信托的其他财产相区别。设立信托后,委托人死亡或者依法解散、被依法撤销、被宣告破产时,委托人是唯一受益人的,信托终止,信托财产作为其遗产或者清算财产;委托人不是唯一受益人的,信托存续,信托财产不作为其遗产或者清算财产;但作为共同受益人的委托人死亡或者依法解散、被依法撤销、被宣告破产时,其信托受益权作为其遗产或者清算财产。

第16条 信托财产与属于受托人所有的财产(以下简称固有财产)相区别,不得归入受托人的固有财产或者成为固有财产的一部分。

受托人死亡或者依法解散、被依法撤销、被宣告破产而终止,信托财产不属于其遗产或者清算财产。

十二、百年以后，我收藏的艺术品怎么办？

姜大师生前是国内著名画家，一生创作了许多画作，均价值不菲。同时，他也收藏了不少蜚声中外的美术作品，可谓藏品丰富、价值连城，姜大师极为得意。随着年龄增长，姜大师感到在世上的日子不多了，想到他一生钟爱的多幅画作和藏品以后交给谁，由谁保管和传承，不由得心神不安，难以入睡。就在他茫然失措的时候，一位律师朋友建议他，可以尝试采取艺术品资产信托和传承的方式，由专业机构对画作和藏品进行保管和安排，并经常进行展览和宣传，让更多的人欣赏和品鉴到优秀的画作和藏品。经过了解，律师的建议变为了现实，姜大师感到非常高兴，了却了最大的一桩心事。

法律问题

如何实现艺术品信托？

律师说法

艺术品是非常有价值的资产，有的艺术品甚至是无价之宝。艺术品的所有人为了获得艺术品往往耗费了相当多的心血，或者通过多年的艺术积累才学艺成才，不断创作出优质的作品，产生很大的社会影响。但人的生命有限，如何能够让所有人具有独特价值的艺术品永续传承、服务公众、保值增值、得到更好的保护，是非常重大的课题。由此，艺术品资产信托应运而生。

艺术品信托通过委托人（一般是所有人或继承人），将艺术品交付给信托公司,后者作为受托人持有、管理艺术品,并对其进行保值增值,同时委托相关艺术专业机构负责艺术品的展览、宣传、展示等。因为艺术品具有独特的艺术性,要求信托公司具有相当的专业性和艺术水准,为保证艺术品有效传承,信托公司应当配备高水平的艺术品行家。受益人将获得由艺术品经营活动所产生的收益,该收益是持续不断的,同时,受益人可以转让受益权,法律也是支持的。《信托法》第 48 条明确规定,“信托受益权可以依法转让和继承”。

法条链接

《中华人民共和国信托法》

第 14 条　受托人因承诺信托而取得的财产是信托财产。

受托人因信托财产的管理运用、处分或者其他情形而取得的财产,也归入信托财产。

法律、行政法规禁止流通的财产,不得作为信托财产。

法律、行政法规限制流通的财产,依法经有关主管部门批准后,可以作为信托财产。

第 48 条　受益人的信托受益权可以依法转让和继承,但信托文件有限制性规定的除外。

十三、信托也可以做慈善吗？

鲁总是国内一家大企业的老板，非常有远见，以生产汽车零部件闻名。近年来发轫于新能源汽车，其凭借多年耕耘，稳健发展，已成为一名卓越的企业家。鲁总采取的是家族企业经营的模式，不仅自己致富，还带领家人致力于慈善事业，立德扬善、弘扬社会文明，以期帮助更多的人，令人尊敬。几年前，鲁总及家人作出决定，将正在盈利的公司股权捐出，全部用于慈善事业，扶持慈善项目，此举让人感佩。

法律问题

信托是否可以做慈善？设置股权慈善信托应履行哪些法律手续？

律师说法

1. 信托是否可以做慈善？

股权慈善信托是新近出现的信托模式和慈善模式，是一种将二者有机结合的新型方式。

2. 设置股权慈善信托应履行哪些法律手续？

在设置股权慈善信托时，需要严格遵循以下法律程序：

首先，签订《信托合同》及信托公司要求委托人签订的其他文件；

其次，订立聘用信托监察人协议；

最后，将全部文件递交政府主管部门办理备案登记，完成备案后，信托生效，可以启动运作。

委托人将公司（包括上市公司和非上市公司）股权转让给信托公司，该部分被转让的股权在法律上归属于信托公司。本案中，信托公司根据鲁总的委托指示，利用股权价值从事《慈善法》允许的慈善项目。鲁总的股权价值巨大，股权及其利息均可用于支持慈善项目，包括扶贫、救困、教育、医疗、特殊需要信托等。而且，股权慈善信托通常具有长期性，充分体现了鲁总等企业家的社会责任感，客观上提升了企业的社会形象。《信托法》《公司法》都规定应对股权信托予以保护。

值得指出的一点是，股权慈善信托因为也属于股权转让行为，作为交易，应符合相关税法的规定，需缴纳因转让而产生的税费。在此也希望主管部门和有权机构能够迅速调整税务政策，对于具有公益性质的股权转让行为适当减免或者下调缴税比例，以支持和保护股权捐赠人的爱心义举，扩大善意影响范围，积极推动我国慈善事业快速发展，让越来越多的人从中受益。

法条链接

《中华人民共和国信托法》

第7条　设立信托，必须有确定的信托财产，并且该信托财产必须是委托人合法所有的财产。

本法所称财产包括合法的财产权利。

第10条　设立信托，对于信托财产，有关法律、行政法规规定应当办理登记手续的，应当依法办理信托登记。

未依照前款规定办理信托登记的，应当补办登记手续；不补办的，该信托不产生效力。

专题小结

据第七次全国人口普查公报（第五号）统计，全国人口中，60 岁及以上人口占总人口的 18.70%，其中 65 岁及以上人口占总人口的 13.50%。目前来看，我国已经进入老龄化社会阶段。积极应对人口老龄化的现实迫切性空前凸显，党的十九届五中全会应势而为地将其上升至国家战略的高度。未来直至 21 世纪中叶后，中国老年人口数量增长的步伐尽管会时快时慢，但不会停止。

随着老龄化社会的到来，财产的传承问题不断困扰着世界各国。尊重老年人个人意愿，是联合国关于保护老年人最基本人身权益的原则性规定，也是我国《民法典》和《老年人权益保障法》中规定的相关制度的核心价值体现。很多老年人对自身财产没有事先规划好，而有些老年人虽未失智但已失能，无法亲自管理财产，多由子女等亲属代为管理，从而导致亲属间因争夺财产忽略了老年人感受，忽略了对老年人的生活照料，甚至亲属间以是否取得老年人财产、取得多少作为照护老年人生活起居的筹码，老年人管理财产的个人意愿无法得到尊重和实现。

对于有能力控制自己财富的高净值人士而言，财富管理情况往往也并不十分乐观。联想到张兰家族信托被击穿、周鸿祎离婚约 4.47 亿股 360 股份过户至前妻名下（约占 360 总股本的 6.25%）等一系列事件，高净值人士如何通过法律途径使自己的财产保值、增值成为亟待解决的问题。

在未来 10 年至 20 年内，我国高净值人士逐渐面临财富传承的问题。根据《中国私人银行发展报告（2020）暨中国财富管理行业风险管理白皮书》统计，六成以上的创一代企业家为“60 后”或“70 后”。另据《2022 中国高净值人群家族传承报告》统计,中国高净值人群推进家族传承事宜的平均年龄为 54.1 岁。近年来,企业家的家族财富管理与传承情况频频引人注目。

笔者认为,传承规划的未及时落实是诱发高净值人士继承风波的根本原因。财富传承是指这一辈的企业家或者资产持有者通过一定的方式,将财富传给下一代或者后几代。财富类型包括物质财富、精神财富和社会财富。

根据《2022 中国高净值人群家族传承报告》统计,中国高净值家庭的财富总资产从 2020 年的 126 万亿元上升到了 160 万亿元,高净值家庭预计有 18 万亿元的财富将在 10 年内传承给下一代,49 万亿元的财富将在 20 年内传承给下一代,92 万亿元的财富将在 30 年内传承给下一代。笔者认为,只要是有财产就涉及财富管理和传承的问题。比如,现在离婚纠纷居高不下,遗产继承纠纷立案率直线上升,主要的争议焦点就是财产分割和继承。财富传承是每一个家庭都会面临的问题,不管是高净值人群还是中等收入人群都应该提前规划。在高净值人士进行财富管理时,应重点关注债务风险、婚姻家庭风险、传承风险、财税风险、移民风险等。

财富管理有两大工具,分别是法律工具和金融工具。法律工具有婚前协议、婚内财产协议、代持协议、赠与合同、分居协议、分家析产协议、遗嘱、意定监护、遗产管理人等。金融工具有保险、保险金信托、家族信托、遗嘱信托、慈善信托、民事信托等。在这里需要提醒大家注意的是,任何一个工具都有它的特点和利弊,不能解决所有问题,必须要根据每个家庭成员情况、财富情况、财富所有人的需求等综合运用各类工具来规划。笔者认为,对于高净值老年人,涉及再婚的,尽量通过婚前协议、婚内财产协议解决自身婚姻风险带来的财富管理问题;对于子女比较多的高净值家庭,应善用遗嘱、遗产管理人和保险金信托、信托等工具解决财富传承的问题。综上,只有每一位高净值老年人有意识提前做好生前规划,做好家风建设,才更有可能达如所愿,让其奋斗一生的财富不至于付之东流,从而打破“富不过三代”的魔咒。

专题七　预防诈骗

乔一清　国浩律师（重庆）事务所合伙人
陈河吉　国浩律师（重庆）事务所律师

一、接到自称“公安”的电话,怎么办?

朱婆婆是居住在上海市的一名退休独居老人。一天下午,朱婆婆接到一个“00”开头的电话,对方自称是公安机关的民警,说着和自己一样的家乡方言。朱婆婆平时有关注社会新闻的习惯,对老年人被诈骗的现象略有了解,谨慎的朱婆婆立马挂断了电话。没想到刚挂断,对方立马又打了过来,先是报出了朱婆婆的全名和身份证号码,又告知朱婆婆可能涉嫌洗黑钱,要求其配合公安机关进行调查,还理直气壮地说如若不配合将承担严重的法律后果。这个时候,朱婆婆开始心慌了,不停地解释说自己根本不懂洗什么钱,对方依然不依不饶,说现在警方在通缉她。刚好这时,朱婆婆手机里又显示有110的电话来电,这下可把朱婆婆吓坏了,怕真有人来抓自己,赶紧答应愿意配合他们调查清楚。原来,公安系统预警到朱婆婆正在接听诈骗电话,打电话进来是想了解情况,防止朱婆婆被骗,却正好被骗子利用110打来的电话,继续施加压力,完全控制住了朱婆婆的心理,让朱婆婆相信了他真是公安民警。

朱婆婆对诈骗分子深信不疑,完全按着电话里的指示配合对方完成“调查”以证明自己的“清白”。对方先是让她带上身份证去到一个指定的地方,过程中不断询问她曾经去过哪些地方、办过哪些银行卡、卡里的资金流向、结余金额等。同时说要暂时冻结她的银行卡资金,待调查清楚后会立即返还,并说这个资金会存在专门的监管账户上,只有朱婆婆一个人能转进转出,其他任何人都动不了,3个工作日后会通知朱婆婆取回款项。朱婆婆信以为真,完全按照对方的指示把自己银行卡的钱转入了监管账户。3日之后,朱婆婆一直没有等到对方的通知,打电话过去对方也一直占线打不通,立即去派出所问询,才知道自己上当受骗了。

法律问题

1. 如何识破假冒“公、检、法”诈骗的套路?

2. 如何对此套路进行有效防范?

律师说法

目前冒充公、检、法诈骗的常见套路主要分为以下几点:

1. 骗取信任。骗子早已通过非法渠道获取了被害人的个人身份信息,如身份证号码、家庭住址、联系电话等。在被害人接到电话的时候,马上冒充公、检、法工作人员的身份,并说出被害者的身份信息,对诈骗不够警惕的被害人,可能第一时间就会掉入这个套路。

2. 威逼恐吓。不法分子在取得了被害人的信任之后,开始对其实施恐吓,有的会威胁被害人一切都必须按着指示去做,否则就是拒不配合警方。同时会编造被害人涉嫌经济类犯罪,有的还给出虚假的通缉令、财产冻结书等。还要被害人关闭掉自己的通信设备,有的还叫被害人找一个独处的空间,否则可能连累家人。通过威逼恐吓、强势威慑等手段,牢牢把握被害人的心理。

3. 诱导转账。通过前面的一系列铺垫,很多被害人的心理已经完全被掌控,这时候不法分子会以冻结财产、核查资金等理由,给被害人 App 下载链接或网页链接或资金专户,让被害人在上面输入自己的身份信息、手机验证信息、银行卡信息,将钱都转入所谓的“安全账户”,达到最后的诈骗目的。

遇到此类诈骗,一定要保持警觉,特别注意以下几点:

1. 凡是电话中自称“通信管理局、电信运营商、银行、保险、邮政”等客服人员,以“个人信息泄露、涉嫌洗钱、涉案”等理由,主动帮您转接“公安机关”的,都是诈骗!

2. 凡是通过电话、QQ、微信或者其他通信交友软件办案做笔录的“公、检、法机关”,基本都是诈骗!

3. 凡是通过网站或者 App 出示带有“公、检、法”的名称标记的通缉令、拘捕令、警官证,都是虚假的!

4. 公安机关在逮捕时,必须当面出示逮捕证,通过传真、网络发送的,都是诈骗!

5. 公、检、法机关是不设立“安全账户”“验资账户”的,要求用“QQ 语音、微信语音”做笔录的,都是诈骗!

6. 如果您在拨打亲友电话时,发现有“停机、空号”等异常情况,需提高警惕,设法通过其他途径联系该亲友,核实并提醒自己谨防上当受骗。

法条链接

《中华人民共和国刑法》

第 279 条 冒充国家机关工作人员招摇撞骗的,处三年以下有期徒刑、拘役、管制或者剥夺政治权利;情节严重的,处三年以上十年以下有期徒刑。

冒充人民警察招摇撞骗的,依照前款的规定从重处罚。

第 280 条 伪造、变造、买卖或者盗窃、抢夺、毁灭国家机关的公文、证件、印章的,处三年以下有期徒刑、拘役、管制或者剥夺政治权利,并处罚金;情节严重的,处三年以上十年以下有期徒刑,并处罚金。

二、警惕突然的“温情”

63 岁的刘女士，有一天微信中突然出现了一个好友申请。刘女士没有多少犹豫就点了“通过验证”。对方一上来就将刘女士拉入了一个群里，里面全部是分享一些养生知识并赠送养生功能的饮料。刘女士每天通过群里学习如何中医养生、如何进行理财，还时不时地接到一个叫叶某的人打来的关心和回访电话。几个月后，叶某再次给刘女士来电，让刘女士报名一个线上的 7 天集中训练营，缴纳 800 元成为里面的会员，并可以获得价值 1800 元的奖品。在集训营结束后，叶某又向刘女士推荐了一个线上训练营，为期 1 个月，并缴纳会费 16800 元，依然赠送了一系列的礼物。叶某还说，通过集训营的集训学习，成绩优异的，可以成为公司主管，通过该训练营的项目推广拿到提成，如果能招募三个主管，就可以成为总经理，年收入可以达到几十万元。这样一来，刘女士前后向叶某支付了 2 万元左右的报名费、会费、学费等。刘女士付费后，每天很投入地开始了学习，并积极地推广发展新会员，这个举动引起了其女儿的注意，女儿怀疑刘女士遇到了典型的针对老年人的“温情诈骗”。随后女儿将此事投诉到了“12337”——全国“养老诈骗”举报平台，当地市场监管局接到举报后，立刻展开了对该事件的调查，调查发现该培训公司涉及组织传销、非法宣传等违法行为，随后市场监管局将此事交给了执法人员处理。

法律问题

1. 如何识破“温情诈骗”的套路？

2. 如何对“温情套路”进行防范？

律师说法

在“温情诈骗”的常见骗局中，不法分子借着贴心为老年人服务的名义，嘘寒问暖地陪老人聊天，还为老人送礼上门、代缴话费等，以温情陪伴的方式骗取老年人的信任。还有些人通过散发传单、口口相传、上门推销等方式，以让老年人免费领取鸡蛋、米面等物品作为诱饵，放松老年人的警惕，使他们落入骗局。人到晚年，渴望得到关心、得到温暖是难免的，在这时候，一旦和家人的亲密度、联系度不够，陌生人递过来的“关爱”橄榄枝，很容易突破老年人的心理防线。为人子女的，平时也应该多关心一下老人，多回家探望一下，哪怕就是唠唠家常，同时也要多给老人讲一些防诈骗的知识。

诈骗分子还会利用网络交友平台广撒网，再以情感为诱饵慢慢取得被害人的信任，后续诱导被害人参与投资赌博，结果是资金一去不复返。老年朋友须提高警惕，牢记以下防骗要点：

1. 网络有风险，需要警惕陌生人的突然“问候”。网络交友需要谨慎，尤其要增强防范意识，在不知道交谈对象是否可靠的情况下，对于不熟悉的人切忌随意涉及金钱上的往来。

2. 树立正确的价值意识。在网络上与人交流的过程中，对网上投资、理财、发现彩票漏洞等可以“小投资，赚快钱”的引导，都不要轻信。网上赌博更是任何时候都不能碰！

3. 培养积极健康的生活方式。多看防诈骗案例，学习常见的诈骗套路，学会分析和反思；多听身边亲朋好友不同角度的声音和建议，遇到涉及财产方面的问题，及时与伴侣、子女或亲属沟通；多学习社会、法律、金融等知识，增强判断能力，减少盲目听从；遇到明显的诈骗手段，也可以及时报警处理。

同时，下载“国家反诈中心”App，并及时开启来电预警功能。第一时间接听全国公安机关反电信网络诈骗预警专线“96110”来电，第一时间查收“12381”涉诈预警劝阻短信系统信息，及时了解反诈知识，时刻绷紧反诈防骗这根弦！

法条链接

《中华人民共和国刑法》

第266条 诈骗公私财物，数额较大的，处三年以下有期徒刑、拘役或者管制，并处或者单处罚金；数额巨大或者有其他严重情节的，处三年以上十年以下有期徒刑，并处罚金；数额特别巨大或者有其他特别严重情节的，处十年以上有期徒刑或者无期徒刑，并处罚金或者没收财产。本法另有规定的，依照规定。

三、“天上掉馅饼”多半没好事

何大妈最近收到了一条短信，称她获得了“星光大道”场外观众的大奖。几分钟后，就有客服人员联系到何大妈，对方对何大妈的身份信息和家庭住址进行了核对，并且告诉何大妈获得的奖品是一台70英寸的电视机和现金5万元，但是要先缴纳4800元的税款以及相关快递费才能将这些奖品邮寄给她。何大妈信以为真，立即按对方说的方式将钱汇入了对方的指定账户。

王大爷接到一个电话，对方自称是全球快递公司的工作人员，让老人加他的微信，说老人有一个包裹是从国外寄来的，包装上写着“奖品”，需要邮寄给老人，还向老人展示了装有包裹的货车和包裹图片。但是需要老人先垫付2万元邮费和保证金，并称等包裹成功接收后再予以返还。王大爷丝毫没有察觉到不对，反而喜出望外，但是他自己对手机上的操作不是很懂，子女也不在身边。于是他出去，找到了一家银行想进行转账汇款。幸运的是，银行工作人员在为王大爷办理转账时发现异样，于是在与王大爷交涉后选择报警，才避免了王大爷被骗。王大爷虽然没有被骗，但不是每个被骗的老人都像王大爷这么幸运。

再说李老汉，他最近收到了一个证券公司寄来的信封，里面附有一张抽奖单，老人在刮奖之后惊喜地发现自己中了300万元大奖。老人怀着半信半疑的心情打通了中奖单上提供的“公证处”的电话，对方证实了老人获奖的消息无误，但同时提出，若要兑换奖金，必须要先缴纳5万元的地方税款。李老汉喜出望外，心想5万元换300万元，有这么好的事儿为什么不干？于是李老汉从家中拿出5万元，准备到附近银行进行汇款。在去往银行的路上，李老汉经过了一家派出所，突然警觉地想不如让民警帮忙问一下这家证券公司到底是不是真的。正因为这么一个觉悟才让李老汉没有遭受损失。

法律问题

1. 怎么判断中奖消息是否属实？

2. 如何进行有效防范？

律师说法

现在大部分的诈骗套路，都是利用受害人的轻信麻痹和爱贪小便宜的心理，不法分子往往以高额奖金作为诱饵，利用各种借口索要费用，主要是针对老年人和意识较薄弱的人群。尤其是现在通信发达，让老年人接触网络的地方越来越多，这更需要老年人加强防诈骗意识，主要应注意以下几点：

1. 保持清醒的头脑，不要存在侥幸心理。

老年朋友遇到此类事件，一定要保持清醒的判断，不要贪图小利，也不要轻信他人谎言，要知道天下没有免费的午餐，许多免费的背后，早已下好了套。要克服"贪"的心理，不要有以小博大、不劳而获的想法。但凡遇到让你掏钱的，都应当留个心眼儿。

2. 远离那些可疑人员。

老年群体经常会遇到不法分子热情地打招呼、套近乎的情形，这个时候，最容易使人放松警惕。如果您遇到有陌生人对您过于亲切关照，就需要留一个心眼，以免上当受骗。

法条链接

《侵害消费者权益行为处罚办法》

第 5 条 经营者提供商品或者服务不得有下列行为：

（一）销售的商品或者提供的服务不符合保障人身、财产安全要求；

（二）销售失效、变质的商品；

（三）销售伪造产地、伪造或者冒用他人的厂名、厂址、篡改生产日期的商品；

（四）销售伪造或者冒用认证标志等质量标志的商品；

（五）销售的商品或者提供的服务侵犯他人注册商标专用权；

（六）销售伪造或者冒用知名商品特有的名称、包装、装潢的商品；

（七）在销售的商品中掺杂、掺假，以假充真，以次充好，以不合格商品冒充合格商品；

（八）销售国家明令淘汰并停止销售的商品；

（九）提供商品或者服务中故意使用不合格的计量器具或者破坏计量器具准确度；

（十）骗取消费者价款或者费用而不提供或者不按照约定提供商品或者服务。

四、购置保健品，请认准正规机构！

1. 借送促卖。

2020 年的一天，郭大爷一早起来先去公园晨练，然后去菜市场买菜。在买菜回家的路上，遇到两个自称是某保健品公司的工作人员，他们见到郭大爷十分亲切地招呼："今天我们公司要给大家发福利，免费送礼品。"经不住工作人员的软磨硬泡，郭大爷便跟着工作人员去到了他们的活动现场。"今天，我们的活动只送不卖，今天要给大家免费送我们公司的保健品……"现场的工作人员一直在强调。郭大爷抱着试一试的心态参加了活动，成功领到了一些小礼品，这个时候台上的工作人员又说道："明天早上 9 点，还有更多更好的礼品等着大家。"郭大爷尝到了甜头，第二天早上，又来到了活动现场。工作人员先是分发了一些小礼品，然后表明他们是一家保健品公司，专门研发老年人健康产品，他们的保健品功效强大，具有提高免疫力、强身健体方面的神奇功效，并强调现在产品正打折，折扣力度很大，买得多送得多。郭大爷听信了工作人员的宣讲，认为这些保健品真的有强身治病的功效，还可以打折以及送一些礼品，遂购买了。郭大爷把这些保健品拿回家后，作为医生的女儿回来发现这些保健品只是一些兑了色素的白水。

2. 保健讲座式销售。

郭大爷早上出去晨练，路过广场的时候看到一个临时搭建的宣传台，怀着看热闹的心态，郭大爷就去围观了。工作人员说 60 周岁以上的老人只要登记信息，就可以免费领取一箱牛奶，郭大爷看到很多人都去登记信息了，想着有免费牛奶可以拿，于是也登记了自己的相关信息及手机号码。一周后，郭大爷接到电话，说可以免费听取有关老年人健康、保健的讲座，学习健康知识，并且还可以免费领取洗碗布、碗、洗洁精等礼品。郭大爷听到不仅可以学习健康相关的知识，还可以免费领取礼品，就欣然前往了。在讲座上，工作人员讲解了许多老年人存在的健康问题并可能导致死亡的案例，随后引出他们生产的保健品，宣扬是专门基于老年人身体虚弱研发的，能提高免疫力，抵抗各种疾病对老年人的伤害，并虚构了大量的成功案例，让老人相信这个保健品确实可以达到治疗百病的效果，甚至可以长命百岁，工作人员还承诺，购买该产品无效还可退款。随后，工作人员给郭大爷安排了现场体检，还有专家会诊。郭大爷按他们的安排做完体检，报告中显示郭大爷有患"阿尔茨海默病"的极大风险。郭大爷一下子被吓住了，赶紧购买了他们"包治百病"的保健品，想着要是无效反正可以退款，也没什么后顾之忧。

3. 亲情陪伴式保健品销售。

一个自称小郭的人给郭大爷打电话，自称是老年人服务中心的保健顾问，电话中小郭对郭大爷嘘寒问暖，关心郭大爷的生活情况，了解郭大爷的家庭人员情况和相关的个人信息。第二天，小郭仍然给郭大爷打来电话，并且提出要来看望郭大爷，说自己也姓郭，跟郭大爷有缘。第三天，小郭提着一些水果和牛奶来拜访郭大爷，对郭大爷关怀备至，并说自己跟郭大爷聊得很投机，想要认郭大爷为干爷爷。在随后的一个月里，小郭时不时就给郭大爷打电话表达对郭大爷的关心，或者来郭大爷家里探望，陪他聊天，一来二往关系就越来越亲密了。某一天，小郭邀请郭大爷去公司，为自己在中层领导干部的选拔会上投票，郭大爷高兴地答应了。郭大爷去到公司，看到公司正在开一场保健品的介绍会，郭大爷认真听完，觉得这个保健品还是不错的。会后，小郭找到郭大爷，表示非常感谢郭大爷可以来到会场支持他，但随后表示了自己的难处，说自己是外地小伙，打拼不容易，在这里认识了郭大爷，是自己的幸运，现在就要成为公司的中层领导干部了，但业绩还差一点，希望郭大爷可以帮忙订购一些保健品，并承诺这些保健品可以日后退款，自己也会铭记郭大爷的恩德，等自己升为公司中层领导干部后，必定更加孝敬郭大爷。为了表示对小郭的支持，郭大爷二话没说，购买了一堆小郭公司的保健品。之后一段时间，小郭还热情地给郭大爷讲解保健品的食用方法，并一次又一次地让郭大爷购买新产品，但待郭大爷又购买完五六次后，便无法联系上小郭了。

法律问题

1. 如何识别保健品诈骗?

2. 遇到此类诈骗该如何维权?

律师说法

近年来,在巨大的养老需求面前,不法分子打着“服务老人”“关爱老人”的旗号,招摇撞骗,不仅使老年人遭受财产损失,还使他们承受巨大的情感伤害,严重影响老年人晚年的生活质量和身心健康。老年人由于生活圈子比较单一,对社会信息的接触比较少,对骗局的识别能力不够。而且诈骗人员抓住了老年人往往孤独、无助且缺少子女陪伴的现状,每次去推销的时候,总是打亲情牌、聊家长里短,获取老年人的信任,从而使老年人自愿花钱购买保健品。

有关保健品诈骗主要有以下几种情形:

1. 借送促卖,骗取暴利。“给予中老年人免费领取保健品、免费提供健康知识讲解”等好处,将大量宣传广告以及健康咨询电话塞给老年人,打着免费送礼品的旗号,或者采取购买保健品并用其包装盒以及票据兑换礼品等手段,诱使老年人花更多的钱购买高价产品,上当受骗。

2. 虚假专家,骗取钱财。假借公益的名义在小区或社区开展养生讲座,同时将老人们带到“检测室”进行所谓的体检。在有模有样进行体检后,立马将体检报告从电脑中打印出来,由自称“专职保健医生”“某医院的主任医师”等假医生为老人解读健康报告。在解读过程中,夸大或虚构老年人的病情,从而达到推销保健品的目的。

3. 温情陪伴,推销产品。很多老年朋友,子女长期不在身边,内心其实是比较孤独的,这就给许多不法分子可乘之机。这类不法分子通常会对老人嘘寒问暖,用上门陪伴、聊天等方式,获取老人的信任,再在适当的时候推出保健品。让老人基于信任和感谢购买虚假产品,上当受骗。

他们通常采用这些话术:“只要来听讲座就赠送小礼品”“吃了保健品可以

提高免疫力”“身强力壮不生病”“吃了保健品可以比同龄人更年轻”“航天员都在吃”“含有几百种营养成分，是天然的营养素”等，给老年人灌输错误的理念，并通过虚构一些案例使老年人相信那些保健品真的可以达到神奇的功效。

大家应该谨记，没有包治百病的神药，更没有长生不老的保健品，老年人在使用大额资金、购买昂贵物品前，应当多和家里的子女商议沟通，避免被骗。应当谨防保健品诈骗，如果不幸遭遇了此种类型的诈骗，也不要心慌，建议采取下列做法：

1. 收集证据。(1)尽可能地保留推销人员以及销售公司的信息资料。妥善保管推销人员的名片、电话和微信号，印有电话、地址、公司名称等信息的材料；保留自己与销售人员的信息往来资料，包括短信、微信聊天记录等，进行备份，同时保留有微信记录及短信往来的手机。(2)收集保健品的包装及容器。保健品容器、保健品外包装等不要丢弃，应当妥善保管，维权时可以作为证据之一，提交相关部门。(3)留存付款凭证。若是采用转账方式付款的，应当到银行柜台将付款的转账凭证打印出来留存；若是采用现金交易的，则到银行柜台将相应的取款记录打印出来，以此辅助证明购买保健品的付款情况。另外，如果意识更强一些，最好可以拍摄留存现金交付现场的情况。

2. 向市场监督管理局进行举报。保健食品多数是不合格产品，或是假冒伪劣产品，可拨打食品药品监督部门的投诉举报热线“12331”，向当地市场监督管理局进行举报。市场监督管理局经过调查，发现确实是不合格或假冒伪劣产品的，会进行查扣，情节严重的，还会移送公安机关处理。若销售者存在虚假宣传的情况，消费者还可以拨打投诉举报热线“12315”举报。

3. 向公安机关报案。如果被诈骗的金额巨大或者造成严重后果，可以向当地的公安机关报案。

4. 向人民法院提起诉讼。若保健品存在无证生产、质量问题、虚假宣传等情况，导致购买者产生了经济损失，消费者可直接向人民法院提起诉讼，要求商家赔偿。

法条链接

《最高人民法院、最高人民检察院关于办理诈骗刑事案件具体应用法律若干问题的解释》

第2条 诈骗公私财物达到本解释第一条规定的数额标准,具有下列情形之一的,可以依照刑法第二百六十六条的规定酌情从严惩处:

……

(四)诈骗残疾人、老年人或者丧失劳动能力人的财物的;

……

《最高人民法院、最高人民检察院关于办理危害食品安全刑事案件适用法律若干问题的解释》

第19条 违反国家规定,利用广告对保健食品或者其他食品作虚假宣传,符合刑法第二百二十二条规定的,以虚假广告罪定罪处罚;以非法占有为目的,利用销售保健食品或者其他食品诈骗财物,符合刑法第二百六十六条规定的,以诈骗罪定罪处罚。同时构成生产、销售伪劣产品罪等其他犯罪的,依照处罚较重的规定定罪处罚。

五、低价套路，只为让您消费更多

张大爷70多岁，退休已经10多年。退休后，张大爷每月的退休金有8000多元，老伴李老太的退休金也有4000多元，两个人加起来有1万多元，加之老两口生活比较节约，所以每月的退休金足够张大爷和李老太的花销，甚至还有不少的结余。张大爷的娱乐生活一般只是和一些老伙伴一起在小区、公园下下棋、打打牌。单位管理退休老人的部门也会偶尔组织一两次郊游活动，但一般都只是在市区附近的一些景点，很少出过省。儿女工作繁忙，也没有时间带张大爷老两口出去旅游散心。

上个月，张大爷的老同事从海南旅游回来，拉着张大爷说海南有多么漂亮，吃不完的各种水果，海边的空气多么新鲜，还有夜市琳琅满目的商品，说得张大爷心生羡慕，心里发了一颗想要出去旅游的芽。某一天，李老太的老同事也出去旅游了，说得李老太心里痒痒，李老太开始经常在张大爷的耳边嘀咕，哪个哪个同事又去了哪里，有多么好玩。张大爷内心似乎早已飞了出去，他与李老太商量，找个旅行团出去看看。

有一天，张大爷在公园下完棋回来，刚刚一进屋，李老太就拿出一张宣传单神秘兮兮地给张大爷说，“快来看老张，这里有个好事，你看看”。张大爷接过来一看，是夕阳红旅行社的宣传单，专门为退休老人提供旅游服务，旅游的目的地是云南，乘坐飞机往返，一共5天4晚，住五星级酒店，还包早餐，每个人收费1000元，两个人打9.8折。张大爷和李老太合计了一下，觉得费用不高，还是很划算，于是决定报团去旅行。旅行团如期发团了，在旅行过程中，团里的导游小陈对老两口很是照顾，大妈大爷的叫得也非常亲切。“夕阳红旅行团”到达目的地之后，每天都会带张大爷一行去各种购物中心和土特产专卖店，导游小陈也特别“关照”他们，每次进店都会给他们安排一位特别有亲和力的讲解人员，全程陪同他们并给他们介绍产品的功能、特效和优点等，以致张大爷和李老太根本经受不住讲解人员的“糖衣炮弹”，5天下来这里买点儿、那里买点儿，不知不觉就花了近2万元。最为可恨的是，回家后，李老太把自己买的纪念品、特产、保健品，还有给自己女儿买的特产珍珠拿给女儿时，女儿一看就说：“妈，你被骗了，这根本不是什么特级珍珠，你看这个质感多劣质，就是人工养殖的低质货品呀！”

法律问题

低价旅游是什么套路？有什么防范措施？

律师说法

近年来，一些打着“夕阳红旅行团”的名义组织老年人外出旅行的行为引发了大量纠纷，表面上写着包食宿、5A级风景区，背后实则处处是陷阱，这种行为通常会导致老年人高高兴兴旅游去，钱包空空回家来。

低价旅游的陷阱主要是不法分子利用老年人想要外出旅游的想法、节俭的生活习惯，以低价游、免费游或赠送免费产品等手段吸引老年人参团旅游，随后在旅行过程中，以变相消费、强买强卖、设置陷阱等方式诱导老年人消费，将商品以高于市场价多倍的价格卖给老人进行牟利。低价旅游背后往往暗藏玄机，天上不会掉馅饼，亏本的买卖商人是不会做的。虽然低价旅游的套路可能多种多样，但是实质上都是一样的，表面看似便宜的旅游团，实际最后的花销比真正的价值高出若干倍，旅行过程中购买的商品还可能是伪劣仿冒产品。

针对低价旅游诈骗，可以采取以下防范措施：

第一，增强防范意识。老年人在日常生活中要增强自我防范意识，面对过分热情主动上门介绍旅游项目、重点推荐免费旅游项目的人要勇于说：不！要树立正确的旅游消费理念，杜绝单纯追求低价旅游的想法，不盲目追求便宜。

第二,通过正规渠道参加旅行活动。参团旅游一定要找正规的旅行社,安排持证导游。正规的旅游团会有规范的旅行行程和人身及财产安全保护措施,并且还可以根据个人的需求进行选择。不要轻易相信打着免费旗号的旅游团,要选择安全的出行方式,才能降低受骗概率,保障自身安全。在旅游消费时,要向商家索要发票、收据等,方便事后维权。

第三,多渠道联合防范。老年人信息来源少、社会活动参与度低、防范诈骗意识较为薄弱,属于易受害人群。在日常生活中,老年人要多与子女交流、多了解形形色色的诈骗手段,在支付大额资金时,要多与子女商量和论证。社区也可以定时定点开展防诈骗宣传,如举办防诈骗讲座、防诈骗演练等,树立老年人的防诈骗意识。

法条链接

《中华人民共和国消费者权益保护法》

第55条 经营者提供商品或者服务有欺诈行为的,应当按照消费者的要求增加赔偿其受到的损失,增加赔偿的金额为消费者购买商品的价款或者接受服务的费用的三倍;增加赔偿的金额不足五百元的,为五百元。法律另有规定的,依照其规定。

经营者明知商品或者服务存在缺陷,仍然向消费者提供,造成消费者或者其他受害人死亡或者健康严重损害的,受害人有权要求经营者依照本法第四十九条、第五十一条等法律规定赔偿损失,并有权要求所受损失二倍以下的惩罚性赔偿。

《中华人民共和国旅游法》

第35条 旅行社不得以不合理的低价组织旅游活动,诱骗旅游者,并通过安排购物或者另行付费旅游项目获取回扣等不正当利益。

旅行社组织、接待旅游者,不得指定具体购物场所,不得安排另行付费旅游项目。但是,经双方协商一致或者旅游者要求,且不影响其他旅游者行程安排的除外。

发生违反前两款规定情形的，旅游者有权在旅游行程结束后三十日内，要求旅行社为其办理退货并先行垫付退货货款，或者退还另行付费旅游项目的费用。

六、投资理财，如何避免踩坑？

某天，郭大爷早上跟往常一样去公园看人下棋，还在公园里随处转了转，遇到熟人就叙叙旧。郭大爷看到自己多年的好友李大爷正跟另一个老头聊得热火朝天，就走上前去问："老李，你们在说什么呀？"李大爷转头看见郭大爷说："哎呀，老郭，我们在说一款康养主题的投资理财产品。前两天啊，有个小伙子给我打电话，问我现在是不是退休了，他们现在有一款康养投资理财产品，既可以给老年人提供免费的旅游服务，还可以有收益。"郭大爷平常听儿女说多了老年人被诈骗的话题，耳濡目染的，一听到老年人投资这种话题本能地就觉得这有可能是诈骗，于是告诉李大爷说："这靠谱吗？是不是诈骗哟？"李大爷说："不能吧，下周他们刚好有个参观日，我们可以去参观考察一下。"

一周后，郭大爷和李大爷一行人来到公司，刚到门口，小李就笑盈盈地迎接说："哎哟，爷爷奶奶们，您们来啦，今天公司给大家准备了丰厚的见面礼，欢迎您们来参观我们公司。"小李一边带他们参观，一边介绍公司目前开发投资的康养小镇项目。公司可以赠送投资者康养小镇的居住资格，如果选择不居住，每年还有大约8%的返利，康养、旅行、投资均不误。随后，小李拿出了一些收据，说："您们看看，这些都是其他投资人投资的凭据……"看着快铺满一桌子的凭据，听着8%的高额投资回报率，以及小李自信诚恳的话语，郭大爷、李大爷放低了戒备心。小李感受到了郭大爷、李大爷开始对自己建立起信任了，就顺势邀请他们参加下周公司组织的项目参观活动。

其实，参观活动是公司精心策划的幌子，邀请老年人参加项目实地考察，目的是招揽投资。在参观途中，小李不仅吹嘘公司实力强大，并宣称公司投资建设的这个项目是当地政府的重点支持项目,投入老年人康养基地是“老龄化社会”的发展趋势,有很大的发展空间。大家只需要投资几万元,便可以成为尊贵的会员,不仅可以免费入住游玩,还可以获得分红。郭大爷他们越听越觉得靠谱,越听越认可这个项目的美好前景,于是与公司签署了认购投资合同。前两个月,收益准时到账,郭大爷、李大爷都很高兴,一传十,十传百,在他们的宣传下,他们的朋友也纷纷掏出养老钱来投资。但好景不长,仅仅一年左右,公司宣布资金链断裂,再也付不出给大爷们的返利,公司、小李也随后蒸发了。

法律问题

1. 如何识破投资理财诈骗的套路?

2. 如何对此套路进行防范?

律师说法

犯罪分子充分掌握了老年人渴望天伦之乐的心理,用一声声亲切的称呼、温暖的关怀、赠送礼品,让老年人迷失了判断能力,在温情中失去理智。犯罪分子充分掌握老年人渴望赚钱的心理,将养老投资描绘成“宏伟”的蓝图,假借各式各样的投资分红形式骗取老年人的养老钱。

老年人是犯罪分子最关注的群体,大部分的犯罪分子会将老年人群体视为“韭菜”——“保本高收益”是行骗的金字招牌,一旦踏进骗子的局,老年人就成了待割的“韭菜”。退休后,老年人通常没有事情做,哪怕有退休金,他们也担心成为儿女的累赘,因此一旦涉及投资理财、按时返利等情形,他们便很容易失去判断力,从而落入犯罪分子设计的圈套。

采用投资理财诈骗的常见套路为:首先,犯罪分子会采用某种方式联系上老年人,通常是电话联系、街上宣传、朋友介绍等方式,犯罪分子通常广撒网,能吸引一个老年人的注意算一个。联系上老年人后,犯罪分子用实地参观、就地讲解、视频直播等方法对老年人进行“洗脑”,通过有收益、稳赚不赔等幌子让老年人产生兴趣,并交钱“投资”。其次,犯罪分子通常会以小额返利让老年人初尝甜头，以为投资真能获利；然后再不断诱惑老年人加大投资额度，看着投资账户上有不少钱但是无法真正提现；紧接着犯罪分子会利用老年人急切提现、盲从的心理，收取一笔所谓的提现金、保证金等再次诱导老年人，榨干老年人最后的储蓄，收网跑路。

近年来，老年人遭遇投资诈骗的案例并不少见，犯罪分子会利用老年人辨别能力差、风险意识薄弱、信息闭塞等情况，假借“高息红利”“稳赚不赔”为诱饵，诱骗其投入资金，最后常以“资金断裂”“爆雷跑路”为结局，老年人深受其害，群众深恶痛绝。因此，老年人投资理财一定要找到正规渠道，千万不能盲目迷信那些所谓的“稳赚不赔”“内幕消息”，不要轻易相信他人的语言，凡是涉及高收益的理财，一定要高度警惕。老年人最好安装国家反诈中心 App，避免接到诈骗电话；遇到主动上门的投资理财营销，一定要先和子女商量；尽量到银行等正规金融机构进行咨询和购买投资理财产品；遇到问题要及时求助，遭遇损失要立即报警。

法条链接

《中华人民共和国刑法》

第 192 条第 1 款　以非法占有为目的，使用诈骗方法非法集资，数额较大的，处三年以上七年以下有期徒刑，并处罚金；数额巨大或者有其他严重情节的，处七年以上有期徒刑或者无期徒刑，并处罚金或者没收财产。

七、房子是刚需，也让不法分子有可乘之机

1. 以房养老变成低价卖房。

郭大爷名下有一套自住的房子，其儿子小郭跟郭大爷的父子关系不是很好，自小郭上大学后就基本跟郭大爷断了联系。某一天，郭大爷在广播里听到一个新词“以房养老”，郭大爷寻思着自己和小郭之间的父子矛盾可能无法调和，肯定是靠不住小郭给自己养老了，这个“以房养老”是不是比较适合自己呢？于是，郭大爷打通了广播里一个叫“传家公司”的电话，公司在了解到郭大爷的想法之后，便向其详细介绍了这个“以房养老”的计划，具体是郭大爷用其名下的房产办理抵押贷款，把贷到的钱给传家公司，传家公司每个月给郭大爷支付贷款金额0.5%的利息作为生活养老费，并且郭大爷可以自由选择去传家公司名下的养老社区居住或者继续居住在自己的房屋里，合同期满后，房本还会返还给郭大爷。郭大爷一听，这既可以保障居住还能每个月拿生活费，真是天大的好事，于是与传家公司签订了养老合同，并在其居住的房屋上办理了抵押。后来，传家公司联系郭大爷，说因为一些贷款政策原因，需要把贷款抵押的房子变更到公司名下，公司愿意给郭大爷100万元现金，将来合同到期就会把房子过户回给郭大爷，且房子郭大爷依然可以自己居住，完全不受影响。郭大爷每个月拿着不错的生活费，现在又能拿到100万元的现金，心里美滋滋的，对公司自然非常信任，并未提出质疑，乖乖地配合传家公司的工作人员前往不动产登记中心办理了相关变更手续。当郭大爷的儿子小郭回来后，郭大爷将此事告诉了小郭，小郭帮郭大爷一分析，其才知道自己上当受骗了，立即诉至人民法院。

2. 以房养老变借款合同。

郭大爷和李老太是夫妻，李老太去世后，郭大爷没有选择随儿女生活，而是自己一个人独居生活。独居生活久了，郭大爷渐渐发现自己身体、精力大不如前，但郭大爷又不想麻烦儿女。之前在公园散步的时候，听到一位年轻小伙子在宣传什么“以房养老”，郭大爷寻思自己有两套房子，留给子女平分一套，自己住一套，可以把自己住的这套弄成以房养老的模式，这样既不会给儿女们添麻烦，还过得独立自在。于是郭大爷找到那个小伙子做进一步了解，小伙子叫小李，他告诉大爷说：“我们这个项目叫以房养老投资项目，我们需要签订一个协议，在建立了法律关系后，我们每个月给您一定数额的钱，至于是多少钱，我们需要提前对您的房子做一个评估，看您的房子值多少钱。然后从现在到您去世为止，我们每个月都会按照约定好的数额返钱给您，哪怕返到房子的市场价值您还在世，我们还会继续返给您，直到您去世那天，前提是您得把房子抵押给我们。但您放心，当您将来去世后，我们会将房子还给您的继承人，还将一次性给您 5 万元的丧葬费。这期间，我们还将为您配备家庭医生，每周至少上门为您服务一次，每年给您提供养老康养山庄的旅游活动一次，这些都是免费的。”郭大爷一听，觉得这个服务甚好，可以每月有钱拿，每周还有人来检查自己的身体，这样就不用麻烦子女了，而且自己也没什么损失。于是便与小李所在的公司签订了所谓的“以房养老”合同。但实际上，郭大爷签署的并非“以房养老”的合同，而是借款合同和委托书，在委托书中，郭大爷将自己房屋的抵押、买卖、产权转移、纳税等权利全部委托给了小李。小李利用委托书将郭大爷的房产以远低于市场价的价格卖出，使郭大爷不仅没有享受到服务，甚至还失去了房产。

3. 为投资理财抵押房产。

郭大爷和老伴李老太退休后，除带带孙子外，每天的娱乐生活就是跟以前的老同事一起逛逛公园、爬爬山，冬天去海南，夏天去贵州，日子过得很是滋润。但退休后郭大爷和李老太一直都不太适应没有工作的日子，虽然每个月都有养老金，他们却觉得养老金只够他们自己花，没有办法存下钱。年轻的时候，郭大爷和李老太一直比较节约，把一儿一女拉扯大，还买了套房子。郭大爷和李老太琢磨着怎么能用房子养老，而不是依靠儿女，以免给儿女增添负担。某天，郭大爷和李老太在小区散步的时候，碰见一个叫小李的人，小李向郭大爷和李老太介绍了某个养老服务公司的“以房养老”项目，郭大爷和李老太一听，觉得这正是他们所需要的，用房子养老就可以减轻儿女的经济压力，他们也自得其乐。于是，在小李的介绍下，郭大爷和李老太向第三人小郭借款，并以自己名下的房屋做抵押。郭大爷和李老太受其诱骗，将名下的一套房产抵押给了小郭，在获得300万元后当即向小郭支付了首月利息和服务费。小李通过POS刷卡机的方式将剩余款项转走并占为己有。

法律问题

1. 什么是以房养老诈骗？
2. 遇到此类诈骗该如何维权？

律师说法

“以房养老”就是老年人将拥有产权的住房抵押给特定的金融机构，取得贷款用于养老，老年人在世时仍保留房屋居住权，去世后则用住房还贷，这种模式为“名下有房产、手中无现金”的老年人提供了养老的新路子，逐渐为人们所知。尽管“以房养老”的概念越来越被人们所接受，但老年人通常不清楚怎么用房子养老，而一些不法分子也嗅到了“商机”，甚至打出“养儿防老不靠谱，以房养老更安全”的广告。

其实正规的“以房养老”是一种保障方式，而不是投资、理财产品，其是由专业的保险机构运营的。采用“以房养老”的手段诈骗老年人的不法分子，一般都比较熟悉法律，利用老年人容易轻信他人、法律意识薄弱等特点以及寻求投融资渠道的迫切心理，把法律当作个人寻求不法利益的工具，以“以房养老”理财项目为外观，非法占有老年人房产。此种骗局主要有以下几个特征：第一，复杂的合同架构，利用老年人不具备相应的专业判断能力的特点，用借款合同、抵押合同、委托合同、代为还款合同、养老服务协议等，形成法律闭环和假象；第二，不法分子经常会夸大宣传、宣称自己有官方合作背景，从而获取老年人的信赖；第三，不法分子经常会安排其工作人员成为代为办理房屋出售或者抵押登记手续等全套事务的受托人甚至出资方;第四,“以房养老”诈骗所涉及的受害人数多、涉案金额大,容易形成巨额的资金池,常常涉及刑事犯罪。

“以房养老”原本作为一种正规的保险产品,是由专业的保险机构经营的,并且保险公司只要房子的抵押权,房子所有权始终归老年人所有,只有在老年人去世后,保险公司才有权对房子进行处置。

而“以房养老”的骗局往往表现为以下形式:一种是犯罪分子会拿出很多文件骗老年人签署,将房屋买卖合同混在里面,但不做特别提醒,浑水摸鱼,老年人自己也没有搞清楚,顺势就签署了;另一种是通过各种手段,骗取老年人的信任,诱骗老年人签订委托公证,这种形式会在法律上给予不法分子出售老年人房屋的授权;还有一种是不少犯罪分子为了骗取更多的老年人,会为老年人联系金融机构办理房屋抵押,老年人将贷款转给犯罪分子购买虚假理财产品,然后再用所谓的理财收益为老年人偿还贷款,通常为了防止老年人起疑心,犯罪分子会偿还一段时间的贷款并给老年人收益,再携款跑路。

在涉及“以房养老”相关项目的时候,需要注意以下几点:首先,老年人在“以房养老”相关合同书上签名、按指印的时候需要慎重,在自己无法辨别合同内容的时候应当积极寻求专业人士的帮助,要透过合同的表面揭露所谓“以房养老”的实质;其次,对于低风险甚至无风险但高收益的投资项目,需要多一个心眼,提高警惕,理解商业逻辑,如果无法理解背后的商业逻辑,需要告知自己的儿女,请求帮助,或者在自己对一个陌生的项目完全不了解的时候,不要参与。如果发现自己上当受骗,建议向有关部门、公安机关进行举报,请求追回被骗钱财。目前,“12337”智能化举报平台已经开通“养老诈骗”举报通道,举报人可以通过登录相应平台或直接拨打电话“12337”,向“12337”智能化举报平台反映问题。

法条链接

《中国保险监督管理委员会关于开展老年人住房反向抵押养老保险试点的指导意见》

提出了我国养老服务业的发展目标,在政策措施中明确提到“开展老年人住房反向抵押养老保险试点”。老年人住房反向抵押养老保险,即我们通常所称的"以房养老"。其含义就是老年人把已经付清贷款的房子,抵押给商业银行,保险公司等金融机构,继续拥有房屋占有、使用、收益和经抵押权人同意的处置权,并按照约定条件领取养老金直至身故。

八、缴纳养老金，请联系正规机构及人员

高大爷是农村人，年轻的时候南下打工，当时只为到手多点钱，加之法律意识薄弱，所以对单位是否给他购买养老保险并不在意。随着时间的流逝，高大爷渐渐到了要退休的年龄，高大爷开始考虑“养老金”“退休金”的问题，如果今后没有“退休金”，该靠什么养老呢？在自己无法劳动的时候，就再没有收入来源了，依靠子女给自己养老可行吗？首先，儿女都有自己的家庭，各自家里都养了两个小孩，每个月小孩和他们自己的花销都不少，让他们每个月给自己养老费无疑增加了儿女的负担；其次，自己不想成为儿女的拖累，只要自己能够自力更生就不用麻烦儿女了。每次高大爷与同龄人聊天，总能聊到养老保险这个话题，“老李啊，你退休后能够领到多少钱哟？”“3000 多元，应该刚刚够自己用。”“我听说老王养老保险缴得很高，退休金可能有 5000 多元噢。”……每当他们聊到这些话题的时候，高大爷就觉得自卑，也插不上话。高大爷一直琢磨着购买养老保险的事情，但苦于自己今年已经 56 岁了，就算现在购买养老保险也已经晚了。有一天，高大爷跟一位朋友聊起这个话题，这位朋友说自己在老家认识一个叫小李的人，此人神通广大，不仅能够帮忙购买低价房，还能借单位为职工购买养老保险的机会，把熟人“安排”进去，一次性补缴养老保险金。高大爷一听，高兴极了，如果小李真的能把他的养老保险买了，就是他的大贵人呢。于是高大爷马上要到小李的联系方式，小李说自己认识人社和社保部门的工作人员，跟他们很熟，稍微打点一下准能让高大爷一次性补缴养老保险金，就是可能需要一点额外的费用，大概 2 万元左右。高大爷想到，如果真的可以一次性补缴养老保险金，给 2 万元的手续费也很值，于是连忙应声答应。随后，高大爷按

照小李的要求提供了一些有关自己的资料，并给小李一次性转账了补缴养老保险的费用以及所谓的“手续费”。一个月之后，高大爷就联系不上小李了。

法律问题

1. 如何识别对方是不是缴纳养老金的正规机构？
2. 如何防范此类诈骗？

律师说法

养老金对于大多数退休的老人来说，基本上是唯一的经济来源，所以每位老人都非常看重自己的养老金。对于没有购买养老保险的老人来说，如果可以一次性补缴社会养老保险，就能解决自己后半辈子的后顾之忧。在“缴纳养老金”的诈骗案件中，诈骗分子通常会假借认识人社和社保部门的工作人员，一次性收取未参保的老年人数万元不等的金额，谎称可帮助未参保人员进行代办服务，一次性补缴社会养老保险费即可享受养老金。

这种类型的诈骗，光靠犯罪分子自己的能力是不够的，因此通常需要伪造他们的人脉，而人脉是最容易伪造的。犯罪分子张嘴就说自己在人社和社保部门有认识的熟人，可以帮老人们办理一次性补缴基本养老保险的业务。是否真的有认识的熟人这是无法考证的，犯罪分子谎话连篇，就是为了诈骗老人用于养老的钱财。

其实，动用钱财和关系找人代办所谓的“补缴养老保险”是没有必要的，根据现有的政策，可以依法合规地自行办理。基本养老保险包括城乡居民基本养老保险和职工基本养老保险，这两个部分构成了我国养老保险体系的支柱。对于参加职工养老保险的，如果达到法定退休年龄缴费不足 15 年，根据《社会保险法》第 16 条的规定，可以缴费至满 15 年，按月领取基本养老金；也可以转入新型农村社会养老保险或者城镇居民社会养老保险，按照国务院规定享受相应的养老保险待遇。对于参加城乡居民养老保险的，如果参保人年满 60 周岁但缴费年限不足 15 年，按照《国务院关于建立统一的城乡居民基本养老保险制度的意见》的规定，应逐年缴费，也允许补缴，累计缴费不超过 15 年。

老年人在面对这种类型的诈骗时，一定不要冲动，要保持冷静，多调查、多思考，多渠道了解信息，面对陌生人不轻易相信、不盲从，对于所谓的“有关系”“有熟人”不要听信，需要办理养老保险的相关业务时，一定要按照政策规定通过正规渠道进行申请办理。遇到拿不定主意的事情，一定不要急于做决定，不固执己见，多听取亲友、儿女、专业人员的意见，与他们经常交流，保持冷静。

法条链接

《中华人民共和国社会保险法》

第 16 条 参加基本养老保险的个人，达到法定退休年龄时累计缴费满十五年的，按月领取基本养老金。

参加基本养老保险的个人，达到法定退休年龄时累计缴费不足十五年的，可以缴费至满十五年，按月领取基本养老金；也可以转入新型农村社会养老保险或者城镇居民社会养老保险，按照国务院规定享受相应的养老保险待遇。

九、封建迷信不要信

小郭是郭大爷的孙子，小郭寻思郭大爷平常都是一个人待着，孤独得很，于是给郭大爷买了一部智能手机，教郭大爷上网冲浪。郭大爷学会如何使用微信后，小郭说："爷爷，现在好多老年人都看短视频，上面什么都有，可以学习一些养生小知识，也可以看一些菜谱，还可以看情景小短剧。"郭大爷一听，觉得是个打发时间的好东西，学习热情高涨，很快就学会了如何使用短视频软件。前段时间，郭大爷刷短视频软件时发现了一个叫作"周大师"的博主，主要讲一些风水、手相等，很快郭大爷就迷上了周大师每天讲的风水、奇门命数的直播课程，只要周大师上线，郭大爷就会去看。某天，周大师说他会在直播间随机抽取观众，亲自免费测算观众生辰八字，如郭大爷所愿，他非常"幸运"地被抽中了。郭大爷非常实诚地向周大师说了自己的生辰八字，只见周大师一会儿动笔写一写、一会儿用手指掐一掐、一会儿皱皱眉，嘴里还振振有词，看得郭大爷非常紧张。随后，周大师说，经过测算郭大爷年轻的时候欠了"阴债"，"有人"一直想让他还债，到时他及家人的运程、财富、寿命等都会受到折损。郭大爷一听十分担心，连忙问周大师应该怎么化解。周大师后台私信告诉郭大爷，可以帮他做一场法事，用周大师开过光的吉祥物来积福、避灾。郭大爷当下心急如焚、头脑发热，立即相信了周大师的话，于是往周大师指定的账户汇入了3万元，请求周大师为他及家人积福、消灾，并请回吉祥物。几天之后，郭大爷发现周大师不直播了，原来加入的直播群也解散了，自己加的周大师的小助理也把自己拉黑了。郭大爷看着家中供奉的那块劣质翡翠，才觉得自己上当受骗了。

法律问题

1. 如何识别封建迷信诈骗？

2. 遇到此类诈骗该如何维权？

律师说法

不法分子利用老年人封建迷信观念较强、反诈防范意识较弱、容易担忧家人健康和安全的心态，通过各种方式，以“消灾解难”“看相占卜”“祈福作法”等借口，获取老年人信任后再骗取钱财。不法分子眼花缭乱的演技背后，真实目的只有一个，那就是掏空老年人的“钱袋子”。封建迷信诈骗的违法犯罪主要表现为以“算命”“看风水”等借口，兜售所谓的“绝技”“奇方妙术”，利用“破财挡灾”的侥幸心理诱骗老年人，以此达到骗取钱财的目的。

这类骗局一般有以下几个特点：第一，犯罪分子结成团伙作案，事先周密谋划，事中分工配合，事后迅速逃离。第二，主要针对老年人，利用其封建迷信观念较强、反诈防范意识较弱、容易担忧家人健康和安全的心态。第三，作案地点不固定，多发生在超市、菜市场、居民楼前等地，不仅易于挑选犯罪对象，也方便在作案后迅速逃离现场。第四，在宣扬和实施封建迷信活动过程中进行诈骗，犯罪分子宣称自己是“大师”“神医”等，以“开坛作法”“念经开光”能够为老年人自身或亲人“驱邪避凶”“消灾祈福”等为由，调包财物或诈骗钱财。

老年人一定要在日常生活中增强防范意识，提高辨别是非的能力，切勿将对生活的美好期盼建立在“求神请仙”之上，切勿相信“作法祛病”“调运消灾”等迷信说法，自觉抵制封建迷信，谨防上当受骗。老年人要坚持唯物主义的观点，任何美好幸福的生活都是依靠自己的双手打拼下来的，并不是依靠“旁门左道”。平时要多关注新闻媒体、社区宣传栏等，了解当前多发的各种诈骗手段，提高警惕，提高对骗局的识别能力，遇到诈骗及时拨打“110”或“96110”进行求助。

法条链接

《中华人民共和国刑法》

第266条 诈骗公私财物,数额较大的,处三年以下有期徒刑、拘役或者管制,并处或者单处罚金;数额巨大或者有其他严重情节的,处三年以上十年以下有期徒刑,并处罚金;数额特别巨大或者有其他特别严重情节的,处十年以上有期徒刑或者无期徒刑,并处罚金或者没收财产。本法另有规定的,依照规定。

十、自称金融机构工作人员来电,须谨慎!

最近,李老太收到一条以“95593 国家开发银行”名义发来的老年贷款短信后,不一会儿,就接到对方打来的电话,问是否有贷款的需求。李老太最近刚好有点儿缺钱,便向对方提出自己想贷款 3 万元。随后,对方就通过社交平台向李老太发送了一条网页链接,李老太通过点击链接下载了对方提供的一个手机 App,李老太在上面完善了个人信息,申请了需要的贷款额度,提交了贷款的申请。然而,当李老太再次登录这款 App 时,却发现银行卡号输入错误,之前贷的款也被冻结。这下把李老太吓到了,赶紧咨询工作人员原因出在什么地方,对方听后向李老太发送了一张“中国保险监督管理委员会”的图片,告诉李老太不要惊慌,现在只需要给该银行账号转账 2000 元,就可以解冻该笔贷款资金。李老太没多想,就给该银行账户进行了转账,之后对方又发来一个链接,让李老太下载另一个 App,该 App 的客服让李老太更改一下自己的银行卡号,这样才能再次提交贷款申请。李老太咨询对方,何时能够进行提现转账时,对方给李老太发来一张图片,上面显示由于李老太擅自更改合同,导致贷款资金被第二次冻结,需要转账 25000 元才能再次解冻。对方客服还不断地联系催促李老太,说只有这样才能顺利进行贷款。纵使李老太从来没有遇到过诈骗,这时也感觉事有蹊跷,突然反应过来自己可能遭遇了诈骗,于是赶紧打电话给“110”求助。

法律问题

1. 如何识别金融机构人员的真假?

2. 遇到此类诈骗该如何维权?

律师说法

当接到自称是金融机构客服人员打来的电话,或是收到类似的短信时,一定要提高警惕,千万不要轻信各类形式的金融业务广告,平时也要多看类似的防诈骗知识,加以甄别。如果遇到声称银行卡号填写错误、网络程序出现卡顿、网络操作失误、资金验证失败,或者通知要缴纳"手续费、保证金"用来专款刷流水,验证还款能力的,极大概率就是遇到了诈骗。如果老年朋友真的需要办理这种金融类业务,一定要选择正规的机构,李老太就因为对方一个短信和电话,连对方的所属机构都未查证,就进行了 App 的下载,从下载 App 开始,其实就已经进入了对方的圈套。当老年朋友发现自己已经被骗或可能被骗的时候,请立即拨打"110"报警电话求助,及时报警,说不定还能挽回损失。有理财需求的老年朋友可以主动学习投资理财知识,一定要去正规金融机构购买理财产品,警惕所谓的"高息 0 风险"理财项目,远离非法集资。同时要积极与子女沟通,听取他们的意见和建议。

法条链接

《中华人民共和国刑法》

第 192 条第 1 款 以非法占有为目的,使用诈骗方法非法集资,数额较大的,处三年以上七年以下有期徒刑,并处罚金;数额巨大或者有其他严重情节的,处七年以上有期徒刑或者无期徒刑,并处罚金或者没收财产。

十一、老年人的交友也须谨慎

张婆婆今年刚满60岁，早些时候老伴就因为癌症去世了，张婆婆这些年一直渴望得到关怀和陪伴。张婆婆平时经常一个人在家里研究智能手机，一次偶然的机会，张婆婆在上面下载了一个交友软件，并通过该软件，结识了比自己小好几岁的李大爷。通过App上的聊天和线下的见面，两人很快便熟悉了起来，也正式建立了男女朋友的关系。交往不久，李大爷便以做土木工程急需资金、卖自己的房子还差手续为由，向张婆婆借钱暂时周转，说是很快会偿还。被爱情冲昏了头脑的张婆婆，通过现金、微信转账、支付宝转账，甚至直接把银行卡和密码给到李大爷，先后共向李大爷转账80余万元。这些钱，差不多是张婆婆的全部积蓄。

直到张婆婆掏空了积蓄，为继续给李大爷支持，开始找儿子借钱，引起了儿子的怀疑，通过儿子的了解，才发现自己的老妈可能遇到了婚恋诈骗，于是马上报警。最后通过警方调查，李大爷并无固定工作和稳定的收入来源，并且已有类似的犯罪前科，平日里的开销都是通过诈骗取得。李大爷还有个习惯，就是好赌，所有骗来的钱，都用来赌博了，最后输得分文不剩。通过检察院起诉，李大爷被判处有期徒刑并处罚金。

律师说法

本案是不法分子打着“黄昏恋”的幌子侵害老年人的合法权益。这类犯罪的主要套路是，利用独居老人防诈骗意识弱、渴望情感关怀、有一定积蓄等特点，通过老年人婚姻介绍取得受害人的信任，通过虚构遇到困难需要帮助、承诺做老伴等手段，来骗取老年人的钱财。随着互联网和网络设备的普及，时代快速更新迭代，老年人接受新事物的过程比较慢，尤其是对于网络安全以及防范诈骗的意识薄弱，这就给了一些不法分子钻空子的机会。为了防范诈骗养老的案件发生，老年人需要不断地学习，相关组织和人员也应向老年人普及网络安全的知识。

法条链接

《最高人民法院、最高人民检察院关于办理诈骗刑事案件具体应用法律若干问题的解释》

第2条 诈骗公私财物达到本解释第一条规定的数额标准，具有下列情形之一的，可以依照刑法第二百六十六条的规定酌情从严惩处：

……

（四）诈骗残疾人、老年人或者丧失劳动能力人的财物的；

……

专题小结

近年来,针对老年人的诈骗案件层出不穷。这主要是由于子女各自成家立业,或者在大城市异乡漂泊奋斗,很难照顾到家里的老人,造成了老年人情感上的缺失。广大老年人出于不愿意让孩子担心的善意,通常是报喜不报忧。并且随着年纪的增长,他们的认知能力逐步减弱,再加上现在的诈骗手段越来越多样化,令人防不胜防。诈骗分子通过全面把握老年人的心理及客观需求,采取炒作概念的方式进行虚假宣传,设置陷阱,骗取老年人的钱财,老年侵权现象日益凸显。我们作为专业的法律人应当承担起肩上的责任,保护老年人的合法权益,进行谨防诈骗的普法宣传及提供救济途径。

目前常见的诈骗套路有:

1. 假冒"公、检、法"诈骗。不法分子骗取受害人的个人身份信息,如身份证号码、家庭住址、联系电话等,接着骗取被害人的信任,诱导转账。

2. "温情诈骗"套路。不法分子借着贴心为老年人服务的名义,嘘寒问暖地陪老年人聊天,还为老年人送礼上门、代缴话费,以温情陪伴的方式骗取老年人的信任,让其购买大额产品,骗取老年人的钱财。

3. "中奖"诈骗。不法分子主要是利用受害人的轻信麻痹和爱贪小便宜的心理,以高额奖金等作为诱饵,利用各种借口索要费用。

4. "保健品"诈骗。近年来,在巨大的养老需求面前,不法分子打着"服务老人""关爱老人"的旗号,招摇撞骗,不仅使老年人遭受财产损失,还使他们承受巨大的情感伤害。

5. "低价旅游"诈骗。低价旅游的陷阱主要是不法分子利用老年人想要外出旅游的想法、节俭的生活习惯，以低价游、免费游或赠送免费产品等手段吸引老年人参团旅游，随后在旅行过程中，用变相消费、强买强卖、设置陷阱诱导老年人消费进行牟利。

6.“投资理财”诈骗。不法分子会利用老年人辨别能力差、风险意识薄弱、信息闭塞等情况，假借“高息红利”“稳赚不赔”为诱饵，诱骗其投入资金，最后常以“资金断裂”“爆雷跑路”为结局骗取老年人的钱财。

7.“以房养老”诈骗。采用“以房养老”的手段诈骗老年人的不法分子，一般都比较熟悉法律，利用老年人容易轻信他人、法律意识薄弱等特点以及寻求投融资渠道的迫切心理，把法律当作个人寻求不法利益的工具，以“以房养老”理财项目为外观，非法占有老年人的房产。

8.“缴纳养老金”诈骗。在“缴纳养老金”诈骗的案件中，不法分子通常会假借认识人社和社保部门的工作人员，一次性收取未参保的老年人数万元不等的金额，谎称可帮助未参保人员进行代办服务进行诈骗。

9.“封建迷信”诈骗。不法分子利用老年人封建迷信观念较强、反诈防范意识较弱、容易担忧家人健康和安全的心态，通过各种方式，以“消灾解难”“看相占卜”“祈福作法”等借口，获取老年人信任后再骗取钱财。

10.“金融机构”来电诈骗。不法分子利用老年人获取资金的需求，告知他们能够无利息贷款或者用小投资高回报来诱惑老年人，让其通过下载 App 或者点击链接，进行验资，通过链接等转走银行卡的钱。

11.“黄昏恋”诈骗。利用独居老人防诈骗意识弱、渴望情感关怀、有一定积蓄等特点，通过老年婚姻介绍取得受害人的信任，采用虚构遇到困难需要帮助、承诺做老伴等手段，来骗取老年人的钱财。

老年朋友在遇到上述情形时，一定要提高警惕，切忌跟对方过多地纠缠和往来。对于上述各类型疑似的诈骗现象发生时，我们建议：

首先，老年朋友们自身要冷静，切忌自乱阵脚，比如接到类似“公、检、法”的电话时，千万不能因为轻信电话中的威胁，就轻易给骗子可乘之机。公、检、法等机关是不会通过打电话来要求大家转账或者进行账户验资的，并且公、检、法等执法机关行使执法权需要履行提供相关的书面文件等程序，因此，凡是接到这类直接要求转钱的电话全是诈骗，直接挂断。

其次，千万不要相信天上掉馅饼这种好事，例如通知您中奖了，须先缴税款，或者是通过低价套路，做促销活动，遇到这些情况也全是诈骗，要克服“贪”的心理，不要有以小博大、不劳而获的心理，但凡遇到让您掏钱的，都应当留个心眼。

最后，在遇到以上诈骗情况时可以给子女打电话，询问子女的意见，通过子女的分析判断是否遇到诈骗情况。应对诈骗最好的手段是寻求第三人的意见，因为第三人并未受到诈骗犯的蛊惑，能够保持客观冷静，所作出的决定更为理智。